U0856605

Smart but Scattered Teens:

The "Executive Skills" Program for Helping Teens Reach Their Potential

[美]理查德·奎尔
[美]派格·道森
[美]科林·奎尔 著

周常 译

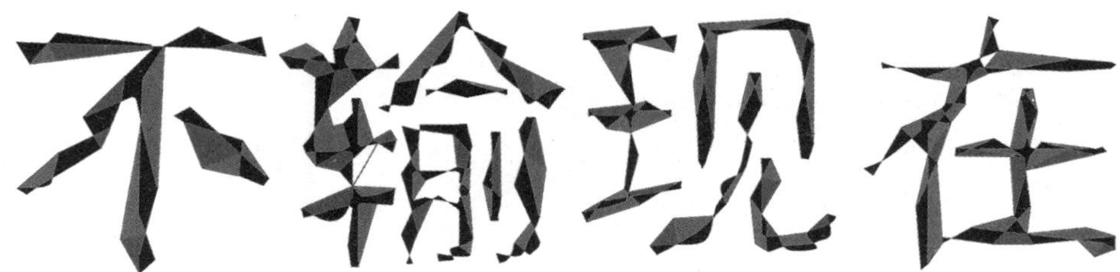

像美国孩子一样学会独立

不输未来

上海三联书店

图书在版编目（CIP）数据

不输现在，不输未来：像美国孩子一样学会独立 /（美）奎尔等著；周常译．—上海：上海三联书店，2014.11

书名原文：Smart but Scattered Teens: The "Executive Skills" Program for Helping Teens Reach Their Potential，by Richard Guare, Peg Dawson, and Colin Guare

ISBN 978-7-5426-4873-0

Ⅰ．①不… Ⅱ．①奎… ②周… Ⅲ．①青春期—家庭教育 Ⅳ．① G78

中国版本图书馆 CIP 数据核字（2014）第 146718 号

不输现在，不输未来：像美国孩子一样学会独立

责任编辑： 陈启甸
策　　划： 董保军　张天罡
特约策划： 信达博雅
特约编辑： 于建梅
版式设计： 张彦普
监　　制： 吴　昊
出版发行： 上海三联书店
（201199）中国上海市都市路 4855 号 2 座 10 楼
http:www.sjpc1932.com
印　　刷： 北京温林源印刷有限公司
版　　次： 2014 年 11 月第 1 版
印　　次： 2014 年 11 月第 1 版第 1 次印刷
开　　本： 165 毫米 × 240 毫米　1/16
字　　数： 300 千字
印　　张： 19

ISBN 978-7-5426-4873-0 / G.1352

定价：35.00 元

目 录

作者序

所有父母的担忧都和孩子有关。孩子一到了青春期，父母们就更为他们提心吊胆了。周五的夜晚，孩子要外出旅游。我们站在门口送别他们，双手合一，祈祷孩子平安。当他们为作业愁眉苦脸的时候，我们也一样感到沮丧。他们上学去了，却把书包遗忘在了门口，于是，我们又开始担心他们能否学会独立。作为青春期孩子的父母，我们战战兢兢，如履薄冰，总是担心着孩子的各种事情。

对于14岁到19岁孩子的家长来说，更是内心矛盾重重。如果你的孩子无法支配自己的日常生活，无法生活自理，且马马虎虎的，还伴有其他的小问题出现，毋庸置疑地，你会发现自己比那些孩子不存在这些问题的父母们更操心和焦虑。这对你来说的确不易，你每天都要努力地与孩子的这些问题作战，试图尽力培养他们的自立能力，为了他们未来能独立生活、不啃老而终日奋斗着。但是，你又找不到方法，不知道如何开始，是吗?

你知道自己的孩子非常聪明。当你看到他们取得好成绩的时候，也为他们感到骄傲和自豪。他们搞砸了某些事情的时候，你就会怒发冲冠。为什么孩子今天上学又迟到了呢？为什么孩子经常忘记带各种必备的学习用品呢？为什么孩子经常忘记携带参加体育活动必备的装备呢？为什么孩子经常忘记某些重要的物品放在哪里了呢？为什么孩子总是不能按时交作业呢？为什么他们总是错过一些重要的预约呢？或者从来没有按时赴约呢？为什么他们的房间简直是个“猪窝”呢？为什么他们开车出去的时候，你都紧张不安，担心会出车祸呢？为什么你的孩子和朋友们外出郊游或到同学家过夜，你就整夜未眠，担心出现了不正当的性关系或者其他会给他们带来重大伤害的事情呢?

你的正处于青春期的孩子可能正在努力，且非常努力地按照别人对他们的期待提高自己的责任感。但是，当他们缺乏某种被我们称之为“执行技能”的能力时，他们就会寸步难行。执行技能是我们人类大脑的功能和思维程序，它能帮助人们规划自己的行动，能让人们设定目标，平衡自身愿望和需求之间的关系。

我们写这本书的目的是向你解释，为什么你已经进入青春期的孩子在这一秒无所不能，而下一秒又漏洞百出、马马虎虎、茫茫然不知所措。我们要告诉你，这并不是因为他们不聪明，也不是因为他们缺乏深思熟虑，而是因为他们正值青春期，是由青春期大脑的特殊发育所决定的。我们写作此书的目的，更为重要的是提供给你一些方法，配备一些策略，让你去协助孩子执行技能的形成，让孩子的各项执行技能在这个关键期里得以完善，并为孩子将来的人生成功奠定坚实的基础。

你可能不是第一次处理孩子的叛逆问题，也可能不是第一次面对孩子出现的各种令你头疼的问题。因为他们还很小的时候，你也可能遇到过很多头痛的问题。有无数的家长向我们反映，他们从此书中找到了良方，并有效地解决了孩子的问题。无论孩子过去是多么的优秀，在学校表现得多么好，而现在到了青春期，他似乎变了个人，让你捉摸不透。他们现在进入了青春期，正在寻求着自己的独立，也在寻找着一种重要的“成人感”。你的女儿可能声称，她的事情她自己做主，不需要你干涉。你的儿子可能会说，他自己能做决定，不用你操心。但是，他们又没有把握好，最终会发生什么事情呢？你的孩子正在受伤吗？你的孩子正在卷入一些案件的纠纷中吗？你的孩子是否会一败涂地呢？你将永远地帮助女儿或儿子掌控人生的所有问题吗？

这本书旨在为你分忧解难，同时我们也重点强调，你对青春期这个特定阶段的孩子应保持理解和宽容，随着孩子的责任感日益增长，岁月无情地驱动着他们独立，再加上社会环境的影响，特别是受到一些典型榜样的影响，你的孩子将不再依赖你的意见，不想受你的支配，而你也不想让他受到某些不良青少年的影响。所以，可想而知，你很为孩子们担心，也不知如何是好。

正如你所知道的，青春期的孩子正在面临着新的挑战。神经心理学家告诉我们，即使是那些在执行技能方面发展良好的青少年也会遇到令人苦恼的执行技能问题。因为他们的大脑正处于人生的一个关键形成期，这些影响执行技能的大脑神经还没有完好地“安营扎寨”。这也是为什么你的孩子会出现双重人格的原因。他在上一分钟还是冷静、淡定和充满理性，而下一分钟却在大声尖叫，情绪失控，不可理喻。他不能找到任何自己需要的东西（“妈妈，你把我的书包放哪了？”）。他开车的时候没盯着前面的道路。他早把交作业的时间抛置于脑后了。他完全追随着朋友们，没有主见，做出了很多令你啼笑皆非的事情。当然，这也让你寝食难安。如果你的孩子像我们所说的这样，正表现出上面的这些特征，我们可以肯定地告诉你，他目前尚缺乏某一项或多项执行技能。

如果你有一位缺乏执行技能的孩子，就像大多数孩子所表现出来的那些特征一样——每天都让你心绪不宁，担心他又惹出什么乱子，捅了什么娄子，正等待着你去收场。在过去，你可能一直在用额叶能来帮助孩子，也就是你在充当你孩子的“大脑额叶”，帮助他学习和弥补不足。你帮助他整理凌乱的房间，当他找不到夹克的时候，告诉他夹克放在了哪里。你帮助他写读书报告，并提醒他（重复地提醒他！）关掉电视，把注意力放在书本上。而现在你又需要让他们别抵触你说的话，让他们慢慢学会安排自己的生活。神经生物学家的研究告诉我们，青春期孩子的大脑神经因为需要新的技能而处于不断修剪过程中。所以他们好奇心强，急切地渴望新鲜的刺激体验，渴望更多亲密的社会认可和社会关系（与同学的关系）以及情感支持。无论是好事，还是坏事，都存在一定的冒险因素。虽然孩子的某些冒险行为会导致你出现焦虑的情绪，但对于寻求独立的青少年来说，这也是应用和培养执行技能的好机会。你才有机会在这个关键期帮助孩子形成执行技能。直到现在，你会发现自己扮演的父母角色到了一个特殊的时期。你的孩子想要寻求机会去验证自己的观点，所以往往孤注一掷。你需要做的是转变角色，从之前你领导他，到现在的被他领导。当然，你也需要传达给他你的看法和意见，积极地与他交流，与他协商，甚至妥协。你鼓励孩子设定自己的目标，并按照他设定的目标前行。如果他需要你的帮助，你才出手帮忙。在这个过程中，可能他设置的目标与你的预期有差距。如若发生这种情况，请你接受他的目标。

在你担惊受怕之前，请先看清事实。你现在并不是放弃了当父母的角色。你仍然对他在学校和家里的表现提出你的预期和要求，并列出你对他的行为要求（如宵禁，与朋友相处时亲密程度的限度，不准吸烟、酗酒，开车时注意的事项等）。根据以上内容，你的任务主要是保持你的孩子处于你设定的“游戏”之中，保护他免受灾难和失败。当他不可避免地遇到挫折的时候，你要帮助孩子“站起来，拍拍身上的尘土，继续往前走”。你要鼓励孩子继续寻找另外一条道路或改进方法。你现在的角色是一位引导者，也是一种催化剂，而不是“虎妈”或“狼爸”。

此时，你可能希望有任何魔法出现，或者期待有一种神奇的药丸出现，又或者渴望出现一道咒符，一道最佳的保养品，让你能灌输给孩子，无论她或他缺乏怎样的执行技能，这些神奇的东西都能让他们得以成长。你也会暗自思忖，难道就没有任何灵丹妙药或神奇之法能满足你的需要吗？“立马见效！神奇无比”，你的头脑中充斥着电视中类似的广告语。每天早上你都祈祷着孩子的身上能出现奇迹，每当你拖着疲惫的身躯辅导他写作业的时候，你期待他能出现按时完成作业的奇迹；每次提醒她出去遛狗的时候，你都内心期待“太阳能从西边出来”，她可以自己想起这件事情，而不用你提醒；你期待着他能像外交家一样，完美地解决和同学或弟弟妹妹之间的矛盾；你期待他能让自己的房间井井有条，笔记本秩序井然。你期待他的太多，太多！每天都希望有奇迹出现，希望能借助于魔法的力量，不再让你操心！父母们每天都焦虑，并找咨询师来治疗自己的焦虑问题。作为父母，我们能让自己的生活更加温馨和美，也能让孩子更为自己负责。我们知道他们能够走得更远，最大的愿望也是能抵达千里之外或更远的地方（例如孩子在国外上学）去帮助他。这就是此书所写的内容。我们向你保证并承诺，你能从此书中找到解决孩子问题的办法和妙计。我们根据自己多年的研究和临床实践，才得到了这些秘诀和方法。为了更好地了解孩子，你只有先知道孩子的执行技能存在哪些强项和弱项后，才能成功应对，不再为孩子而感到焦虑不安。

当你内心忐忑之际（你会出现的心情！），请永远记住这点：你的目标是让青春期的孩子变得自立，并能成功地管理自己，而不会出现盲目从众，迷茫不知所措的局面。在必要的时候，你可以提供支持或建议。否则，如果孩子没有受伤或不存在潜在的心理伤害，请放手让他去做。如果结果没有达到你的预期，请接纳孩子，鼓励孩子下次采取不同的方法去尝试。当孩子出现了错误或失败的时候，请不要挖苦和讽刺他，千万不要说："我曾告诉过你会出现这样的后果。"

如何应用这本书？

我们在本书的第一部分回答了"青少年为什么会出现聪明又马马虎虎的现象"这个问题。第一章，我们会解释什么是执行技能，并列举说明你的孩子是否具备这些技能。你也会找到科学家们对青春期孩子大脑发育的科学解释，向你阐释青少年出现一些行为的秘密。在第二章和第三章，你有机会近距离地评估你的青春期孩子的执行技能水平。同时，你也能评估自己的执行技能水平如何。当你了解了自己都具备什么样的执行技能之后，才能更容易地帮助孩子发展执行技能。你与孩子是否经常因为某件事情发生矛盾呢？如果是这样，你需要对孩子充满同情心，鼓励他，并分享你像他或她那么大的时候，处理这类事情的一些经验。或者，你不喜欢过多地对孩子指手画脚，也可以请一个孩子信任的人，替你与孩子进行沟通。家长清楚地知道自己的执行技能强项和弱项，是培养孩子执行技能的基础。因为培养孩子的独立性和支持孩子的一些行为是存在差异的，所以在第二章中，我们帮助你识别出孩子的哪些行为是需要你特别注意的。在第三章中提到了你属于哪种父母类型，这是为培养孩子的执行技能做铺垫的。你也能获得孩子的理解，而你提出的想法也能更好地被孩子所接受，从而达到促进孩子形成执行技能的目的，所以改变你与孩子的亲子关系，对于培养他的执行技能至关重要。

第二部分重点强调要加强和促进执行技能的建立。在第四章中，我们提供了一套改进孩子执行技能不足的方法。例如，他能否自己学会某种执行技能，还是需要你的帮助？如果他需要你的帮助，如何能平衡你提供支持与让他学会独立之间的关系？你提出的决定性建议能被孩子接受吗？他需要多大程度、多长时间的支持？在没有你参与的情况下，他是否有所改进了？你按照书中提出的思路去思考这些问题的时候，就能找到解决问题的好方法。

在第五章到第七章中，我们提出了具体解决青少年执行技能不足问题的一些方法和框架理论。我们把这些观点穿插在内文中：（1）协调环境，使其符合青少年的特点，以及要面对的问题；（2）支持他，并帮助他培养执行技能；（3）驱动青少年。只要有机会就应用执行技能。特定方法就是改变孩子身处的环境。例如，改变环境的关键是你要与孩子协商，在孩子求学期间，进行角色转换，从最初的由你支配他的生活转为由孩子自己来支配。你处于从属地位。为了驱动青少年的行为，我们可以瞄准他所想要的东西（如得到某种物品的使用权利、一部手机、一辆汽车以及获得钱财等），从而锻炼他的某些执行技能。

第三部分特别重点提出了一些执行技能的提高和改进方法。每一章节都重点强调一种执行技能。在第八章，我们设定了一套指导方法，指导你从何处着手。如果孩子的问题得以解决，对你的整个家庭生活都有非常积极的影响（比如从早上起床这个例子来说）。这一章也提出了你需要帮助孩子改善执行技能到什么程度的问题。

第九章到第十九章，单独描述每项执行技能。重点阐述某项技能的定义，它是如何体现在青少年的行为中的，如何评估你家孩子该项执行技能的强弱，此部分比第二部分介绍得更详细。我们在这部分加入了案例故事，也是为了让你能更好地理解某项执行技能。接下来的问与答部分，主要是内容延伸，是为你能更好地理解和解决一些类似的问题而设立的。在这部分的每章中，都有青少年的评语，是他们对故事中人物的评论或看法，目的是让你知道青少年的想法，他们是如何回应这件事的，同时也提醒我们，14～19岁的青少年是一群渴望独立成长又缺乏执行技能的孩子。

在第二十章，我们讨论了教练技术。这种技术非常适合培养孩子形成执行技能。给你的青春期孩子找一位值得他信赖的教练，教练与他达成一定的协议，指导着孩子朝着一定的目标前进，改进或提高学习成绩和在学校的表现。教练技术能缩小亲子之间的矛盾，也能减少父母对孩子的监控行为和唠唠叨叨。这个程序也能驱动青少年增强独立性，并改善孩子在学校的表现。

第二十一章，主要是讲述孩子发生的转变——孩子从高中进入大学，或者去参加工作，或者独立生活，孩子上大学需要住宿舍还是租房子。我们提供了一些有用的建议和方法，让你的孩子迈出独立的第一步。

我们真诚地希望提供的方法对你有益，也期待着下次能为你提供更多。形成执行技能是一个漫长的渐进过程，需要你和你的孩子不断地努力，所以请少安毋躁。对青春期的孩子，你应该理解他的行为，才能更有效地帮助孩子获得这些执行技能。

为了更好地帮助青春期的孩子，你需要知道如何驱动孩子应用这些技能，如何创造一个环境，培养孩子的技能。如何与你的孩子“共舞”，才能帮助他或她学会这些技能。你的目标或者说我们的共同目标是：在孩子进入成年前期，尽可能地增强孩子的独立能力，让孩子为真正独立做好准备。

还需要说明的一点是，在这本书中，我们用他或她来替代我们曾治疗过的那些有问题的青少年。本书中提到的所有故事、案例和建议都是针对两种性别的青少年。所有故事都是我们多年来接触到的真实案例，因为涉及保密原则，本书中提到的青少年的名字都是化名。有几位青少年非常愿意分享他们的想法，我们也在第九章到第十九章的案例故事中加注了他们的想法和评论。我们用的都是这些孩子自己的原话，为了保护他们的隐私，只是隐去他们的真实姓名。

第一部分

你家青春期的孩子为何聪明又马虎?

第 1 章
大脑发育与执行技能的形成

星期二的早上 6 点半，史密斯家里正在上演着这样一个故事。史密斯家 15 岁的儿子杰西正睡得香甜。虽然他应该 6:15 起床，去赶 7:00 的公交车，但他今天却迟迟没有起床。史密斯太太大声地敲着儿子的房门，提醒他得赶紧起床上学了，否则就会迟到。杰西把头埋进枕头里，迷迷糊糊地嘟囔着："妈妈，别担心，我会按时到学校的。"史密斯太太叹了口气。如果今天杰西错过了公交车，她就又得开车去送他，就又会耽搁上班的时间，也无法按计划提前到单位。杰西在 6:40 从卧室中冲了出来，捧起一碗燕麦粥，一边狼吞虎咽地吃着，一边迅速地翻看报纸的体育专栏。每隔几分钟，史密斯太太就提醒他一遍，"注意现在的时间"。他也提醒妈妈别担心。

杰西终于走出了家门去坐公交车，但是 15 分钟后，他打电话给家里，说自己忘记带午餐了，也忘记带数学书了，书里面夹着数学作业，今天必须得交给老师。他对妈妈说，书本放在桌子上了，并问妈妈是否能耽误一会儿今天的工作，在上完第一节课后把书给他送到学校来。妈妈同意给他送去，因为她知道杰西比较着急拿到这本数学书和作业。

在接下来的两周中，杰西有两次没有赶上公交车，忘带他的足球一次，拖延交英语作文一次。老师们对他说如果想上大学，就要更加对自己负责任，有上进心，学习认真。老师们都知道他很聪明，如果他没有马马虎虎的毛病，是一定能考上好大学的。老师们也建议他的父母让他尝尝被留级的痛苦，这样能刺激他发奋努力。但他的父母不认为这是一种好方法。在过去的一年半时间里，虽然他进入了高中，但是长期形成的散漫和拖沓的毛病并没有让他在时间管理上有任何改进，也没让他感到时间紧迫，更没有形成良好的生活自理能力。

杰西上小学的时候表现很好。虽然有点儿无条理性，但并没影响他取得好成绩，他的老师也认为他很有创造性。上中学的时候，父母每天监督他的学习，虽然他的学习能力有所下降了，但仍然保持着很好的学习成绩。自从上了高中，杰西的表现就开始一落千丈。这主要是因为在上中学的时候，老师会定期检查学生的作业并督促学生们学习，而到了高中，更多的是靠学生们的自主性，而杰西似乎越来越不知所措了。

史密斯先生和太太意识到杰西这样做是渴望有更多的独立空间（他说自己会设置早上的闹钟，一定会按时起床的），作为父母，只需要在必要的时候提供给他适当的帮助和支持就可以。而他们并不想这样做，他们希望自己的孩子能出现更多的转变，能自己管理自己。虽然杰西并没有形成必备的生活技能来适应高中生活，但他还像过去一样，不希望父母介入其中干涉他。往往父母越是急躁，亲子关系就越是紧张。

现在，杰西的父母经常担心他，要是他到了16岁，可以开车的时候，将会发生什么事情呢？他们天天睡不着，为此感到焦虑和担心。如果杰西总是这么马马虎虎的，怎么能应付大学的生活呢？他虽然有聪明的头脑，但没有父母和老师的支持他能成功吗？就像很多的父母一样，史密斯夫妇看到时间一天天过去，感到时间紧迫，也很不安。一个很聪明也很想上大学的孩子，怎么就这么散漫呢？

杰西就像所有处于青春期的孩子一样，遇到这样的问题，并非智力方面存在问题，只是因为他没有形成一定的生活自理能力和自我管理能力。他从小学到初中，在学校的成绩和表现都很突出。父母长期地观察他，也知道自己的孩子很聪明，且精力充沛。

像杰西一样的聪明又马虎的青少年有很多。他们缺乏专注力。我们需要为他们制订计划和给予指导，让他们能学会控制自己的行为，能够有效地发挥他们的聪明才智。青少年的问题不仅表现在学习数学或阅读等学习方面，也表现在需要他们灵活应变，调整他们的行为以应对具体情况的时候。虽然青少年都心怀美好的理想，但他们往往缺乏时间管理和行为管理的能力。他们能与周围的人进行良好的沟通，并且也能在挫折中获得经验教训。很多青少年不存在智力问题，只是缺乏应用聪明才智去调整自己行为的执行技能。

什么是执行技能

你一听到“执行技能”，可能会以为它是指一套针对商业人士的技能——例如策略规划、决策和信息管理等，就像一位商业人士一样，用这项技能来帮助孩子做自己应该做的事情。事实上，这个术语来自于神经语言学，是指基于大脑神经的技能需要人类执行才有效或此技能只有人类应用才能发挥其作用，才能用聪明才智去解决问题，处理各种事务。当你的孩子正处于青春期的时候，他（就像你自己一样）需要一种执行技能管理自己在日常生活、学习中遇到的各种问题和困难，同时也能让他灵活应对来自同龄人的各种诱惑和纷扰，让其知道如何处理各种人际问题。比如早上按时起床或者记得带家庭作业，从这些简单的活动安排开始，到复杂的安排学校的各种课外活动，或者一群青少年自己开车、聚会等，都需要最基本的执行技能。就像对 15 岁的杰西来说，管理自己早上按时起床就需要一些执行技能。如果早上一切顺利，就不会觉得父母太烦他了。他需要规划自己早上用多长时间准备上学，在睡觉前记得设置闹钟，整理好家庭作业并放进书包里。他也能不熬夜，按时上床睡觉，保持充足的睡眠，也懂得约束自己对朋友发来的大量信息做出快速的（不经过大脑）冲动反应。如果他能管理自己，记得设置好闹钟，就会按时起床，而不会选择睡懒觉，也会在赶公交车前想着去查看都需要带什么东西上学，这样就不会丢三落四的了。

我们也会在这里声明，一般来说，很多青少年都有睡懒觉的习惯，这是伴有青春期特征的。从生物学的角度来说，因为青少年身体中的“生物钟”改变，所以本能地会赖床不起，但他们仍然需要有一个好的睡眠。不幸的是，他们生活的学校环境并不会伴随着他们的生物钟改变而有所改变，学校还是会按时上课。即使没有其他事情，学校也照常按时开课，所以起床对青少年来说具有一定的挑战性。学校的每一天都被安排得满满的，还有很多课外活动，课外辅导班，以及与同学们的活动，你就会明白是什么让孩子不愿意早起了。所以，即使这些青少年拥有非常好的执行技能，偶尔也会遇到特殊情况，无法按时起床的。青少年的生物钟改变和繁忙的学习生活是出现此种赖床不起现象的共同因素。

针对杰西的案例，我们的意见是，无效或弱化的执行技能会加重孩子的负担，并引起孩子的生活和父母的生活之间巨大的冲突，这也会影响孩子在学校的表现，甚至导致学习成绩下降。对于那些缺乏这些执行技能的青少年来说，越是无法应付生活中的各种问题，他们就越是无法自如地应对各种学习上的问题，也越是说明制订计划的重要性。这就更需要他们集中注意力，组织各种信息，调整自己的各种感受，才能更有效地度过青春期。

事实上，提高执行技能是按照你的期待让青春期的孩子对未来进行规划——或者按照他们的期待和梦想前进——并让这个梦想得以实现的一种有效方法。处于青春期的孩子一定会遇到这些基本情况：他们必须建立起一定水平的独立自理能力，这并不意味着他们任何时候都不需要寻求你的帮助和建议，而是说他们不再依赖我们为他们制订计划。或者说，他们不再让父母来帮助安排每天都做什么，而是他们自己安排这些事情，不用父母们告诉他们什么时候开始做什么事情，不要忘记什么，该在学校注意什么。当孩子能做到自我管理的时候，也是所有父母们出色地扮演了父母角色的时候。如果你为孩子的一生打下了独立生活的好基础，几近于完成了为人父母的一大半任务。当我们开始对孩子说“凭你自己的力量”的时候，就如同希望他们是最棒的一样自豪，并满怀期待地欣然接受孩子的成长。他们才能适应将来的社会生活，才算真正地“长大了”。

让一个孩子进入这种独立自主的生活阶段，必须让其习得各种执行技能。你可能见过一个婴儿看到母亲离开了房间，等了一会儿母亲没有回来，然后就开始号啕大哭。或许你已经听说了自己在 3 岁的时候，当妈妈离开的时候，你的反应（你可能也怀疑那就是你自己的行为？）是没有任何反应，不哭也不闹。或者，看着一个 9 岁的男孩追赶着一个球跑到了大街上，他突然停住了脚步，看着那个滚到大街上的球，而没有冲到车来车往的马路中间去拾球。你对此会怎么想呢？或者你看着自己的孩子找了份暑期工作，并耐心细致地安排自己的作息时间表，你会怎么想呢？所有这些都是你见证孩子的卓有成效的执行技能正在形成的例子。

执行技能模型

我们最初应用这种技能是在 20 世纪 80 年代。当时，此方法是用于治疗儿童的脑损伤。我们发现，脑损伤的孩子在认知、行为和一些学习能力方面缺乏有效解决问题的能力。在我们的诊所中，我们也注意到相似的情况。虽然不太严重，但一些孩子的典型问题（如注意力障碍）就急切地需要一种有效的方法来解决。这是我们决定开始探索新方法的初衷，由此逐渐形成了这种既适合孩子又适合成人的执行技能体系。当然，也有其他的执行技能方面的体系。我们的这个新模型是为了一种特殊的目的而设计的：父母们和老师们通过应用这种技能能提升孩子的弱项技能，增强孩子的自我管理能力。

我们的模型基于两种假设：

1. 大多数没有自我管理能力的个体都一样具有自我管理的潜在力量。事实上，我们会发现，每个人都既有优点也有缺点，是优点与缺点的共存体。这些模型能被广泛地应用到儿童和成人的自我管理方面，也非常适合那些被确诊为存在认知障碍、行为问题或者学习困难的人们。我们想让这个模型帮助人们识别出这些存在问题的孩子的大脑图示，并鼓励他们去强化优点，克服或忽视自己的缺点，改进自身的综合素质。我们也发现此模型也能让父母识别出自己的优点和缺点，所以能在最大程度上达到帮助孩子的目的。

2. 我们需要先识别出孩子存在哪些弱项执行技能，才有助于我们想出干预的方法。我们想要帮助孩子形成必备的执行技能，想要找到方法巧妙地应对某种情况，使他们受到最小的负面的影响。我们也想阻止出现某些与弱项执行技能相关的问题。我们越是细分这些技能，就越能明确这些技能。一旦我们知道了这些技能都包括什么，就越容易找到干预和改进的方法。例如，“马虎”这个词，父母一看到这个词，就会想到自己的孩子存在马虎的问题。可能是孩子当时没想起来某件事，放置的东西或作业杂乱无章，缺乏毅力或者注意力不集中等。这些细分出来的每项问题都需要不同的方法来解决。所以，我们越详细地描述这些问题，就越能找到解决的办法。

我们归纳总结了 11 种解决问题的执行技能。

它们是：

- 反应抑制能力
- 工作记忆能力
- 情绪控制能力
- 灵活性
- 持续注意能力
- 任务启动能力
- 计划性和优化做事次序的能力
- 条理性
- 时间管理能力
- 目标导向的持久性
- 元认知（自省能力）

按照两种不同的方法，可将这些执行技能分为两类：一是按照渐进发展的观点（孩子们发展这些技能的先后顺序）；二是按它们的功能作用（它们能帮助孩子做什么）。正如我们在前面所提到的，只有知道了婴幼儿甚至更早的不同时期出现执行技能的先后顺序，才有助于你理解孩子进入青春期之后出现的行为。你也能从孩子小时候的行为中推测出到了青春期他可能会出现的状态。在孩子进入了青春期的时候，所有的这些执行技能都显得尤为重要，父母们对某些特定执行技能会深有感触。例如，孩子在完成学校布置的某项任务，参加某项体育活动，完成某科学习任务以及参与一些社会活动时，涉及的某些特别重要的执行技能，如计划能力、事项安排能力、自我管理能力、任务执行能力和时间管理能力等。如果孩子出去参加某项活动，很多父母往往整晚都睡不着，担心孩子因为控制能力差，会任性地做出某些危险的冲动行为。当孩子学会了开车，就需要很强的专注力，而孩子的专注力往往容易受到生活中的负面信息、伙伴的怂恿和所驾驶汽车的性能的影响，这也是青春期孩子们的一大特点。

在后面的章节中，我们会详细列举孩子出现执行技能的先后顺序，明确每项执行技能的定义并举例说明这些执行技能是怎样体现在青少年身上的。

不同执行技能开始显现的时间

我们对 6 ～ 12 个月的婴儿进行了研究，得出了这些孩子出现反应抑制能力、工作记忆能力、情绪控制能力、早期的持续注意能力的先后顺序。当孩子们强烈地想要得到某个东西的时候，我们看到了计划能力的萌芽。孩子到了 12 ～ 24 个月的时候，在针对各种变化的反应能力上，我们看到了孩子灵活应变能力的出现。从幼儿园到小学开始出现任务启动能力、做事的条理性、时间管理能力，也能目标明确，锲而不舍地朝目标前进（目标导向的持久性增强）。在 10 岁或 11 岁，元认知能力逐渐出现。

在某些案例中，父母知道孩子在进入青春期之前就出现过执行技能不足的现象。在幼儿园的时候，孩子会因为发生了意料之外的改变而大哭大闹。你可能很早就知道，让孩子养成一个固定的生活习惯很重要。随着孩子渐渐地长大，孩子满地打滚或跺脚的次数渐渐减少了，但当你的安排和他的计划发生冲突时，他仍然会大闹脾气，让你感到抓狂。如果幼儿园老师告诉你，你的孩子不排队，经常坐不住，说话之前不举手，你就得关注孩子的反应抑制能力了。孩子到了青春期，这些缺点可能发展成为撒谎、逃课、游手好闲、飙车或干其他冒险的活动。作者理查德曾说：“我儿子上小学一年级的时候，我经常因为他丢三落四或忘记带东西成为学校的常客。有趣的是，我与其他父母攀谈的时候发现，其他孩子的父母也有相似的经历，也因为孩子缺乏自我管理能力而备受困扰。孩子到了青春期，总因为缺乏自我管理能力和注意力不集中，经常忘记带车钥匙、课本、手机，忘记穿运动服。”

如果你在孩子小的时候，发现了他的这些毛病，并找到了某些方法让孩子改正，可能孩子能更好地应对这些情况。例如，在家里准备一个收纳箱，让孩子养成物归原处的习惯，用完的东西再放到原来的地方。到了青春期，要让孩子保持小时候养成的习惯，早期的干预指导原则不变（教孩子一些归纳方法，鼓励孩子应用执行技能，根据实际情况灵活应变），只是在方法和交流方式上做一些改变（从小时候的“给出方向”到现在的“互相协商”）。我们会在此书中重点告诉你某些详细的干预方法。

另一方面，你家可能也有一位像杰西一样的青少年。你也可能正在为孩子无法进行自我管理而发愁。或许，你家孩子似乎还没出现类似的问题，是因为你应用了有效的方法或者学校足够重视培养学生在这方面的能力。随着孩子渐渐长大，上了中学或高中的时候，家长和学校的监督力度渐渐减少，你会期待孩子有所改变（孩子应学会为自己负责）。对于这些孩子来说，因为周围人们对他的支持减少了，需要他自己面对很多事情，他们这个时候才会意识到具备某些执行技能是多么的重要。

表 1–1　执行技能的定义和实例

执行技能	定　义	举　例
反应抑制能力	在行动之前进行思考的能力——这种能力能避免孩子冲动地说或做某事，并让孩子有时间权衡某种情况，然后才去行动，同时也会考虑自己的行为会产生的影响。	有些孩子能先把自己的作业完成以后再去玩，或者放学后马上做作业。有些孩子很难让自己停止玩耍（如发信息，上网，看电脑）而去做作业，他们只想尽可能地不做作业。

（续表）

执行技能	定　义	举　例
工作记忆能力	这是一种在执行复杂任务时把相关信息储存起来的能力，它包含把过去的知识和经验应用于当前或未来情况中的能力。	有些孩子能记得自己的东西放在了哪里，如大衣、钥匙或体育用品，他们也能记得自己必须做什么事情。而有的孩子总是乱丢乱放，或者说："我等会儿就做。"后来又忘记做了。有些孩子能从经验中吸取教训，而有些孩子做不到。
情绪控制能力	能够控制自己的情绪达成目标、完成任务的能力，或者控制行为并确定行为的方向。	具备这种能力的孩子可以从短时间的沮丧当中恢复过来，能够做到临危不惧，处事不慌，淡定应对。
灵活性	在遇到阻碍、挫折、新变化或者做错了事情的时候，能够重新修订计划，调整自己心态的一种能力，这种能力依赖于对情况变化的适应性。	有些青少年能够做到"随遇而安"，根据不同的情境灵活制订计划。如果事情没有按照自己预想的那样进行，他们会找其他的方法解决问题。
持续注意能力	即使在疲劳、厌烦的时候，也能把注意力集中于某种情境或完成某项任务的能力。	有些孩子不用父母提醒或督促就能完成家庭作业或家务，而有的孩子写一会儿，玩一会儿，三心二意的，无法集中精力做一件事。

（续表）

执行技能	定　义	举　例
任务启动能力	没有过度拖延就开始做某件事，而且高效率地按时完成任务。	有些孩子能够做到先不玩游戏而是先完成作业，或者能够一回到家就马上开始写作业。而有的孩子却尽可能地拖延写作业，只顾着玩游戏机或上网等。
计划性和优化做事次序的能力	能够按照一定的目标前进或完成任务。也包括能区分事情的轻重缓急，并将注意力集中在那些重要的事情上。	有些孩子擅长为一些项目做出评估步骤或者想出一些省钱的方法，从而买到了想要的东西；而有的孩子不知道如何开始或如何制订计划，或者想买昂贵的东西但不知道如何攒钱。
条理性	为了持续追踪信息和关注某些物品材料，能够建立并维持一套系统的能力。	有些孩子能把书包里面的东西整理得井井有条，记录的笔记也有条理，他们能够很轻松地找到自己所需要的东西或内容；而有些孩子则很难立刻找到自己书包里的东西，或者很难找到自己笔记本上的内容，因为书包或笔记本上一团混乱，或者根本就是把自己的东西落在了家里（或者丢在了别人的家里！）。

（续表）

执行技能	定　义	举　例
时间管理能力	能够评估自己在某件事情上花费的时间长短，如何分配时间，如何在有限的时间之内完成特定的事情，也包括重视时间的观念。	有些孩子按时上学，能够按时完成学校的作业；而有的学生则长期拖延，或者总是没时间做作业。
目标导向的持久性	能够建立自己的目标并完全地跟随着目标前进，不拖延或不被其他的事分心。	有些孩子愿意先把有趣的事情放在一旁，去追求长期的目标或越过障碍克服困难去达到自己的目标；而有些孩子得过且过，信奉“年轻只有一次”，或者遇到了困难就会放弃。
元认知	能够退后一步，离开一定距离审视自己当时的处境，并思忖如何解决问题。这也涉及自我监控和自我评估技能。（例如，可以这样问你自己：“我正在做什么？”或者“我到底干了些什么？”）	有些孩子能敏感地觉察到别人的行为或观点；而有些孩子只把注意力集中在眼前的事情上，没有考虑别人的感受和行为。

认知型执行技能与实践型执行技能

我们了解了每项执行技能的功能后，如何能引发青少年的思考或行动呢？这些技能是否能让你的干预帮助孩子产生不同的想法呢？或者这些技能会激发你的孩子出现不同的行为吗？如果你的孩子存在工作记忆弱的问题，你正在努力提醒她别忘记某件重要的事情（让她记起自己的家庭作业是什么）。如果你的孩子缺乏情绪控制能力，当他知道自己的小弟弟从自己的房间里拿了东西而大发雷霆的时候，你需要想办法安慰他。虽然事实上思考和行动多数情况下是同时进行的，但我们经常教孩子如何用想法来控制自己的行为。

认知型执行技能是指思考某些实现目标的方法，以及解决问题的能力。对青少年来说，这些技能特别重要，因为它们会帮助青少年们树立目标，让他们朝着目标前进，也有助于他们牢记目标，即使注意力偶尔发生了偏离，也会立刻觉察到，然后尽快地将注意力集中到目标上。但是，为了实现目标，你的孩子还需要第二套技能，就是实践型执行技能。这套技能让孩子根据自己设置的目标去做一些重要的事情。第二套技能伴随着行动，指引孩子朝着目标而努力。早在幼年，人们的计划能力就开始出现。为得到自己想要的东西，我们想办法得到了，或者为需要做的事情找到了好办法，做出了好计划或者能够很好地完成某件事情。我们不惧千辛万苦，最后实现了目标，并为之欢呼。即使遇到了困难，出现了分心的情况或者遇到了其他诱惑的时候也依然坚定信念，去努力追求目标，并坚持努力，直到实现目标。小到在限定的时间内完成10片拼图，大到装修房子，无论我们是3岁还是30岁，我们都在依靠大脑中的那些执行技能来实现目标。

有关这两套执行技能的分类如表1–2所示

表1–2　执行技能的两个方面：认知型和实践型

与思考（认知）有关的执行技能	与实践（行为）有关的执行技能
工作记忆能力	反应抑制能力
计划性和优化做事次序的能力	情绪控制能力
条理性	持续注意能力
时间管理能力	任务启动能力
元认知	目标导向的持久性
	灵活性

你见证了孩子的成长变化

你看着孩子一天天地长大，见证着孩子根据自己的能力而不断调整各种行为。换句话说，孩子正在按照自己的执行技能生存。在拥挤的停车场，你不会松开两岁孩子的小手。但你和 7 岁的孩子能一起轻松地散步了，你只需偶尔提醒他当心过往的车辆。从孩子第一次独立做事情开始，我们就在不断地看到他逐渐具备了各种能力并期待着他们能够独立。与此同时，我们也认识到孩子还欠缺一些支配行为或解决问题的执行技能。他们还得按照我们的建议和要求去做。我们教给孩子的那些方法，也反映了我们如何应用执行技能去帮助孩子形成他们自己的执行技能。

现在，面对青春期的孩子，我们开始意识到，如果孩子在 4 ～ 6 年的青春期内应用执行技能管理自己去面对各种挑战是多么的重要。无数的理由让我们相信，在这个关键期，认清孩子当前的能力状况和提供怎样的支持显得尤为重要。从发展心理学的角度来看，青少年需要形成自我同一性（自我认同）。从青少年的角度来说，建立起自我同一性的关键是能够自己独立做出决定。孩子进入青春期之后出现的第二个特征是，他们往往容易受伙伴们的思想影响，而很少听从父母的意见。青春期的第三个特征是，这一时期，他们所做出的某些决定既是一种挑战，也存在一些潜在的危险。这些挑战包括应对学校的要求，建立起与同龄人的积极互动，确保安全驾驶，喝酒、抽烟，以及与异性的关系等。

对于那些特别缺乏执行技能的孩子来说，父母更需要在这个时期对他们进行系统的帮助。一方面，大多数的父母认为必须继续为孩子提供指导，而另一方面，有些父母认为他们越是试图控制孩子的决定，孩子就越是不听，和他们对着干，所以总是与孩子发生冲突。如果父母不对孩子进行指导的话，孩子做出的冒险性决定又会让他后悔莫及。这意味着，在父母与孩子协商某些问题之前，先了解孩子具备哪些执行技能是非常关键的。

执行技能形成的两大因素

正如我们的很多能力一样，生物因素和经验因素是形成执行技能的两大主要因素。从生物学和神经学来看，执行技能是人类生来就有的，与语言的形成原理相同，天生就是大脑的一部分。它就像语言一样，是一种潜能。也就是说，大脑天生就存在形成这种技能的神经生物学基础，但人们往往受一些因素的影响，没有使这些技能得以形成。对孩子进行任何形式的伤害、打骂及侮辱，特别是如果孩子的额叶受伤，将会严重影响执行技能的形成。基因也扮演着重要的角色，如果孩子的执行技能遗传于你，也会受到你的影响。如果你无法做到自我管理或无法集中注意力，那么你的孩子在这些方面出现问题的可能性就比较大。就环境而言，如果遇到生物性中毒或生理性中毒，也会影响孩子的执行技能，并终生受缺乏某些执行技能的影响。环境毒素，包括铅中毒，也会影响孩子执行技能的形成。有科学实验表明，一些应激性社会事件也对执行技能的形成具有显著的影响。然而，如果大脑的神经发育正常，没有脑损伤，虽然没有遗传基因，执行技能也能在大脑中按照正常的程序形成。

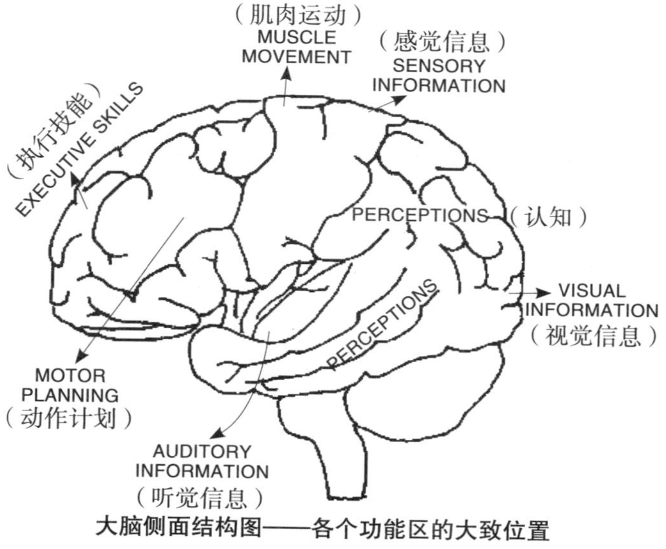

大脑侧面结构图——各个功能区的大致位置

生物因素：生长 + 修剪 + 体验 = 执行技能

孩子刚出生的时候，大脑只有 13 盎司（约 369 克）重。到了青少年时期，大脑的重量增加到了 3 磅（约 1360 克），只是增加了约 991 克。起初，脑神经细胞的数量快速地增长。当孩子正在思考、有了某种感受或正在做某件事的时候，这些神经细胞之间就会进行相互交流。通过互相“谈话”，神经细胞再长出新的神经分支，从其他神经细胞那里接收或传递信息，进行信息的互相传递。神经细胞长出的这些分支又被称为轴突和树突。轴突和树突在婴幼儿时期成长最快。轴突和树突是由突触相连接的，这样大脑神经才能传递或接收信息。刚出生的孩子的大脑中，每个大脑神经细胞都会发送电信号，每个神经元大概有 2500 个突触。在接下来的三年左右的时间里，突触的数量会增加到 15000 个左右。

在早期的发展过程中，轴突的周围开始形成一种肥厚的髓鞘质保护层。髓鞘形成的过程中会隔离神经分支携带任何神经脉冲，使细胞与细胞之间的“交流”变得越来越有效，也越来越快速。髓鞘的形成过程会持续到青春期末期和成人初期，并负责形成我们称之为大脑白质的物质。白质包含着连接大脑不同脑区的一束束轴突，来完成各个脑区的交流工作，然后再形成灰质。灰质也是一个专业术语，通常被喻为大脑进行学习和思考的中转站。这是因为灰质是由神经细胞构成，或者说由神经元构成，就像突触一样，让它们彼此相连，只是形成这种大脑物质的过程稍微复杂一些。

在孕妇怀孕第五个月的时候，胎儿初期的大脑就已经形成了 1000 亿个神经元，这相当于成人大脑中的神经元数量。在童年早期，人脑中所有神经元的总数（大约是一万亿）远远超过了成人时期的生长数量。如果按照童年期的神经元和灰质的成长速度发展，成人的大脑将会是无比庞大的。但恰恰相反，出现了相反的现象。灰质增加的同时，神经元，特别是突触在 5 岁前达到了最高值，接着开始渐渐减少或“修剪”神经元的连接。最初的神经元快速增长期也是幼儿早期进行快速学习和体验的时期。最近有关大脑的研究表明，这个时期，人的学习能力发展很快，以后额外增加的灰质实际上对学习能力产生了抑制作用。

通过修剪，孩子的心智能力得到巩固，不需要或没用过的灰质连接渐渐减少。科学家们最初以为幼年的孩子才会出现一次神经元和轴突高速生长期，随后再进入修剪期。然而，最新的研究结果表明，人类在青春期还有另外一次神经元和轴突的快速生长期，随后伴随另外一次神经修剪期。

根据我们多年来对执行技能的研究表明，在青春期前大脑神经元的快速生长主要发生在大脑额叶。虽非绝对，但现在科学家们一致赞同大脑的额叶在执行技能形成方面起到了关键性的作用，也扮演着重要的角色。于是，我们可以肯定地说，执行技能形成的脑区包括额叶、前额叶皮层，以及相邻的脑区。在接近青春期（不满 13 岁）会出现又一次神经元的快速生长期，也就是执行技能形成的最佳期。

关于对青春期大脑发展的研究，美国心理卫生研究院的科学家们也提出大脑额叶的神经元存在“用进废退”现象。神经元与神经元之间连接，也包括突触连接，能被应用的部分就会被保留下来，而那些没有被应用的神经元或突触就被废弃掉了。如果这是事实，就意味着在此期间培养执行技能非常关键。这不只是为了让青少年学会自我管理和独立，更重要的是，青少年在此期间形成的大脑结构还能支持他们在青春期后期乃至成年期的执行技能应用。

在早期的记录中，你可能已经注意到了你的孩子存在某些弱项执行技能，并且多年来你也一直注重对孩子的那些方面的培养。那会让你领先一步培养孩子的能力吗？从某种程度上说，你如果知道了孩子的问题是什么，也知道了什么方法能帮助孩子，是能达到此目的的。你的孩子能否比另外一位刚意识到这些问题的孩子更好地度过青春期呢？回答是：有可能。因为越早培养孩子的执行技能越有效。你可能已经意识到了孩子以前因为缺乏某项能力而产生的巨大影响，甚至到了青春期，那些毛病仍然让孩子不知所措。如果你能较早地培养孩子的这些技能，就会促进孩子的大脑神经通路应用这些能力，持续地应用这些执行技能，就能转化为他们的基本素质。应用这些已经获得的能力，还能形成其他新的执行技能。

我们要是刚刚对孩子的问题进行干预呢？是不是太晚了？我们对此的回答是“不晚”！事实上，青少年的大脑正在成长，这对你来说是个难得的机会，也是他们提升执行技能的好时机。充分利用你能察觉到的某些你和孩子的反应，有助于执行技能的发展。父母能体会到孩子遇到困难时内心也在苦苦挣扎。遇到令自己沮丧的事情的时候，也需要父母的支持。一方面，大多数的父母能认识到他们必须继续为孩子提供避免碰壁的指导，否则孩子就会遇到困难，就会犯错误。另外一方面，他们也知道孩子存在某种程度上的对抗情绪。对那些试图控制孩子自作主张的父母来说，他们与孩子之间总是矛盾重重。但当父母不给孩子提供指导的时候，孩子又不知道如何做出长远的决定。在你和孩子开始这些富有挑战性的谈判前，你会看到孩子正在内心纠结。当他失去信心的时候，也可能需要你加大对他的支持。对青少年来说，这种纠结让他感到很没面子或觉得羞愧——或者至少认为自己的这种表现可能是获得成人感的一种障碍。

问题的关键是理解这些因素，理解他们的脆弱，也理解他们执行技能滞后的事实，然后再应用我们在这里提供的方法进行干预。青春期是孩子形成和应用执行技能的关键期，所以克服各种障碍，显得尤为必要，也值得我们为此努力尝试。我们也提供了一些详细的评估指南，帮助你在这个过程中评估孩子对一些问题的反应，也让你明白什么方法对你的孩子最有效。

进行实践是获得执行技能的另外一种方法。科学家们通过对大脑进行功能磁共振成像（fMRI）的研究已经发现：儿童和青少年在执行某项任务或做某项活动的时候，需要执行技能的参与，他们依靠前额叶几乎能做所有的事情，而不会分发工作量给大脑中其他功能性的指定脑区。其他两个功能性的指定脑区是指杏仁核和脑岛（脑岛为大脑的岛叶，呈三角形岛状，位于外侧沟深面，被额叶、顶叶和颞叶所掩盖）。在快速做出生死攸关、“或战或逃反应”(生物应对威胁时的生理反应)的决定时，这两部分的脑区活性会增强。而与儿童和青少年相反，成人则能把工作量传播到以上的这两部分脑区，因为他们经过多年的练习实践，形成了一定的神经通路，让这些工作信息抵达杏仁核和脑岛处。所以，相比激活成人的执行技能，激活儿童和青少年的执行技能需要付出更多的努力。这也可以用来解释，为什么孩子在日常生活中时常会出现执行技能缺失的情况。与此相关的一项最新研究表明，向成人描述处于危险情境之中的状态，他们对危险格外重视，并能熟练地应对危险，他们工作的脑区并没有大部分发生在额叶。而与此相反，对青少年来说，他们的大脑图像显示信息传播到以上两个区域的则明显较少，他们不得不应用额叶来处理所有的信息，判断当下是否真的存在危险。鉴于此，不难想象一群青少年正在面临挑战或者怂恿其他人进行一些危险行为的时候，用执行技能会比较容易地避免任何不假思索的冲动行为出现。最近刊登在《巡游杂志》（Parademagazine）上的比喻非常贴切："青少年的大脑就像法拉利赛车一样，快速、光鲜亮丽、操作灵活，问题只是刹车失灵。"这点也是青少年的家长、老师、教练和其他抚养者们共同要面对的问题。青春期孩子的父母和其他与青春期孩子打交道的人都有机会让孩子们在此阶段形成执行技能。在青春期阶段，大脑神经会激增并进行神经修剪过程，此过程一直会延伸到成年早期。这个时期（从十几岁到二十多岁）是大脑成熟化之前最为重要的最后关键期，也是孩子一生能否有所造诣的关键期。

揭开青少年的大脑与行为背后的奥秘

从某种意义上来说，青少年的大脑为将来适应一些任务而做好准备，正在学习的一些技能也为成人的生活做好准备。通过实践和练习，大脑神经元修剪期会持续，大脑会渐渐废除那些不用的神经元和神经树突，使那些经常用的神经元变得更加强壮，并通过髓鞘轴突增加信息传递的效率。孩子在 10 ～ 12 岁的时候开始进入青春期，青春期孩子的大脑非常具有可塑性，包括一些脑神经元的"用进废退"，这类似于"重新整合自己”。最后大脑重新整合的效果由两方面决定：第一是十几岁的孩子经常使用哪些神经元度过青春期，第二是在青春期的 10 年中，他们都经历了什么。一方面是青春期的大脑为学习各种体验做好准备，另外一方面是他们又无法独立为那些体验做出选择。就如同前面我们谈到的冒险情境一样，青少年在考虑冒险活动的时候，是额叶在进行信息加工。尽管如此，当他们思考的时候，与成人的思考相比较，他们对冒险水平的评估也只是处于一种假设的状态。那么为什么他们会做出比成人更多的冒险行为呢？这就是为什么神经科学家们会提出来“加热”与“冷却”的认知理论的原因。“加热认知”是指十几岁的孩子在激情四射的时候所进行的思考，额叶处于高度唤起状态。就像你不同意你青春期的孩子去参加通宵海滩派对时他的反应那样。你满脑子都是可能会有危险，而他满脑子都是野营给他带来的好处。对十几岁的孩子来说，任何事情都能唤起他的情绪——害怕别人不和自己玩，扮出很酷的样子，觉得有些人很差劲，与父母意见不合——这些都会导致“热处理”型思考（也就是缺乏理性的思考）。所以，从这点来看，这样也有助于让我们知道为什么有时候孩子看起来成熟、通情达理，而有的时候又喜怒无常，会有一些过分的要求，就像 5 岁孩子的表现那样。这也提醒我们，为什么在与青少年进行交流和讨论的时候，父母需要让青少年处于“冷却”思考状态。然而，来自父母的强烈情绪反应往往会引发青少年的情绪反应。也就是我们经常所说的，父母的不理智行为是孩子出现情绪反应的“催化剂”。

青春期孩子的大脑存在的第二个特征就是，神经递质的作用促使他们出现这些行为，这也有助于我们理解孩子的行为。神经递质是遍布于神经细胞和突触周围的化学物质，它决定哪个神经元继续生长还是被废除。在青春期阶段，神经递质中的两种化学物质：多巴胺和血清素，都会减少。多巴胺减少导致孩子的情绪改变并出现情绪控制的问题。血清素的减少导致控制冲动行为能力的降低。另外一种是，神经递质中的褪黑素在青春期也会增加，褪黑素是负责生物的周期节律和生物钟的，这种神经递质的增加导致青春期的孩子需要更多的睡眠。这也可以解释为什么青少年一到周末或放假就爱睡懒觉。另外，褪黑素的增加也会导致青春期的孩子出现熬夜或兴奋睡不着的情况，忙到很晚但还得早早起床去上学，就像我们前面提到的杰西那样。所以我们知道了青少年出现这样的行为是因为“加热”型思考方式，增加了情绪化，降低了情绪控制力，容易疲劳，需要更多的睡眠，所有这些都是青春期的特征。

再者，青少年的大脑中有一个被称为“边缘系统”的脑区，这部分脑区也是人们早期视之为情绪形成的主要脑区。直到成年，人的情绪仍然由边缘系统决定，但是前额叶皮层帮助成人抑制情绪冲动反应。对于十几岁的孩子来说，正如上面提到的那样，额叶和前额叶皮质层正在发生改变，处于形成阶段，还没有发育完全，这也就意味着青少年在做出决定和出现情绪反应时，更多地依赖额叶和前额叶皮质层。结果会怎样呢？他们会经常喜怒无常，情绪多变，做出更多的冲动行为，从来不顾及后果，完全凭直觉行事。

最后一个因素就是寻求刺激。伏隔核被认为是大脑的一个“奖赏中枢”。青少年的这部分脑区是高度敏感的，并发送强烈的信号，让他们去追求自己渴望的行为或某种情境。神经递质多巴胺会产生愉悦感，但是因为青少年的多巴胺水平比较低，所以他们需要更多的刺激水平来产生同样的愉悦感，奖励、犒劳自己。于是，他们就会寻求更多的新奇刺激，寻求更强烈的体验及某些与冒险相联系的兴奋行为。

青少年们控制情绪能力的强弱由以上四种因素决定，也受如下的因素影响：他们的额叶的发展水平（从行为学角度来说，指青少年的成熟度）；他们的体验（青少年觉得自己在某些方面很有能力，如善于社交，学习好，动手能力强，爱好体育或艺术等）。青春期孩子的大脑正在发生巨大的变化，不管他们的执行技能出现怎样的弱项，情绪控制方面出现怎样的不足，都要调整自己，度过青春期这个人生的必经阶段。

非常重要的前额叶脑系统

正如我们在上面所提到的那样，大脑的前额叶系统在孩子形成和应用执行技能方面具有举足轻重的作用。前额叶系统是你的孩子进入成年早期之前大脑完善过程中最后才完全形成的脑区，负责管理各种信息以支配协调人们的行为。额叶发展顺利，会帮助我们管理自己的行为并能按照下面的方式应用这些执行技能：

1. 额叶管理着我们的行为，帮助我们决定什么是自己应该着重去做的事情，应该采取什么样的行动。例如：一个 17 岁的孩子收到朋友发来的一条信息，让他去玩网络游戏，大脑的额叶开始花几分钟加工信息。他想要去玩，但是最后还是决定完成数学作业后再去玩。因为他知道这是妈妈的要求。

2. 额叶与我们的行为密切相关，所以我们能应用过去的经验指导自己的行为，做出明智的选择。例如：一个 16 岁的孩子记得，她想和朋友们一起外出时，父母就要知道她的详细计划，包括与谁在一起，哪些父母会参加，以及那些父母的联系电话，方便及时与那些父母沟通。那么以后再有类似的情况，她就知道，必须先得到父母的许可，包括什么时间去，去几位家长，她需要告诉父母与她朋友的家长保持联系。

3. 额叶帮助我们控制自己的情绪和行为，控制我们的内在思想和外在行为，从而达到满足自己的需求和欲望的目的。它能调整我们的情绪，促进社交互动，控制人们不给自己惹来麻烦也不给别人添麻烦，满足我们自己的需求。例如：一位 15 岁的孩子想要和一些他在学校刚结识的新朋友参加一次海滩聚会。他 17 岁的哥哥告诉了父母，那些人可能会在聚会上抽烟喝酒。虽然这位 15 岁的孩子没能前往参加，但他没有因为父母的阻拦而大发雷霆，也没有和哥哥大打出手，而是明白了他们这么做的用意。

4. 额叶观察、评估并调整我们的情绪，让我们纠正自己的行为，及时选择一种新的方法做事。例如：一位 16 岁的孩子忘记了她的篮球运动衫，于是，她无法参加篮球比赛了。下一次，她会在去上学之前先检查自己需要带的物品和学习工具，避免以后再发生类似的事情。

这些以神经生物学为基础的知识对你正处于青春期的孩子意味着什么呢？首先，我们能知道自己的孩子正值青春期的特殊时期，执行技能在孩子应对各项挑战方面具有举足轻重的地位。在让孩子形成独立生活习惯和风险评估方面，它也是意义重大的。理解孩子，也是我们为人父母的一项基本准则。其次，我们知道，从孩子一出生开始，执行技能仅仅是作为一种潜能存在。新生儿并没有实际操作执行技能。最后，孩子从出生到大约 25 岁都在大脑的额叶充分地形成执行技能。从这些因素来看，孩子们不能只依靠自己的额叶和执行技能来调整自己的行为。那么解决的办法是什么呢？我们需要借给孩子我们的额叶，作为他们的代理额叶。我们养育孩子的过程就是培养孩子的执行技能并训练他们应用执行技能的过程。正如我们即将看到的，对于父母和孩子来说，这个过程是非常重要且充满挑战的。

经验因素：你长期充当了孩子的大脑额叶

在孩子还小的时候，你只是充当他大脑的额叶，因为他的额叶几乎还没发挥功能。你用自己的大脑执行技能制订计划，安排孩子的生活，让他感到安全舒适，关注孩子最基本的行为，如睡觉、吃饭、与小朋友玩，当孩子出现不高兴的情绪或陷入痛苦时，你要帮他解决问题。孩子刚出生的时候，只有很少的动作，如睡觉、吃饭、哭泣，在他的世界里，你只是完全地回应他的需求。出生五六个月的时候，你的孩子开始形成了一些技能，这会最终影响后期的自我管理和独立性。反应抑制能力就是在这一时期形成的。孩子会用这种能力对某人或某种情境做出回应或不回应，这也是自我调节行为的关键特征。我们都知道孩子会惹祸，总是不过脑子就冲动做事。你肯定能回忆起来孩子看到一件自己想要的东西，又拿不到的时候，会出现的表情。那么，现在你也会对青春期的孩子忘记带今天开班会需要的材料而气急败坏的表情印象深刻。你的孩子大概在六个月的时候开始形成这种执行技能，你最初不会看到任何显著的改变。你可能记得孩子在婴儿期与你们之间有很多的互动行为。在 6 ~ 12 个月，孩子的反应抑制会显著地增多。例如，你可能看到 9 个月的孩子慢慢地爬向另外一个房间去找妈妈。然而在一个月或两个月前，他可能会被自己喜欢的玩具分散注意力，就忘记去找妈妈了。而到了 9 个月，他完全控制自己不理会喜欢的玩具，直接爬到隔壁的房间去找妈妈。你可能也注意到了自己的孩子现在可以抑制某种表达，而根据情境展示给你其他的事情，或者向你隐瞒某些事情。我们都可能有过这种试图吸引这个阶段孩子的注意力的经历，而孩子对我们手里的玩具毫不在乎，甚至会避开我们的视线。感觉就像他们是在拒绝，是吗？即使在这么小的时候，一个婴儿已经知道根据不同的人物和环境进行回应或拒绝。在孩子长到三四岁的时候，他会用自己独有的"幼儿语言"告诉你，而不是伸手就打那个抢他玩具的玩伴。孩子到了 9 岁，当他看到自己的球滚到了车来车往的大街上的时候，也能应用同样的反应抑制，而不会闯到大街上去捡球。到了 17 岁的时候，他会出现同样的反应抑制——限制车速而不是听从旁边朋友的怂恿去飙车。

同时，你的孩子能形成的第二项关键技能就是工作记忆。也是我们经常说的好记性。孩子从出生后的五六个月开始，终其一生，都在执行这项技能。对孩子来说，如果他无法立刻把某件物品放入嘴里品尝，用手抓一抓，闻一闻，听一听，看一看，那件物品就根本没有存在过。对于幼小的孩子来说，看不见某项物品就说明那个物品不存在了。在六个月大的时候，你的孩子会形成最基本的视觉能力（能知道是什么物体，能知道是什么地方，能识别出熟悉的面孔还是陌生的面孔），并能记住自己看过的这些信息。这也是孩子开始让自己融入周围世界并体验世界的开始。这种能力也让孩子有机会做出选择和"决定"。例如，如果妈妈离开了，孩子会一直盯着妈妈离开的地方哭泣。妈妈听到了他哭泣，又回来了。如果这样的情况发生了，孩子会把这种情形"解读"为：如果妈妈离开了，我想让她回来的话，只要哭，她就能回来。

随着信息加工能力和经验的增长，孩子大脑中的工作记忆能让他回忆起过去的事情，并会在当下灵活地应用过去的经验，预测未来会发生什么。例如，假设你的孩子现在是 15 岁，她可能心里想："我上周六帮助妈妈整理房间后，妈妈带我去逛街了。我今天得问问她还有什么需要我做的事情。"或者一个 17 岁的孩子会说："我正在打零工那里的老板让我工作到明天晚上，我得告诉她自己做不到。上次我也是在考试前帮她干活儿，没有足够的时间复习，考试都没有考好。”15 岁或 17 岁的孩子能做到的远远超过了用哭声想让妈妈回来。婴孩能记住妈妈离开的图像，我们也把这点视为控制意识的开始。我们在研究的过程中，为了帮助孩子形成这种工作记忆，会提供给孩子某种类型的体验。例如，我们微妙地为那些能够做出某种表演行为的孩子提供一种“原因—效果”玩具，例如拍打玩具，和玩具玩过家家游戏，拿走玩具或制造噪声，或者我们让玩具“消失”，让他和玩具玩躲猫猫的游戏。当他会使用语言的时候，孩子开始支配自己的行为直接记住隐藏的地方，重复着支配自己的行为并能找到玩具。接着，你就会问孩子这样的问题：“你需要为这项活动做什么呢？”或者“上次发生类似事情的时候，你是怎么做到的呢？”

我们结合反应抑制理论开始能够看到是什么样的体验存储在孩子的工作记忆中，让其对某种情境做出反应或不做出反应。我们在童年期的孩子身上第一次看到反应抑制，然后是其他执行技能开始出现、形成，直到青春期，孩子们一直都在应用这些技能。与此同时，我们知道孩子的这些技能并没有发育完全，需要我们继续提供支持，借用我们的额叶帮助他们解决遇到的麻烦以及应对一些冒险行为。你的女儿可能习惯性地把点燃的蜡烛留在自己的房间里，然后就出去溜达了。为了找乐子，你的儿子总爱划着火柴到处扔，或者做其他一些危险的事情。我们知道孩子为了向朋友炫耀自己的车技，很少会开慢车。他们经常一边开车一边打电话，还不断地责备自己的车装备太差了。我们也知道一个高二的学生不愿意让父母陪同参加海滩聚会的原因。正如我们观察到的那样，因为他们的冒险行为对父母来说显然都是巨大的担忧，是不允许做的：飙车，吸烟与喝酒，早恋或发生性关系。另外，我们也能理解一些美国学校管理执行力度的不足，对青春期孩子的观点和选择做出了极大的宽限。我们看到了无数充满挑战的事情，也能理解青春期的孩子们不考虑自己的行为所引发的严重后果。在他们一天天的行动中，正如罗索·巴克利（RussellBarkley）所说的“环境依赖”那样，青春期孩子的行为大部分会受到自己所处环境的影响。他们往往被一些有趣的事情或活动所吸引，沉浸在即刻的满足中（比如看电视、玩电子游戏、玩电脑等物质依赖行为，并沉迷其中）。同时，他们也受到同龄人的影响，更关心当下的体验带来的美好感受，很少考虑到这些事情对将来的影响。我们来看科林的故事：

周日的早上，我因为昨天上了一天的课外辅导班，很疲惫，希望今天能放松一下。当我坐在餐桌旁吃饭的时候，发现问题来了，桌子上正放着 6 页美国历史试卷，而且要求我周一上交。我完全可以不用复习这门功课，因为对我来说这是小菜一碟。我很擅长美国历史，也很喜欢这门功课。

但是让我犯难的是，今天有一场足球比赛。爱国者队和喷射机队将会在下午 1 点开始比赛。我很自信能够轻松地完成自己的论文，但是查资料和书写会占用我那天的大部分时间。我知道以前出现这种事情，我都比较难以应对。所以，我决定先制作一个时间表。过去几个月里，父母和老师都要求我设定一个时间表，这有助于我及时完成家庭作业以及安排好一些其他的事情。我决定先思考一些素材（自己熟悉的一些书目，过去听课时的记录，搜寻一些资料信息）。我估算了一下，这份论文从准备到完成需要 6 小时的时间。我分配 2 小时的时间去搜寻资料，剩下的 4 小时进行论文写作。我计划每小时完成一页，我喜欢历史课，为了显示我的水平，我会在剩余的 2 页中提出自己的观点。我认为 4 小时就能做完。我的计划看似完美无缺，但我知道，这样的计划也最容易让我心不在焉。假如我按部就班地操作，可能得花费一倍的时间写作。就是说，我能用 4 小时完成的任务，却要花费 8 小时完成。你看，在问题出现之前，我已经成功预测并想着怎么处理了。

现在，我可以按照自己的计划去执行了。我内心愉悦并非常满意地坐在电视前，腿上放着笔记本电脑。10 点钟，我已经完成了计划。我认为自己晚上 8 点钟前一定能完成任务。一个悠闲的周末，一份写完的论文，真是一举两得。

我用了 3 小时，完成了资料搜集并完成了论文的介绍部分。一切都在按照我的计划进行着。下午 1 点钟，爸爸来看节目并核实我的论文进展情况。他知道我写了多少内容，但是，我并没有告诉他我的时间安排，只是认为所有的事情都在自己的掌控中。毕竟这是我的计划。我害怕如果告诉了他这个计划，他会批评我，不让我这样安排时间。

我高兴地观看着比赛，把自己的时间安排抛之于脑后了。我总给自己找借口，时间还很多，不用着急写论文。4 点钟又有一场足球赛，我又开始看比赛，同时偶尔想想如何开始我的第三段论文。

此时，爸爸又走了过来，当他看到那篇刚开了个头的论文，很生气。我们开始争吵，我对他大声喊着："我有自己的安排。我知道如何安排和利用自己的时间。"他认为我把玩乐的时间放在了写论文的前面，而且一心二用，注意力不集中，既看不好球赛，也写不好论文。他说这不是他和老师的初衷，也不是他们想要的学习态度。我们大吵着，他很气愤，走开了，边走边说自己怎么有这样的孩子。

我到了晚上 11 点钟才完成了作业，而且是在爸爸又回来并强烈地要求我关掉电视后，我用了 1 小时写完了 3 页论文。他知道这种计划行不通，并警告我："下次只能专心写完作业后再看电视。"他可能是对的，但是我并不这么认为。事实上，我认为是他的批评让我精神不集中，并影响了我完成论文的计划。我告诉他，是他的干预让我无法用劳逸结合的方式完成任务。他认为如果没有他的干预，我可能永远都不会写完作业的。

以上是本书作者理查德的儿子科林的故事，描述了他在上高中的时候是如何完成家庭作业的。如下是理查德的话：与此同时，我更愿意把儿子的行为当作依赖性行为和逃避任务来看待。我把注意力放在了儿子的论文上，也浪费了很多时间。我当时错过了很多机会来帮助他提高应用解决问题的执行技能。如果我有目的地培养他的执行技能，他可能会更好地完成论文。而且以后遇到类似的问题，他也能知道如何解决。从父母的角度来说，当时虽然没有明确的目标，但完全可以做到与孩子谈一谈，讨论一下他所制订的计划，评估孩子是否能按照计划完成，并适当地调整计划。

对那些孩子缺乏执行技能的父母来说，短期的失败是为了长期的获益。失败是成功之母，父母需要评估潜在的问题并让孩子从失败中学习改进的方法。我们并不主张完全用“挫折教育”的方法让孩子从错误中学习。然而，对于青少年来说，培养他们的执行技能意义重大。就像谚语中所说：“只有把他们从码头上推到水里，他们才能学会游泳。”让孩子懂得在应用中总结经验教训。

只有经历失败的教训，甚至是经历很大的挫折，他们才能成熟起来。与此相反，父母的目标就是“让孩子处于游戏之中”，提供给孩子你的大脑额叶支持，规避重要的失败，同时还要给予他们冒险的机会，让他们体验自己的行为产生的后果。我们会提供给父母们一项评估风险和收益的指南，每当你全力地干涉孩子的决定的时候，也让孩子觉得他是受到尊重的，也有自己的灵活空间。有时候，你的孩子们也很不愿意一直依赖你，不愿意让你干涉他们的生活，但有时候他们也寻求父母们的意见和支持。

我们在写这本书之前，主要考虑了三个方面：第一，我们想帮助你理解什么是执行技能，如何让你的孩子应用执行技能，并为其独立生活打下坚实的基础。第二，我们想要提供给你一套评估青春期孩子的执行技能的工具量表，以此来知晓孩子在哪些方面需要提供支持。第三，我们想让你知道如何成为孩子的“代理额叶”，需要对孩子提供哪些具体的帮助。尊重你的孩子，培养他们形成独立生活的能力。

我们都明白青春期的孩子是令所有父母最头疼的。正如前边我们所讲的，青春期里，孩子的大脑为了储备新的能力而不断地进行修复，不断地学习，这也是训练执行技能的关键期。因为孩子处于青春期的时候，你与孩子的亲子关系在某种程度上的改变，也为孩子提供了发展独立自理能力的空间和方向。

为什么有些孩子的执行技能差

十几岁的孩子缺乏执行技能，主要有三个方面的原因：第一种是被专业人士诊断为缺乏执行技能。这包括患有注意缺陷多动障碍（简称ADHD）、自闭症以及脑损伤的孩子们。第二种是间接与执行技能不足相关的情境或状态。包括睡眠障碍、情绪失调、抑郁和焦虑情绪、药物或酒精引起的各种行为或症状。第三种是在执行技能的形成过程中不得不应对的正常变化。

我们先来看看诊断分析。拉塞尔•巴克利曾治疗过很多典型的注意缺陷多动障碍患者。他们的典型特征是执行能力弱化。一系列的临床研究更验证了这种观点，最终证明这些孩子受缺乏典型执行技能的严重影响。通常，这些技能包括反应抑制、专注力、时间管理、制订计划的能力、工作记忆以及我们提到的其他执行技能。“粗心的青少年”也属于注意缺陷多动障碍之一。据保守估计，儿童期有3%～5%的孩子患有注意缺陷多动障碍，而到了青春期，出现注意力不集中的占很大一部分。

我们通过对自闭症（也包括泛自闭症障碍）孩子的研究表明，他们也存在执行技能不足的问题。从我们的经验来看，他们存在的最典型的问题是缺乏心理灵活性和无法控制情绪。从某种意义上来说，他们很难启动元认知，通过自我监控让自己的行为与某种情境协调一致，特别是无法与某种社会情境一致。父母和老师也报告了孩子缺乏其他执行技能的一系列现象。

在脑外伤的案例（也包括多次脑震荡）研究中，患者们出现执行技能损伤的问题，可以通过对患者快速地低头或抬头时额叶易感性的快慢来证明。这些患者经常会在如下方面出现问题：反应抑制，灵活性，制订计划的能力，工作记忆能力。对于十几岁的患者来说，会特别容易出现情绪控制问题。

以上这些并没有涵盖人们出现执行技能不足的所有方面，只是一些与执行技能不足相关的大众疾病。

我们知道了青少年身上极为常见的一些与执行技能不足相关的间接因素。正如我们在前面提到的，青少年们经常熬夜，睡眠不足影响着他们的执行技能。我们能明显地觉察到如果他们没有睡好觉，就会注意力不集中，脾气暴躁或闷闷不乐。我们也观察到，睡眠不足也改变了青少年的大脑对情绪的控制，包括孩子会出现焦虑和抑郁的情绪问题，这些都会消极地影响孩子的执行技能。执行技能的改变也伴随着出现其他的行为信号，如吸烟或酗酒。父母往往觉察到孩子的这些变化的时候，才开始考虑是什么原因导致了孩子的这些行为。

我们也发现认知失调患者的执行技能也存在不足的问题。我们每个人普遍具有执行技能的优势和劣势。请想一想，你是否认识一位没有时间观念的人呢？是否认识一个没有条理性的亲人，他总是找不到东西呢？你认识的某个人总是“言行不一”吗？我们在生活中总会遇到这些人，我们对他们都不陌生。这些人如果没有影响到我们的谈判成功，没有影响到业务的正常进行，似乎也没有什么大不了的。

而我们写的这本书，主要是针对那些缺乏执行技能而影响到学习成绩或问题解决的孩子们。这种缺陷也会对他们独立生活产生影响。此书是专门为他们设计的（不管他们的初始状态如何），并希望此书能帮助孩子们成功地解决执行技能弱化的问题，让孩子学会独立。

第2章

发现孩子执行技能的强项与弱项

马克是一名高二学生。他是校学生会的主席，也是学校辩论会成员。他具有敏捷的思维，良好的随机应变能力，每次辩论都能打败对方。他提议了一个项目，学校管理处坚决反对，但经过他的努力说服，对方最后终于同意了，校长对他很满意，认为他很有口才。然而，你到他的房间看看，简直惨不忍睹。地上堆积着需要清洗的衣服，到处散落着各种糖果包装纸。房间里到处都是灰尘。桌子上凌乱地堆积着一大摞学校的报纸，还有各种学生活动的提议书、大学介绍信（是的，他已经决定好了要上哪所大学了）和笔记本。早上去上学前更是一副狼狈相，他到处寻找着想要穿的衣服，匆匆忙忙地把能找到的作业一股脑地塞入书包。他的老师喜欢他，有时候老师们听了他忘记带作业的借口，只是对他强调下次一定不准忘记了。他虽然很聪明，但学习成绩不理想。马克也认为这是因为粗心导致的。

兰迪是所有学生的楷模。她正在读高二，一直以来学习成绩优异。她从来都不会晚交作业，因为她会清晰地在日程表上写下自己的安排，提醒自己都需要携带什么东西，为考试提前做准备。老师们虽然发现她“有点儿紧张”，但都很喜欢她。“有点儿紧张”并不单指她在学校的表现，在家里父母也认为她有时候简直是“神经过敏”。她似乎总担心很多事情。她担心自己是否能及时完成美术作业，担心是否能完成一篇有关世界文化的作文。她也担心自己的几何考试，上次几何考试得了个B成绩，而她的其他科目都获得了A，所以她担心这会影响自己的总体表现。当妈妈让她在周六帮忙整理房间的时候，她粗鲁地对妈妈说：“我无法帮您了！您知道我有多少功课要做吗？您让我的生活完全陷入了困境！”妈妈经常哑口无言，只好自己整理房间。妈妈知道兰迪有情绪方面的问题，经常无法控制情绪，这确实对家庭生活产生了很大的负面影响。

如果你读懂了第一章的内容，就能大致评估出马克和兰迪存在哪些强项执行技能和弱项执行技能。他们都是学生中的佼佼者，能像成人一样对一些事情做出积极的预测，但也生活在因执行技能不足而带来的苦恼中。他们所面对的执行技能方面的共同挑战就是，在家里的表现和在外面（老师或其他人面前）的表现完全判若两人。

父母们也只有通过分析孩子的这两种表现，才能认识和了解哪些因素正在帮助孩子获得成功，而哪些因素可能会阻碍他们实现梦想和发挥才能。你之所以选择阅读这本书，说明你特别想知道后者。如果你正在寻求能帮助孩子提升执行技能的好方法，那么首先要了解孩子执行技能的全貌，不仅要了解他的强项执行技能，还包括弱项执行技能。

我们为什么要这么做呢？有很多的原因。首先，你能发现孩子身上的积极因素。家长们往往只盯着孩子的问题和缺点，而忽视了孩子的优点。积极心理学领域的专家们做了很多关于行为、态度、情绪和感受方面的深入研究，结果发现，每一个负面反馈中都能找到三个正面的积极反馈，或者纠正反馈能自动地产生积极的行为改变。其次，你只有全面地了解孩子具备哪些执行技能的优势和劣势后，才能在日常生活中有针对性地培养孩子。例如，如果他在任务启动和目标导向的持久性方面存在不足，那么他在学校的表现可能就不是很好。另一方面，如果他存在注意力不集中和情绪冲动的问题，那么在驾驶的过程中，他就容易发生事故。

在下面这个评估表中，我们列出了一些期待青少年们能够借助执行技能去完成的日常任务，应用执行技能是充分完成这些任务的关键。你越早掌握孩子执行技能的大致情况，你就越有机会改善或提高孩子的执行技能，你的干预也才能更有效。对于十几岁的孩子来说，在是否愿意接受父母的建议方面也千差万别，特别是孩子的年龄越大，就越是不愿意采纳父母的建议，就像孩子在两岁的时候对你说“我自己做”那样，在这个阶段他更想证明自己的能力。

青少年的日常活动及其所需的执行技能

执行技能	在学校的表现	完成大学申请	处理一个繁忙的日程	金钱管理
反应抑制				*
工作记忆	*			
情绪控制			*	
灵活性				
持续注意	*	*		
任务启动	*	*		
计划性和优化做事次序		*	*	
条理性		*		
时间管理	*		*	
目标导向的持久性	*	*		*
元认知	*			

执行技能	驾　驶	找一份暑假兼职	胜任一份工作	不参加冒险活动
反应抑制	*		*	*
工作记忆				
情绪控制			*	
灵活性			*	
持续注意	*			
任务启动		*		
计划性和优化做事次序		*	*	
条理性				
时间管理			*	
目标导向的持久性		*	*	*
元认知				

你能从下面这份执行技能的调查问卷中，更好地评估孩子的执行技能情况。我们会帮助你和你的孩子评估执行技能中存在哪些不足。请你先完成第一个问卷，然后让你的孩子完成第二个问卷。你也可以随意地将这份问卷复

印给任何需要此问卷的青少年家长们（可以家长之间互相传播、借鉴）。

执行技能问卷（父母版）

下列的 33 个条目都是针对你家正值青春期的孩子的描述，请认真阅读，并根据孩子的实际情况打分，然后把每部分的 3 个分值相加得出总分。根据图表，每部分都对应一种要考察的执行技能，得分越高，说明孩子平日的表现与描述的越相符，则孩子的该项技能越弱。反之，亦然。最后，根据分数高低，找出 2 ～ 3 个最低分（孩子的强项执行技能），再找出 2 ～ 3 个最高分（孩子的弱项执行技能）。

分值及其含义

1——与孩子的表现非常不符

2——不符

3——基本不符

4——中立

5——基本符合

6——符合

7——非常符合

条目得分

1. 做事情总爱一时冲动。 _____
2. 在课堂上总爱讲话。 _____
3. 不经过任何思考就说出某些话。 _____

总分：______

4. 总爱说“我会做的”，接着就忘记了。 _____
5. 忘记做家庭作业或者忘记带必备的学习用品。 _____
6. 总是丢掉某些东西或忘记某些必备的物品。例如衣服、棒球手套或运动设备。 _____

总分：______

7. 当家庭作业太多的时候就很生气或感到混乱或花费太长时间才能完成。 _____
8. 脾气火爆，点火就着。 _____
9. 当事情没有按照自己的计划进行的时候很容易表现出沮丧的情绪。 _____

总分：______

10. 如果一种方法没有解决问题，也不愿意考虑其他不同的方法。 _____
11. 不对某一计划进行改变，固守陈规。 _____
12. 对老师布置的开放式家庭作业不知所措（例如，当老师布置了一项写作计划的时候，不知道应该写什么） _____

总分：______

13. 注意力很难集中或容易分散。 _____
14. 边玩边写作业，很长时间才完成。 _____
15. 很难完成某项家庭作业或家务。 _____

总分：______

16. 直到最后一分钟才完成家庭作业。 _____
17. 很难把有趣的活动放在一边，去做作业。 _____
18. 需要很多的提醒才开始做某件事情。 _____

总分：______

19. 对于大项目的作业不知道如何开始（不知道先做什么，接着做什么）。 _____
20. 当有很多事情要做的时候，很难设置一些完成的步骤。 _____
21. 对长期的任务或重大的事情经常毫无头绪，气急败坏。 _____

总分：______

22. 书包里总是乱糟糟的，笔记本上的东西也没有任何条理性。 _____

23. 自己的书桌或房间经常一团混乱。 _____
24. 从来不收拾自己的房间或抽屉。 _____

总分：______

25. 很难评估自己能用多长时间才能完成某些事情（例如家庭作业）。 _____
26. 在晚上经常无法完成家庭作业；上课经常迟到。 _____
27. 很难为某事做好准备（例如：安排预约、上学或调课）。 _____

总分：______

28. 似乎不能忍住购买好吃的而攒钱去购买自己一直想要的某件物品。 _____
29. 似乎无法为实现长期的目标而努力。 _____
30. 似乎只想获得当下的满足感。 _____

总分：______

31. 缺乏有效的学习方法。 _____
32. 自己做的某件事情很危险，也没觉察到。 _____
33. 他如果没有成功，从来不总结经验教训，也不改变做事的方法。 _____

总分：______

条目及其考察的执行技能

条　目	考察的执行技能	条　目	考察的执行技能	条　目	考察的执行技能
1–3	反应抑制	13–15	持续注意	25–27	时间管理
4–6	工作记忆	16–18	任务启动	28–30	目标导向的持久性
7–9	情绪控制	19–21	计划性和优化做事次序	31–33	元认知
10–12	灵活性	22–24	条理性		

你家青少年的强项执行技能（最低分数）

____

____

你家青少年的弱项执行技能（最高分数）

____

____

执行技能问卷（孩子自测）

下列的 33 个条目都是针对你的描述，请认真阅读，并根据你的实际情况打分，然后把每部分的 3 个分值相加得出总分。根据图表，每部分都对应一种要考察的执行技能，得分越高，说明你平日的表现与描述的越相符，则你的该项技能越弱。反之，亦然。最后，根据分数高低，找出 2 ~ 3 个最低分（你的强项执行技能），再找出 2 ~ 3 个最高分（你的弱项执行技能）。

分值及其含义

1——与我的表现非常不符

2——不符

3——基本不符

4——中立

5——基本符合

6——符合

7——非常符合

条目	**得分**
1. 做事情总爱一时冲动。	_____
2. 在课堂上总爱讲话。	_____

3. 不经过任何思考就说出某些话。 _____

总分：______

4. 总爱说“我会做的”，接着就忘记了。 _____

5. 忘记做家庭作业或者忘记带必备的学习用品。 _____

6. 总是丢掉某些东西或忘记某些物品，例如衣服，棒球手套，运动设备。 _____

总分：______

7. 当家庭作业太多的时候就很生气或感到混乱或花费太长时间才能完成。 _____

8. 脾气火爆，点火就着。 _____

9. 当事情没有按照自己的计划前进的时候很容易表现出沮丧的情绪。 _____

总分：______

10. 如果一种方法没有解决问题，也不愿意考虑其他不同的方法。 _____

11. 不对某一计划进行改变，固守常规。 _____

12. 对老师布置的开放式家庭作业不知所措（例如，当老师布置了一项写作计划的时候，不知道应该写什么）。 _____

总分：______

13. 注意力很难集中或容易分散。 _____

14. 边玩边写作业，很长时间才完成。 _____

15. 很难完成某项家庭作业或家务。 _____

总分：______

16. 直到最后一分钟才完成家庭作业。 _____

17. 很难把有趣的活动放在一边，去做作业。 _____

18. 需要很多的提醒才开始做某件事情。 _____

总分：______

19. 对于大项目的作业不知道如何开始（不知道先做什么，接着做什么）。 _____

20. 当有很多事情要做的时候，很难设置一些完成的步骤。 _____

21. 对长期的任务或重大的事情经常毫无头绪，气急败坏。 _____

总分：______

22. 书包里总是乱糟糟的，笔记本上的东西也没有任何条理性。 _____

23. 自己的书桌或房间经常一团混乱。 _____

24. 从来不收拾自己的房间或抽屉。 _____

总分：______

25. 很难评估自己能用多长时间才能完成某些事情（例如家庭作业）。 _____

26. 在晚上经常无法完成家庭作业；上课经常迟到。 _____

27. 很难为某事做好准备（例如：安排预约、上学或调课）。 _____

总分：______

28. 似乎不能忍住购买好吃的而攒钱去购买自己一直想要的某件物品。 _____

29. 似乎无法为实现长期的目标而努力。 _____

30. 似乎只想获得当下的满足感。 _____

总分：______

31. 缺乏有效的学习方法。 _____

32. 自己做的某件事情很危险，也没有觉察到。 _____

33. 他如果没有成功，从来不总结经验教训，也不改变做事的方法。 _____

总分：______

条目及其考察的执行技能

条　目	考察的执行技能	条　目	考察的执行技能	条　目	考察的执行技能
1–3	反应抑制	13–15	持续注意	25–27	时间管理
4–6	工作记忆	16–18	任务启动	28–30	目标导向的持久性
7–9	情绪控制	19–21	计划性和优化做事次序	31–33	元认知
10–12	灵活性	22–24	条理性		

你的强项执行技能（最低分数）

____

____

你的弱项执行技能（最高分数）

____

____

如何利用这些评估结果

首先，把你对孩子的评估结果与孩子自己进行的评估结果进行比较（强项是 2 ～ 3 个最低分的条目，弱项是 2 ～ 3 个最高分的条目）。在对比两种评估结果时，列出执行技能的强项和弱项比真实的分数更为重要。如果你们的评估结果比较接近，则说明你和孩子对他的执行技能的强项和弱项的看法是相近的。你们可能想花几分钟对此进行讨论。请你先从孩子的强项执行技能入手，着重对孩子说一说他每天所表现出来的强项执行技能，具体地描述出来，比如具体说一说孩子在任务管理、解决问题或应对难题（面对困境）时所表现出的强项执行技能。在强调孩子的强项上，多表扬（请记住：塞翁失马，焉知非福，每种负面行为都能找到三种积极的行为解释！）。如果你的孩子有一项强项恰好是你的弱项（我们在下一章会具体介绍），你如果这样对孩子说，就不会伤害孩子的自尊。比如，“我真的羡慕你，你能做到——（如接受一些对自己有帮助的批评，不拖延到最后才做作业，保持自己的课桌干净整洁等），我真希望我也能做得像你一样好。”

接着，再讨论孩子的弱项执行技能。此刻，你需要尽量从孩子的角度去思考一些因素。你可以与孩子谈谈某项弱的执行技能对他喜欢做的事情的影响，让他知道自己哪方面存在不足，需要改进。你只有让孩子知道了改进的方向或在哪项具体的执行技能方面存在不足，他才能有针对性地改进。比如你可以这样说：“我现在知道你为什么迟到了，时间管理对你来说的确很难。对吗？”

然而，如果你与孩子没有达成一致，各持己见怎么办呢？假如他认为是自己的强项技能的而你却认为是弱项呢？你想起以往孩子曾犯过的那些错误，气就不打一处来，甚至对他大喊大叫。每当听到孩子说自己的记性很好的时候，你可能就会说：“得了吧！上个月，你每周都有打电话给我，让我给你去送作业！”我们应该谨慎使用这样的言辞，因为当你这样对孩子说的时候，他往往会产生逆反情绪，而不会坦诚地与你交流。最好的方法就是只说中性的话语，比如你可以这样说：“嗯，真有意思，我和你在评估你的弱项执行技能方面存在很大的差异，让我们来一起分析，好吗？”有时候，这种感知上的差异，可能是引发冲突的原因。比如，“你认为自己的记性好，那一定是我每次提醒你别忘了把家庭作业放进书包里，而让你的记性变得不好了。是不是？”

当你发现孩子不具备某一方面的能力时，就要着手改进。只要你认为是值得重视的方面或容易导致家庭冲突的方面，或者你认为是暗中破坏孩子成功的因素，你就要坚决地帮助孩子改进。这也取决于你的孩子在多大程度上愿意接纳你的建议，并能意识到自身需要改正的问题。我们已经总结了很多青少年对父母所提建议的五种共同回应，而针对他们的每一种回应，我们都可以采取相应的方式应对。

- “我知道自己有问题，但我就是管不住自己。你能帮我吗？”

一般小孩子都用这种方式让别人帮助解决问题。有时候，他们会出现更过分的要求，比如：“你能为我做家庭作业吗？”甚至还有更多的其他不合理要求，请看如下：

“你能读一读我的作文，并帮我纠正错误吗？”

“如果你认为我的房间太乱了，你能帮我打扫吗？”

“你能给我的老师打个电话解释我有时候会出现注意力不集中的毛病，所以忘记带东西了，让他别惩罚我吗？”

“我答应你要去修剪草坪，但因为我周末要参加足球比赛，所以我每天必须踢球，于是就忘记草坪的事情了。我能踢完球赛了再去修剪草坪吗？”

“我高度紧张。我压力太大了。这就是我，你得学会容忍我的这些毛病。”

父母们听到孩子的这些回应，有时候会非常生气，有时候又很无奈。如果孩子的这些要求得逞了，或者别人来帮他做了，那么解决或提高的是别人的执行技能，而他的能力没有得到丝毫的改进。就像汤姆一样，他每天上学前本该自己准备午餐三明治，这也是他应该学会做的事情。然而无论他哪次忘记了，他的妈妈总会帮他做好，因为她总会担心孩子中午不吃饭。结果，汤姆从来都不长记性，也没有学会任何的自我管理能力。他对妈妈的提醒也从来不放在心上，反正只要他忘记做了，妈妈就会做好的。他又何必费这番心思呢？所以他永远也不会提高这项能力。

● “我知道自己有问题，我正在努力改进。我想得到某人的帮助，如果有必要，我会自己确定人选。”

相比那些采取措施解决问题的孩子，持有这种态度的孩子更能让你知道他们的想法，也会透露给你他们的真实感受。这些孩子很可能会非常诚恳地回应自己的执行技能问题。当认识到了自己存在的弱项执行技能的时候，甚至会对你露出无奈的苦笑。这仅仅是因为他们能意识到问题，也愿意改进，但并不意味着他们是在寻求父母的帮助。我们每天在临床治疗中经常训练的那些孩子也是如此：他们愿意寻求父母或家人之外的人（第三方）帮忙，只要他们愿意与自己选定的那个人配合，他们会非常努力地改进自己的问题。对于父母来说，退让一旁，让其他人担当帮助孩子的角色，虽然心里会很不是滋味，但这也是促使孩子成熟的一种方法。孩子们知道自己必须停止依赖父母，于是开始寻找方法，让父母见证或夸奖他们独立解决问题的能力。我们在第二十章会提到“教练技术”，青春期的孩子们往往喜欢寻求他们自己喜欢的教练、好朋友或老师的帮助。就像下面的故事中的凯莉一样：

最近，凯莉总是忘记带足球，并对父母的一次次提醒感到很生气。于是，她与球队中的另外两位好朋友协商，并想到了一个办法，就是每天早上互相发信息提醒那天有足球训练，别忘记带足球。她们用这种简单的方法，就解决了三个人容易忘带足球的问题，而且主要的是不用父母每天都提醒她们。我们会在第二十章谈到应用“教练技术”并教给青少年和父母如何运用此方法。

● “我承认自己有问题。如果我有所行动并改善了问题，我能得到什么奖励吗？”

有这种想法的孩子经常会激怒父母，因为父母们觉得自己是在向孩子“购买”他们本该有的行为，特别是他们看到的终极目标是满足孩子的兴趣，而不是孩子自愿的。难道我必须得给孩子奖励他才能做本该做的事情吗？事实是，与前一个方法比较，这个方法对父母来说更好着手去做。因为面对这类的孩子，应用这种方法的时候，可以先树立一个能够改善当下问题的目标，然后再针对此目标为孩子提供某些动力。接下来，父母需要做的就是与孩子进行详细规划。请看如下这个小案例就是这样做的。

丹尼想要一双冬天穿的滑冰鞋，他的父母同意给他买一双，但以此为条件，父母要求他必须取得好成绩。经过了双方协商后，他们决定让丹尼为购买滑冰鞋付出一定的努力（或者以不同的等价交换来获得），购买的滑冰鞋的价格也由他所提高的成绩多少来决定。成绩提高得越多，购买的那双滑冰鞋就越好，每门功课都不再得D成绩，就给他加3分，如果超过C了，就加6分，总分决定要购买的那双鞋的好与坏。他为了得到更高的分值，就努力地刻苦学习（也可以说，他为了得到渴望已久的某个品牌的滑冰鞋而努力着）。

● “我也觉得自己有问题，但我更喜欢自己处理。”

孩子的这类反应对父母来说更具挑战性。一般如此回应的孩子要么喜欢自己处理事情，要么处于长期的不断努力——又总是失败之中。请看下面的案例，你就会明白。

达瑞尔经常丢三落四的。他经常忘记锁车，透支信用卡，很少回复未接电话和语音留言。他的父母尽力帮他，但是他坚持认为自己能处理这些问题。父母以为达瑞尔喜欢把自己当成一名成年人，而他往往又不具备一个成年人必备的素质。他忽略了这种学习和强化技能的必要性，认为这些都是小事，没什么大不了的。父母们再一次遇到了这种尴尬的情境，孩子说自己已经长大了，能应付这些小问题了，但最后还是老样子。父母们再听到孩子信誓旦旦地说自己能驾驭一些事情的时候，就想立刻打断孩子的这种思维，认为孩子的提议不切实际。因为他们见惯了孩子太多的失败事例。如果此刻你与孩子进行辩驳，只能没完没了，“公说公有理，婆说婆有理”，双方各持己见。孩子听不进去的。可能只有对簿公堂，他才能知道自己的想法有问题。而且对一位顽固的青少年来说，物质奖励似乎也不管用。应对这类孩子的最好办法就是根据孩子要处理的问题建立一个执行计划表，你们共同协商如何落实这些计划。

● “我认为自己没问题，如果确实有，也别担心，我会自己处理的。”

在以上五种观点中，这类孩子的回答是最让父母感到失望的。这么多年的生活经历让你能清晰地看到这些问题，知道这些问题给自己的生活带来的不便，你不想让孩子体验和你一样的经历。如果你时间充裕，可以告诉孩子，你发现了她所谓的“自己能处理”的那些问题的证据（她没做的那些事情，或忘记做的事情），问问她这些证据能够证明她的观点吗？否则同样的错误还会再次出现的。如果你的时间有限，你可能需要督促她加快速度完成。例如，你们协商好的时间快要到了，而她还有两项作业或计划要做的事情没完成，你就要督促孩子加快速度完成。我们在第四章中会为你介绍更详细的方法，让你知道如何应对这些孩子的回答。

现在，让我们看看你和孩子是否能在他或她的回答类型这个问题上达成一致。请你填写如下的父母问卷表，让孩子填写属于他的那张问卷表。你也可以随意地多复印几份，发给周围的父母和孩子们。

接着，请对比你们的评估结果。针对他或她是哪种回应类型，你和孩子是否达成了一致看法呢？如果你们的意见无法达成一致，你需要着重考虑那些具体的问题，仔细思考，问题出在了哪里。

父母对孩子的评估

在解决弱项的执行技能方面，下面的反应是否是你的孩子经常会出现的回答呢？请选出最符合你孩子的一项。

“我知道自己有问题，但我就是管不住自己。你能帮我吗？”	
“我知道自己有问题，我正在努力改进，我想得到某人的帮助，如果有必要，我会自己确定人选。”	
“我承认自己有问题。如果我有所行动并改善了问题，我能得到什么奖励吗？”	
“我也觉得自己有问题，但我更喜欢自己处理。”	
“我认为自己没问题。如果确实有，也别担心，我会自己处理的。”	

孩子的自我评估

在解决弱项的执行技能方面，下面的反应是否是你经常会出现的呢？请选出最符合你的一项。

“我知道自己有问题，但我就是管不住自己。你能帮我吗？”	
“我知道自己有问题，我正在努力改进，我想得到某人的帮助，如果有必要，我会自己确定人选。”	
“我承认自己有问题。如果我有所行动并改善了问题，我能得到什么奖励吗？”	
“我也觉得自己有问题，但我更喜欢自己处理。”	
“我认为自己没问题。如果确实有，也别担心，我会自己处理的。”	

第3章 父母的执行技能水平及教养类型

弗兰克50岁，是一家运动器材销售公司的主管。他能非常娴熟地组织员工会议，给潜在的客户打电话，制订新的市场营销战略，让公司打破传统的经营模式，开拓公司的新业务。然而，17岁的儿子总让他束手无策。在家里他也像在工作中那样，不停地恐吓儿子听从他的建议。他也告诉自己，杰克总是精力涣散，不能集中精力在一件事情上，每次他忙碌了一天回到家后，总看到儿子在玩游戏，丝毫没有要做功课的想法，似乎也不记得自己曾答应过父亲每天回家后应该做功课和一些家务。这个孩子没有任何理性思考能力，总是一时心血来潮，想做什么就做什么。他看到父亲管教自己就开口说："爸爸！出去。"不情愿地放慢了玩游戏的速度，"我真不知道你有什么好担心的，我已经让老师再多给我点儿时间。老师已经同意我下周一再交作业。除此以外，你总认为我好像什么也没做一样！我放学后，正如我答应你的那样，写了半小时的作业，但是，我发现我把老师的那份写作提纲和项目安排表遗忘在学校了。我也没办法了，只能玩游戏了。"弗兰克非常生气，尽力控制自己的情绪。"难道你就没有其他作业应该完成吗？"他从牙缝中蹦出这句话。

吉娜是四个孩子的母亲，同时兼职管理着丈夫咨询公司里的图书管理工作。她的孩子年龄都在12～20岁之间。她认为经营一家跨国公司要比管理四个孩子容易得多。她白天的大多数时间都是在开车。她发现自己总是迟到。她的手机响个不停，通常一个孩子会问她什么时间才能把他或她忘记带的家庭作业送到学校来。她18岁的女儿正在申请大学，女儿总是不记得妈妈的嘱咐，经常丢三落四的，她几乎错过了报名SAT考试（全称Scholastic Assessment Test，由美国大学委员会主办，SAT成绩是世界各国高中生申请美国名校学习及奖学金的重要参考。——译者注），她不知道应该让哪位老师给写推荐信，也不知道自己把辅导员给她的重要文件夹放在哪里了，所以不知道该做什么。“妈妈，我需要你的帮助，因为对我来说，处理这些事情实在太难了，实在太有压力了！”她的女儿说自己哭了一个晚上，因为没找到文件夹。吉娜对女儿向她寻求帮助感到很高兴，女儿并不像她哥哥那样，每次都和妈妈顶嘴，声称自己不需要妈妈的帮忙。同时，吉娜也很矛盾，觉得自己并没有太大的能力去帮助女儿。晚上睡不着的时候，她经常思考孩子的这些问题，烦躁地感到自己这么做并不能帮助孩子，也不能帮助自己。

正像上面提到的故事情节一样，如果我们想让孩子学会独立，像成人那样充分地利用自己的额叶，孩子们执行技能的强弱只占一半的因素，而另外一半则是我们这些父母们所拥有的执行技能对孩子的鼓励、支持和影响，并且在有些情况中没有对他们造成伤害，也没有伤害到与他们的关系。

在上面的故事中，弗兰克不能很好地控制自己的情绪是导致他和儿子之间出现冲突的主因，这不仅不利于孩子执行技能的发展，也打乱了他自己的生活。吉娜自己缺乏时间管理能力，记性也不好，也不可能让女儿比自己更好，这也是她和女儿感到挫败的主因。发生这种情况的原因我们都归结为“热处理”（我们第一章提到的）趋向于引发青少年的情绪，接着父母与孩子之间出现了矛盾和冲突。

现在，你可以对孩子的执行技能的强弱水平进行评估，你也有机会大致了解一下自己的执行技能水平如何。请你用如下的量表进行评估，也可以把这份量表复制给其他需要帮助的父母们。

评估父母自己的执行技能水平

下列的 33 个条目都是针对你的描述，请认真阅读，并根据你的实际情况打分，然后把每部分的 3 个分值相加得出总分。根据图表，每部分都对应一种要考察的执行技能，得分越高，说明你平日的表现与描述的越相符，则你的该项技能越弱。反之，亦然。最后，根据分数高低，找出 2 ~ 3 个最低分（你的强项执行技能），再找出 2 ~ 3 个最高分（你的弱项执行技能）。

分值及其含义

1——与我的表现非常不符

2——不符

3——基本不符

4——中立

5——基本符合

6——符合

7——非常符合

条目	**分数**
1. 我趋向于过早下结论。	_____
2. 我在说话之前从来不进行思考。	_____
3. 没看清所有的事实时，我就开始行动。	_____
总分：	______
4. 我记不住一些事情，记不住一些数据和细节。	_____
5. 我总是记不住自己承诺要做的事情。	_____
6. 我经常需要别人的提醒才能完成任务。	_____
总分：	______
7. 我在平时的工作中经常带着情绪。	_____
8. 很小的事情经常影响我的情绪或转移我的注意力。	_____
9. 在某项任务没有完成之前，我很难把个人的情绪感受放置一旁。	_____
总分：	______
10. 出现突发事件的时候，我往往不知所措。	_____

11. 在制订计划和做事的先后顺序方面，我不容易调整或改变。

_____

12. 我认为自己缺乏灵活性，不能适当地改变。 _____

总分：______

13. 我很难把注意力集中在自己要完成的任务上。 _____

14. 一旦我要开始着手做一件事的时候，总是拖延。 _____

15. 手头的工作被打断的时候，我很难再继续。 _____

总分：______

16. 无论任务是怎样的，我总是很难开头。 _____

17. 拖延对我来说是常事。 _____

18. 我经常到最后一分钟才完成任务。 _____

总分：______

19. 当我计划着某天怎么过的时候，我总是无法识别出事情的轻重缓急，也无法按照计划进行。 _____

20. 当我必须做很多事的时候，我发现自己很难把注意力集中在那些重要的事情上。 _____

21. 我不能把一项大任务分割成小任务，也无法在不同的时间段完成。

_____

总分：______

22. 我不是一个有条理的人。 _____

23. 我很难让自己的工作区域整洁有条理。 _____

24. 我不擅长让自己的工作有条理，有秩序。 _____

总分：______

25. 每天结束后，我通常都无法完成自己设置的任务。 _____

26. 我不擅长评估自己用多长时间才能完成一件事情。 _____

27. 我参加约会和活动通常都不遵守时间。 _____

总分：______

28. 我认为自己不是受目标驱使才去做某些事情。 _____

29. 我不会放弃眼前的痛快而为长远做打算。 _____
30. 我通常不会把注意力集中在目标上，也不会高水准地严格要求自己。 _____

总分：______

31. 我不会定期评价反省自己的表现以及改进情况。 _____
32. 对我来说，很难退后一步仔细、客观地分析自己的决定。 _____
33. 我不能很好地“读懂”某种状况，也不能从别人的反应中做出判断。 _____

总分：______

条目及其考察的执行技能

条　目	考察的执行技能	条　目	考察的执行技能	条　目	考察的执行技能
1–3	反应抑制	13–15	持续注意	25–27	时间管理
4–6	工作记忆	16–18	任务启动	28–30	目标导向的持久性
7–9	情绪控制	19–21	计划性和优化做事次序	31–33	元认知
10–12	灵活性	22–24	条理性		

你的强项执行技能（最低分数）

____

____

你的弱项执行技能（最高分数）

____

____

如何利用这些评估结果

首先，请先回顾自己的强项执行技能，试着记住那些技能变得强大的时间。也或者，它们是与生俱来的。（有条理性的人会说，他们做事从来都有条有理的。）例如，对我［本书的作者——派格（Peg）］来说，我有很强的任务启动能力，在我梦魇般的高中那段日子时，我最讨厌的就是周日晚上，因为那天就成了我的灾难日，必须挑灯夜战完成很多的英语作业。要是你的孩子出现了与你完全不同的弱项执行技能，我们强烈建议你不要为此惊慌。因为你的孩子可能只是此技能发展缓慢而已。

接下来，请看看你自己的弱项执行技能。你的弱项执行技能对你的生活有影响吗？你会不会挑选某些不需要执行技能的事情做呢？你愿意委派任务给那些不具备某些执行技能的人吗？你在多大程度上受缺乏执行技能的影响而无法实现目标呢？或者你已经找到了方法弥补自己能力的不足并应用其他技能来解决问题呢？例如，我们已经发现，那些目标导向持久（目标明确且锲而不舍）但任务启动方面不足的人能够应用一些方法顽强地朝着目标努力，而不会出现拖延的现象。也就是说，无论你的执行技能有多弱，也无论你做什么去弥补，这个过程都是需要时间的。在你对强项执行技能进行强化而忽略弱项执行技能的时候，你需预先判断，孩子是否也有同样的情况。你的孩子只是在重点发展一些重要的执行技能吗？我们再次希望你要耐心地对待孩子在形成执行技能过程中面对的各种挑战。

现在，请列出你家孩子的那些执行技能的发展情况。你能分辨出哪些是强项，哪些是弱项吗？或者孩子在哪些方面的能力与你存在很大的不同呢？我们已经发现在任何关系中（夫妻关系，亲子关系，师生关系）出现矛盾，往往是因为一方的强势/优势方面与另外一方的劣势/缺点进行比较（用自己的优点与对方的缺点进行比较）。这一点似乎是因为强势的一方无法想象弱势的一方怎么会有这么多缺点。例如，那些天生就有秩序感的人——这种习惯对他们意味着，他们根本不费吹灰之力，就能保持工作场所的清洁卫生，井然有序。而有些人天生就无法管理好这些事情，到处一片混乱，做事拖拖拉拉，磨磨蹭蹭，尽可能地拖延，总之没有重视这些。那么这会产生什么样的烦恼呢？当你为青春期的孩子的这些邋遢行为和执行技能不足而感到烦恼的时候，你的孩子还在为你总是保持干净而感到乏味，并认为自己是在忍受你的唠叨。这就是为什么自我管理能力不足的青少年厌恶收拾房间，不愿意从笔记本上拿走那些旧报纸，也不愿意收拾自己课桌的原因。你让一位工作记忆比较弱的孩子记得列出明天去上学要携带的东西的时候，他会看着你，就好像你只是在递给他一支铅笔，让他粘贴在眼睛上一样费劲儿。

请记住一个重要的观点：旁观者清。当我们召开研讨会来向大家解释什么是执行技能的时候，我们都会自动地问观众在面对一项任务不知道怎么办的时候会努力想什么。比如家务，我让他们按照家务琐事的困难程度从 1 到 10 分级，从易到难排列。这里面可能有很多我们容易做到的零活儿，也可能有我们喜欢做的事情。把需要费力做的活儿放在高的等级上。比如，我讨厌做这些事情（即使我知道如何做，也不愿意做）。我们尽可能地拖延做那些事情，我们强迫（甚至是付钱）让别人去做。我们让观众提供一些琐碎的事情，按照 1–2–3 的低级别来标注容易做到的事情，用 8–9–10 比较高的级别来标注难做到的事情或不愿意做的事情。我们发现，往往人们用 1–2–3 级别来标注做饭或剪草坪，而用 8–9–10 的级别来标注其他的事情。虽然是同一件家务事，但每个人对杂事的主观反应却完全不同。

当你询问你的孩子现在怎么做才能改进他的执行技能的时候，你就是在询问他该做些什么事情以达到 8–10 的等级范围。如果你的目的是为了体现你的一种强项执行技能，那么对你来说，你可能很难与孩子产生共鸣。你可能从多年的经历中已经习得了做事井井有条的习惯，形成了一套适合你的作息规律。当你看到女儿本应该在上床睡觉前半小时洗碗，而她没那么做，你会对此大发雷霆，或者满腹牢骚。可能对你来说，你比较容易理解你的孩子正在发生什么，如果你认为很难改变她，这也与你的执行技能不足有关。你既然已经知道了完全形成执行技能得花费

25 年的时间，你在培养孩子的执行技能时就应该更有耐心。那些来我们这里求助的父母和孩子们经常向我们倾诉，我们经常会为那些话而感到震惊。我们经常听父母说，自己多年的经验和知识想要传授给孩子们。“当我上大学那会儿，我的确不得不仔细地计划自己的时间，不让自己错过一些安排。孩子你也这样做，对你来说是件好事情。”或者他们也这样说：“我因为学会了做事有条理，所以我的工作才更高效，因为我找东西时很少浪费时间。”父母们经常这样说：“我们那会儿是怎样，如何的……”对两件事情的认知就存在错误。他们并未察觉到孩子们并不想听到这些建议，因为他们从小就听过很多次了。另外，父母似乎也没意识到，这是需要孩子经过多年的实践和练习才能形成的习惯。这也是一个漫长的过程，由大脑的发育程度所决定，所以请对你的孩子充满耐心。培养孩子没有捷径可走，他们需要在生活中磨炼，才能获得同样的能力和方法。与此同时，孩子们怒目圆睁，发出令人恼火的声音，或者告诉父母们不要再那么说了（他们可能是温和地说，也可能是粗鲁地说）。这更加考验你的耐心。

在你和孩子谈论执行技能的强弱之前，你们会从这些完美的问卷中获益，找出孩子哪方面存在不足，哪方面存在优势。作为父母哪方面存在不足，哪方面具备优势。如下的这些陈述会比较适合你与孩子的沟通：

你知道时间管理是我的强项而不是你的强项，所以我只是有点儿紧张你是否已经留出了足够的时间完成英语作文。你能让我对此感到安心吗？

我知道你有时候无法控制自己的情绪，特别是出现压力的时候。那让我们聊一聊，看看是否能找到方法来尽快补上没完成的数学作业，而不是让这件事情变得更糟糕，你看可以吗？

我承认自己是个有洁癖的人，而让生活更井然有序又不是你的强项。我也正在考虑我们能不能在让你的房间保持清洁上达成一致的意见呢？

不同类型的父母，对孩子有不同的影响

父母们要先认清自己的执行技能存在哪些强项和弱项，以及这是否影响到了你与孩子的交流。此外，我们还发现，有些父母的教养类型决定了，他们很难帮助孩子改善或提高执行技能。针对这些父母类型，我们进行了如下归纳。你要试着客观地评价自己，看看你属于下面的哪一种父母类型：

● **过度保护或越俎代庖型父母**。有些父母认为如果他们不随时督促或关注孩子的话，孩子就很难成功，这是过度保护型父母的本能反应。他们多年来一直限制孩子的一些行为，让孩子苦苦挣扎其中，孩子的执行技能没有丝毫的进步。这类父母认为如果自己不完全控制孩子或支配孩子，孩子就一无是处。于是，他们频繁地提醒孩子，帮助孩子整理房间，整理书包，帮助孩子制订计划，做很多孩子本该自己可以完成的事情——甚至达到了帮助孩子写作文的地步（在中国，很多家庭中都只有一个孩子，这种情况更甚），剥夺了孩子自己做事情的能力和机会。这样一天天地过去，孩子慢慢长大，而父母的教养方式还是老样子。在这种教养方式下，孩子既埋怨父母的这种越俎代庖行为，又依赖这种行为，亲身实践的机会被剥夺了，无法很好地形成各种能力。在孩子形成执行技能的过程中，过度保护型的父母起到的作用非常小，甚至只起到了反作用。

● **喜欢帮助孩子但缺乏持久性的父母**。有些父母有很多帮助孩子的好点子，他们擅长制订家规，但无法让家规持续地执行。我们经常看到很多这种类型的父母为孩子制订了各种规矩和行为准则，甚至还包括一些奖励方式。他们制订了这些程序，但这只是徒劳，毫无效果。他们可能只是限定儿子完成了家庭作业后才能玩电脑游戏，但是不久后他们就发现孩子一回家就开始玩电脑游戏了。我们也看到一些父母许诺执行某些计划或答应孩子做什么事情，但因为太忙了，竟然忘记了，最后被孩子说成了“说话不算数”，他们在孩子心目中的形象也大打折扣。一位家长可能说好了晚上回家后会检查孩子的作业，确保孩子能按时交作业，

或者答应孩子会长期追踪某项长期的活动，但是到后来却忘记了。经常发生这种情况的父母们，请先仔细核实一下自己的执行技能是否存在不足。（例如，你答应孩子会及时提醒他某件事情，但是因为你的工作记忆能力不足，给忘记了。）缺乏持久性的父母不仅会令孩子沮丧，还会让自己难堪，总感觉在促进孩子形成执行技能方面无计可施。孩子从父母的身体语言中感到自己不被重视，感觉自己在父母心中不重要，因此会很受伤。

● **娇惯或纵容孩子的父母**。有些父母总是帮自己的孩子找各种借口。他们也承认孩子身上存在的一些不足，但不从孩子身上找原因，而是从别人那里找原因。他们极不情愿孩子为自己负责任。他们认为孩子应该被允许晚交作业，因为孩子忘了或把作业落在家里了，甚至考试失败了还希望老师重新再考一次。对那些患有注意力缺乏障碍的孩子来说，这么做也是合乎情理的。但正常孩子的父母这么做了，一定会纵容孩子的问题，他的执行技能就很难得到提高——甚至会降低。孩子们在其他场合都会因为父母的纵容而变得举步维艰（如很难交到好朋友，或者出现学习障碍等）。他们不想增加孩子的痛苦，宁愿责备自己或谴责现实而不反省是自己给孩子造成了负面影响。这种类型的父母经常干涉孩子，而不让孩子自己做决定。“我忘记提醒你写英语作业了。我会与你的老师联系，并跟她解释你为什么没写作业，看看是否能让你晚些时间再交。”发生这种糟糕的情况时，孩子会误以为自己搞砸了事情或忘记什么东西时，总会有人帮忙处理的。

● **严格管教型的父母**。他们认为孩子应该从困境中学习。孩子能从错误中学习不假，我们也不能剥夺他们体验失败的机会。但对于那些执行技能明显不足的小孩子来说，反复地让他们体验失败并不是正确的做法。严格管教型父母经常假设孩子出问题是因为动机不强：要是她认真点儿，她就能让自己的作业干净整洁，不会杂乱无章；要是他不马虎，就不会忘记带作业。他应该好好地规划自己的时间。他应该记得及时递交化学实验报告等。虽然动机扮演着一项很重要的角色，但是我们不应该放弃孩子可能存在执行技能不足的假设：可能她真的不知道如何让自己的书包有条理，或者不知道如何管理自己的时间，或者真的不知道提醒自己记得做某事。在这种情况下，对孩子进行惩罚不会改善她的问题，只会持续地导致孩子的旧毛病一次次复发。同时，还会让孩子更具有逆反情绪，使事情变得越来越糟糕。孩子的这种逆反情绪会刺激他们与家长发生冲突，并不断地增强他们对父母的反抗。这种类型的青少年不会考虑父母的感受，总是与父母对着干，这也是他们为什么经常令父母大发雷霆的原因。

● **包容 / 惩罚兼顾型的父母**——这种类型的父母对孩子的期待过多，严厉地训斥孩子，然后又把事情放在一边不管了。这种类型的父母们经常放任孩子，他们希望自己的孩子能做好所有的事情（也是那种“没有消息就是好消息型”的父母），当他们发现孩子不听话的时候，会勃然大怒，和孩子怄气，大喊着要对孩子进行惩罚，而这项惩罚又太过严厉或无法执行（“你以后再犯类似的错误就关你的禁闭”）。父母们经常进行的惩罚是拿走孩子的手机、汽车钥匙和电子产品，但过分的是，等父母平静下来的时候，在孩子甜言蜜语的央求下，他们又会把收起来的东西再还给孩子。孩子们就知道了，如果自己再等一等，父母就会忘记了惩罚，或者忘记了对此的限制——孩子会察言观色，知道了在什么时候不能惹你。父母如果是这种类型，孩子们刚开始的时候会显出很听话的样子，但是他达到了目的就会重蹈覆辙。

● **父母双方意见不一致**。有时候，一个家庭中的父母会在孩子的管教问题上意见不能统一，双方对孩子缺乏执行技能这一问题各持己见。当父母的这种意见不统一的立场传达给孩子的时候，就会让孩子不知所措，不知道该听谁的。在父母之间互相争吵，意见不统一或出尔反尔的时候，孩子只会认为父母之间进行争执胜过了满足他的要求。有时候，孩子会为此感到侥幸（很好——我的父母忙着打架，就忘记了我做得有多么糟糕了），但他们也会感到很困惑，认为自己被忽视了（我对于父母来说并不重要）。如果孩子寻求父母的帮助，往往得不到任何支持。总之，如果他们渴望逃避问题，而父母的意见不合正好让他们有机可乘——后果是孩子无法形成必备的执行技能。

正如列夫·托尔斯泰所说："幸福的家庭都是一样的，而不幸的家庭各有各的不幸。"父母的不同教养类型对孩子的执行技能的形成会产生不同的负面影响，而有效的父母教养方式——我们称为权威型父母/民主型父母，通常都会应用共同的方法。这些方法我们在下面会详细介绍。

权威型的父母/民主型的父母

为了让孩子形成执行技能，需要高效能的父母，这些父母的特点如下：

- 征求孩子的意见，认真地倾听孩子是怎么评价的。
- 在告诉孩子一种解决问题的方法之前，愿意让孩子先尝试着自己解决问题。
- 应用相互配合的方式来解决问题，与孩子以搭档式的方式解决问题。
- 应用交流技巧时，能做到尊重孩子。
- 不带任何评判地与孩子分享自己的观点和想法。
- 一旦双方达成某项约定，愿意并能够合理地执行。

那么，你现在知道自己属于哪种父母类型了吗？你家的孩子也赞同你的看法吗？因为孩子眼中的父母类型和你对自己的认识往往存在偏差，你们也要对你是属于哪种父母类型达成一致的看法。只有这样，你才能应用此书中的方法，更有效地提高你和孩子的执行技能。

你会在下面看到两个评定量表：一个量表是供你评估自己的，另外一个是让你的孩子来评估你属于哪种类型的父母。为了避免测评过程中受到影响，你要与孩子分别进行评估。你们做完评估后，请对比两者的结果。如果你和孩子的评估存在偏差，请认真思考和总结，最后确定自己到底属于哪种父母类型。请多复印几份量表，发给其他家长们。

父母类型评定量表（自测版）

你通常认为自己属于哪种父母类型？如果你不知道确切答案，可以选择多项（但不能超过 3 项），然后按照等级排列。用数字 1 代表你最符合的一项，用数字 3 代表最不符合的那项。

父母类型	等级（1–3）
过度保护或越俎代庖型父母	
喜欢帮助孩子但缺乏持久性的父母	
娇惯或纵容孩子型的父母（我知道失败的原因之一在于孩子自己，但我不忍心打击他。）	
严格管教型的父母（孩子需要从自己的错误中学习）	
包容 / 惩罚兼顾型的父母	
父母双方意见不一致	
权威型父母 / 民主型父母（对孩子的问题解决进行干预，但是也会应用一些规则，对孩子的决定有一定的引导作用。）	

父母类型评定量表（青少年版）

读一读如下的描述，哪种类型最符合你的父母呢？如果你不知道确切答案，可以选择多项（但不能超过 3 项），然后按照等级排列。用数字 1 代表最符合你父母的一项，用数字 3 代表最不符合的那项。

父母类型	等级（1–3）
过度保护或越俎代庖型父母	
喜欢帮助孩子但缺乏持久性的父母	
娇惯或纵容孩子型的父母（我知道失败的原因之一在于孩子自己，但我不忍心打击他。）	
严格管教型的父母（孩子需要从自己的错误中学习）	
包容 / 惩罚兼顾型的父母	
父母双方意见不一致	
权威型父母 / 民主型父母（对孩子的问题解决进行干预，但是也会应用一些规则，对孩子的决定有一定的引导作用。）	

如何利用这些信息

首先，你和孩子在你属于哪种类型的父母这一问题上达成一致。如果你们的意见吻合，则可以继续下一项。如果你们存在很大的分歧，那么接下来你要和孩子谈谈，才能理解孩子的观点。有可能你的孩子会给出更好的能证明其观点的实例。无论孩子说了什么，都请接受并耐心聆听。接着，根据你的观点让孩子帮忙考虑一下为什么你会做出这种判断，并询问孩子的观点来自哪些事情，可否举例呢？

这里罗列给你一些可能会用得上的对话：

"妈妈，你说你是权威型家长 / 民主型家长。我能肯定您确实很权威，但很少对我有民主，甚至大部分都是独裁。记得一年前，我想去露营旅行那次吗？你必须得知道所有的细节，然后理直气壮地劝我，还说假如老爸在，也会再三劝阻我的。"

"凯利，你说得对。我承认有几次我确实比较固执。但是好几次，你遇到这种事情的时候也是好胜心切；有时候，我出现了过分的行为，只是因为看到你表现出一副战斗的架势，无论我怎样苦口婆心地劝说，你都顶嘴。"

我们的目的是为了达到权威 / 民主型的管教方式，所以接下来要和孩子聊一聊自己怎样才能做到。你可以尝试着这样对孩子说：

"我已经意识到了自己一路走来所犯的错误和对你的误解。"（请根据自己是属于哪类父母简要概括自己是怎么做的。例如：作为父母，你没有给孩子提高的机会，因为你总是越俎代庖。你并没有信守诺言。你害怕会有不好的后果，因为你不想让孩子恨你。你没有督促孩子做某件事，是因为你认为孩子正在面临一些学习上的重大压力。孩子需要在错误中学习，而你做得又太过火了，没有给孩子获得成功所必备的支持和帮助。你让孩子爱干什么就干什么，不予理睬，希望的只是孩子能朝最好的方向发展，而孩子让你感到失望的时候，你又大发雷霆。你和孩子的爸爸/妈妈意见不一致，也导致了孩子不知如何是好，不知听谁的。）

“我总想尽己所能当好父母，我认为你需要我的支持才能坚持做某件事。我其实应该多听听你的想法，让你自己尽力解决问题或努力地尝试自己做出选择。我做这些事情的出发点都是想让你自己做出最明智的选择，所以，只有你投入其中才是最重要的。与此同时，我需要履行作为一名家长应该履行的职责，也就是说，如果我看到你存在一些问题，我有义务及时指出，并要求你改正。养育孩子的过程就像在绘制一幅艺术品，什么时候该说话，对什么事情应该采取行动，都要有所掌控。如果你和我对某件事情的看法不同，我需要设身处地考虑你的想法，分析你提出的建议是否可行。如果按照你的想法执行，事情可能不会成功，但也不会带来严重的伤害，我可能会选择按照你的要求去做，因为你可能会从中得到一些经验和教训，如果风险太大，我可能无法承受那样大的冒险，我会阻止你。我不知道自己是否能接受你的意见，但只要可能就会尽力考虑你的建议和想法。如果最终的决定与你的要求相违背，无论什么时候我都会尽可能地考虑你的感受，尽力理解你的想法和提出的各种意见。就这点来说，我不知道咱们是否已达成共识。然而，如果最终的决定不符合你的意见，你会知道我做出这项决定，是出于对你的爱以及为了避免你犯错误的目的，更是为了避免你付出高昂的代价。”

如果你能这样和蔼地与你的青春期里的孩子交流，效果会更好，而不是觉得你们之间的亲子关系太难处理了，或者满怀抵触情绪，认为自己无法与这个时期的孩子进行交流。你可能想找个中间人来进行协调，要是你与孩子之间没有特别大的冲突，一位聪明的好朋友会扮演比较重要的协调角色。如果你们之间的问题需要专业的教练帮忙，你可以看看第二十章，该处提到的方法，会是很好的选择。另外，向一位比较出色的家庭顾问或心理治疗师寻求帮助也可能是最好的方法。

如果你与孩子按照上面提到的方法进行了很好的交流，你可能准备考虑尝试应用这本书中提到的其他方法。我们也依据你与孩子配合水平的不同提供不同的方法，你与孩子越是能在一些关键问题上达成共识（例如你们的执行技能都比较强，或都比较弱，还有孩子评估你属于哪种父母类型，都对执行技能的培养起到了关键的作用），你就越喜欢采纳我们的方法，效果也会更加明显。

第二部分

帮孩子提高执行技能之前，父母要做的基础工作

第4章
提高青少年执行技能的10项基本原则

现在，开始进入帮助孩子提高执行技能的具体细节。从之前章节的讲述中，你已经知道了什么是执行技能，它在日常生活中是通过什么情境表现出来的，以及人们会用多长时间才能完全形成执行技能。你已了解大脑在执行技能的形成过程中所扮演的重要角色。因为青少年的大脑神经仍处于发育之中，这也为父母提供了机会和挑战。我们在第二章中已经为你总结了一些帮助孩子的关键方法：如你认为孩子存在哪些强项或弱项执行技能？你的孩子对自己的执行技能是如何评估的？你是否赞同孩子的评估结果呢？当你的孩子遇到问题的时候，是否愿意寻求你的帮助呢？以上这些信息只让你了解了有关孩子执行技能的一半情况，你还需了解另外一半。在第三章中，我们给你提供了另外一半的执行技能评估工具，就是评估你自己的执行技能强弱以及你属于哪种父母类型。

除了以上的因素之外，还有其他的因素。例如，你的强项执行技能可能是你孩子的弱项执行技能。因为你经常能轻易地解决某方面的问题，所以你可能误以为孩子没有这项执行技能。如果你属于前一章中提到的“严厉型父母”或者“狼爸”或“虎妈”型父母，每当孩子一出现过错，你就严厉地惩罚他们。父母们有时候认为在日常的学校学习生活和家庭生活中，孩子能学会执行技能。或者有的父母认为老师会教给这些青春期的孩子们执行技能的，他们都应该已经掌握了。

你可能是属于那种“事事包办型的父母”，直到现在，你已经完全成了你孩子的“代理额叶”。尽管如此，你仍然能感觉到孩子的痛苦，你开始思考有没有办法让你能转换这种角色，让孩子自己学会做一些事情，你只需在一旁观看他怎么做。

你的孩子可能在你的多次提醒下已经能做到足够好了，也能按照你和他制订的计划执行某些任务了。然而，当你仔细观察孩子的时候，还是发现他存在一些需要改进的地方，还有一些提高的空间，需要他掌握一些更适合他的方法和能力。

你家的孩子可能在你一贯的帮助下变得很依赖你，但你不知道自己应该提供给孩子多大程度的帮助才适合，或者你不知道什么情况下不用管他。你不想让他总是依赖你，但你也不希望他失败。

你的孩子也可能总是与你对着干，不配合，自我感觉良好，并认为自己没有任何问题，但你认为如果不督促他，他就不可能完成任务或解决问题。你也担心孩子会一事无成。

我们在这章中给你提供了帮助孩子的 10 项基本原则。你可以针对孩子的特点应用这些原则，形成适合孩子的特定指导方法。我们提供的这些方法都能让你和孩子之间的冲突降到最小。在接下来的几章中，你会看到一些更详细的干预方法和原则。

1. 别以为你家那个处于抗争中的孩子有执行技能而不用。

杜鲁的爸爸妈妈对他的学习习惯非常不满意。他们说他经常不停地发信息，玩电脑游戏，很影响学习成绩。他玩的时候，父母就加以阻止，而他仍然难以把心思放在学习上。父母意识到孩子不仅仅做事容易分心，还存在注意力和目标导向不能持久的问题。

孩子只要到了青春期，我们成人往往倾向于认为他们做某事的时候理应受到执行技能的驱动，能知道自己该做什么，不该做什么。就像“杰森的朋友邀请他一起去喝酒，他本应该拒绝朋友，但他只是不想得罪朋友而硬着头皮陪着朋友去喝酒。”“艾米丽完全知道保持作业有条理性的方法，但她只是偷懒不给每个作业夹贴日期而已。”他们的这种问题态度指向两方面：其一，青春期的孩子存在必备的执行技能。其二，在遇到问题的时候，他们没有被激发应用执行技能的积极性。在日常生活中，我们可能只是看到他们按照不同的方式很快就长大了，也让我们误以为孩子自然而然就能习得这些技能。毕竟他们在不断地学习，有很多实践的机会，模仿能力又强，而家长们只有看到孩子缺乏控制能力，学校作业凌乱不堪，做事情没有条理的时候才引起注意。我们这时候才觉察到，他们必须学会如何控制冲动，如何做事情有条理性以及必须掌握一些必备的能力。他们真的能够做到吗？在第二章中，你的孩子执行技能的强弱评估问卷结果如何呢？请你先认真考虑一分钟：青春期的孩子当然有懒惰的原因（或者说他们的功课太多了，太劳累了，还是注意力不集中呢？），如果他们真的具备这些执行技能而不应用，就会在每次出现冲动行为的时候，独自品尝自己的行为带来的后果，自己面对杂乱无章的生活。我们为什么不激发孩子应用执行技能的积极性呢？

青少年做出的各种行为中，行为动机扮演着重要的角色。所以非常重要的一点就是，能识别出孩子的哪些行为是表示执行技能不足而不是缺乏行为动机。正如我们在第三章谈到的，你通过对自己的执行技能进行评估，知道了自己具备哪些执行技能的强项和弱项。

你也知道了孩子的弱项，知道他的哪些方面亟待加强。如果你的孩子很聪明，也是一位好的“信息消费者”（对多方面的话题感兴趣，博览群书，喜欢看教育节目），但不是一位好的“信息制作者”（经常为各种科目的学习感到苦恼，不愿意写作文等），可能就是他的执行技能出问题了。这里罗列了一些测试你的孩子是否拥有执行技能的小窍门：

- 回想一下，你的儿子或女儿在小的时候，老师布置的家庭作业或任务是不是需要你提醒才能完成呢？诸如此类拖延完成事情的情况经常发生吗？
- 在孩子上小学的时候，你是否经常因为孩子忘记带东西或丢三落四而成为学校的常客？
- 你是否看到自己的孩子有能力登大雅之堂进行演出，甚至能表演得更好，但她只是维持着一般的水平？或者发现她经常分心，每次你以为她应该能表现一番的时候，她都“掉链子”？
- 在孩子上中学的时候，老师提到过他缺乏积极主动性吗？或者是暗示他容易马虎，比较懒惰？你有没有听到更多的“他需要付出更多的努力”，或者老师说“他没有发挥出应有的水平。”或者“他有好想法，但就是不能用笔写出来”？

● 对于那些越来越多的家庭作业，他往往磨磨蹭蹭还是及时完成？即使开始做家庭作业了，也是在没有你的帮助下独自完成的吗？你是否不止一次想过或说过：“你哪怕把用在和我争吵上的一半的时间，用在写作业上，作业肯定早就写完了！”

● 孩子上了初中后，成绩比小学时候的成绩下降了很多吗？虽然他很聪明，但也会因为马虎而成绩不理想吗？

● 你有没有发现自己总是提醒孩子或“唠叨”孩子，让他定期做什么事情，让他记得带篮球或其他的体育用品，让他完成什么家务活儿，或者经常提醒他起床？

● 虽然孩子有很多家庭作业要做，但还是先选择做那些容易带给自己快乐的事情吗？比如玩电脑游戏等。

● 你是否需要定期查看孩子都在看什么电视节目，都在登录什么网站？你经常查看孩子给同学发送的信息吗？

● 你的孩子做事经常半途而废，即使是自己感兴趣的事情，也从来不坚持到底吗？

假如你的孩子符合以上的描述，也一直持续这些行为，就可能存在一项或多项执行技能不足的问题。结合第二章中的量表评估孩子的执行技能情况，你认为孩子的哪一项或多项执行技能应该放在首要位置，着重加以培养呢？为了帮助你的孩子形成那些执行技能，请继续关注原则2。

2. 请协助你的孩子学会这些技能。他不能仅通过观察就在潜移默化之中学会这些能力。

艾米丽的儿子汤姆总是缺乏时间观念，上学总迟到，简单的提醒根本不管用。艾米丽向儿子解释她是如何做到守时的，如何做到自我提醒的，包括她每天的计划以及用智能电话设置了提醒的方法。她也告诉了儿子如何平衡不同事情的时间，需要做到为一些事情提前预留出一定的时间。她最初是用给儿子发信息的方式来提醒，直到孩子学会了设置智能手机提醒，她才不用事事提醒了。

有些青少年天生聪慧，善于观察，具备良好的应用执行技能的能力，而有些青少年则表现逊色，总是因缺乏执行技能而四处碰壁。很多父母和老师通过应用心理学家所谓的“伴随性学习”（incidentallearning）来培养孩子的执行能力。伴随性学习是与刻意学习相对的，包括没有主观“觉察”的隐性学习和没有学习“意图”的显性学习，是指在学习其他知识的过程中偶然习得，但习得的又是对人们有用的知识。我们认为这种“伴随性学习”比较适合那种单纯的时代，那时候青少年的需求很少，而老师和父母又能提供充足的支持和帮助。而当今正处于信息爆炸的时代，高度发达的信息技术也影响到了青少年的成长。结果，孩子们往往需要一定水平的执行能力才能顺利解决好很多问题。

为了更好地适应这个越来越复杂的世界，我们需要把握住发展执行技能的机会。然而，在青少年身上形成这些执行技能与在较小孩子身上形成执行技能存在很大的差异。这个阶段的孩子，往往对我们说的话半信半疑，“左耳听，右耳冒”，不知如何支配自己的物品或钱财，不知如何管理自己的时间，不知如何控制自己的情绪。即使他们听从了我们的建议，也不会让我们满意，而是按照他们自己的想法做出决定。这么做，只能是暗中破坏执行技能的形成和发展。与此同时，我们认识到自己必须成为此决定程序的一部分，因为我们的孩子还没有完全自立，也没有形成充分的执行能力。父母们为了在辅助和独立之间找到平衡，需重视以下的原则 3。

3. 你的孩子先天就具备支配和控制能力。他们也在寻找任何有助于自立的机会。

桑德斯全家必须前往佛蒙特州参加婚礼，他们需要预定一家酒店。

他们让儿子托德帮忙找个酒店，因为他正打算和朋友一起去那里滑雪。他们想要给他一个锻炼的机会，看看他是否能找到既便宜又舒适的酒店。也能让他体验到一种成就感，一举两得。

青少年与儿童的执行技能最基本的区别是，青少年需要快速地形成控制和独立的能力。这种情境为父母提供了机会，也意味着挑战。所谓机会就是你的孩子正在和你一样渴望有成就感。他想自己做决定，尽可能地独立。而父母想要培养孩子的独立生活能力，这就与孩子的要求相吻合。从这一点来说，父母和孩子有共同的出发点。遗憾的是，父母和孩子有时无法共同认识到这一点，那些孩子的执行技能不强的父母更甚。根本分歧在于，有些父母怀疑孩子是否能独立做出合理或安全的决定。青少年不会怀疑自己做出好决定，至少在父母面前会表现出一副能妥善处理好事情的样子。这种情况对父母的挑战有两方面：你必须帮助孩子做决定，解决问题，才能改善或提高孩子的决策能力。同时，有些事情仍然是由你来操控的。从青少年的角度来看，任何分享或由父母特定安排的事情，都会令他们感到沮丧。在不出现危险的前提下，你需要寻找机会鼓励孩子管理和控制自己，让孩子自己做主。能让你的孩子完成任务的方法之一就是，依据孩子的自利特点，增强孩子的独立能力。例如，在你的帮助下，孩子拿到了驾驶执照或者你为他购买了一辆车。在第五章中我们会谈到激发孩子的动机，我们会更多地提供一些实例，让你在驱动孩子形成执行技能方面达到最好的效果。请继续关注规则 4。

4. 长期目标是减少对孩子的支持，促使孩子自立，“让孩子处于游戏规则中”也是你的主要任务。

蒂娜的学习成绩严重下滑，但她坚持认为由自己看着办。和她谈话后，父母也同意了她的要求，父母只是让她写了一封电子邮件，作为保证信。于是，她就开始自己想办法提高学习成绩了。她与老师商量，制订了一份学习计划，最终学习成绩上来了。她的进步事迹还被刊登在了校报上。

你想让孩子经历一些事情，但又不希望他犯致命性的错误（如高中辍学，或者刚进入大学就退学，危险驾驶，吸毒，酗酒以及发生不安全的性关系）。为了实现这个原则，你必须精确地了解孩子在多大程度上存在弱项执行技能。因为缺乏某些执行技能，意味着你的孩子比别的孩子缺失很多机会。例如，如果孩子的工作记忆或记性不好，就可能会影响在学校的表现，总忘记带作业、学习用品等。父母可以应用一些工具和方法来帮助孩子提高工作记忆能力（如用手机闹铃提醒）。这样，孩子也不觉得麻烦，且能渐渐增强自我管理的能力。目标导向的持久性很弱也是孩子们比较常见的问题，因为青少年不会考虑今天发生的事情会对将来产生怎样的影响，所以你必须找到一种方法激励孩子坚持那件现在看起来似乎无聊的事情，直到让他或她逐渐养成为将来负责的行为习惯。假如你的孩子有经常不集中注意力开车的现象（听音乐，接听手机或和身旁的伙伴聊天），驾驶的过程就比较危险，容易发生事故。简单的做法就是——不让注意力无法集中的孩子开车，直到他足够大了才允许——你可能用过这种方法，对于这个年龄阶段的孩子来说，这种方法会对他的独立性产生巨大的威胁，因为被束缚在家，孩子会与你发生巨大的冲突。父母对那些缺乏反应抑制能力的孩子更是不知如何应对，孩子在同伴的影响下，酗酒、吸烟，与异性发生性关系，超速驾驶等，所有事情都是青少年们没经过三思而做出的莽撞行为。如果你担心发生危险而严加控制孩子与朋友在一起，就会让孩子很不高兴，与你发生矛盾。根据以上情况，完全可以肯定地说，如果你希望孩子获得自我管理和独立的能力，你就必须准备承担一些风险，这些风险有时候也是有意义的。在面对那些“雷池”的时候，你必须连续不断地反复确定自己能接受孩子多大程度的冒险。在第六章，我们会谈到调整任务情境，我们会详细地提供给你一些选择和注意事项，让你把风险降到最低。

5. 从外到内地改变。

杰夫经常忘记带书本。他的父母就每天在他的门上用不同颜色的便利贴提醒他，不要忘记带书本。渐渐地，他们转移到给孩子在手机上设置闹铃，每次他在吃早餐的时候，闹铃都会响起来，提醒他带书本。过了一段时间，杰夫养成了习惯，再也没忘记上学需要带书本。

正如我们前面提到的那样，当你的孩子还小的时候，你在充当孩子的大脑额叶。孩子的所有执行技能都来自于后天的培养。在你的孩子学会不跑到马路中央捡球之前，你都是牵着孩子的手，和他安全地过马路，告诉他马路比较危险，要看着红绿灯，走人行横道，才不会发生危险。你不断地对孩子进行潜移默化的行为示范，不断地重复“红灯停，绿灯行，过马路左右看，走人行横道”，你的孩子才能渐渐掌握并会遵守这些规则，才能渐渐地独自一人过马路。孩子在你的谆谆教导中渐渐长大，你在不断地弥补他的执行技能不足，即使是到了青春期，你也还没有完成任务，你还要继续指导他。与此同时，你也会意识到，孩子不愿意让你再牵着他的手，不爱听你的教导了，也无法接受小时候你的那一套了，所以你需要改变和青春期的孩子交流的方式。虽然情况已经和小时候完全不同了，但你们仍然需要必要的交流。

请记住，我们这里所谈的外部改变是指环境、任务以及你与孩子的互动方式的改变。对于青少年来说，环境的改变是指从简单的设置闹钟到复杂的找到一款安全性能好、驾驶监控系统优良的车等。“不积跬步，无以至千里”，让孩子从小事做起，甚至可以把不愿意做的大任务分为各个小任务，就拿整理房间来说，如果孩子有为难情绪，可以先从把自己的脏衣服放进洗衣机开始执行，这就是孩子做的第一步小改变。在你与孩子的互动过程中，交流方式非常关键，我们会在接下来的章节中具体介绍。

6. 勿用孩子觉得讨厌或反感的方法。

凯拉很讨厌做家务。就算是非常小的事情，她也拖拖拉拉地用几小时才完成。她总是心不在焉的，但她喜欢跑腿儿。不管多远的路，她都愿意去。于是，她父亲规定，如果她在有限的时间内完成了那些小事儿，就能去超市购买家居用品了。通过这样的调整，她很快就完成了那些令她讨厌的小事儿。

此项规则意味着你要完全知道孩子属于哪种类型，有哪些优点，你需要采用哪种交流方式才能使孩子接受。你首先需要获得孩子的信任，并维护好你与孩子的关系，最重要的是要知道他的特点和态度（通过利用第二章中的评估所知），你已经知道了自己属于哪种父母类型（通过第三章中的评估所知）。你知道了孩子属于哪种类型，才能想办法接近他。正如我们前面提及的，青少年往往用“不关你的事儿”来搪塞父母，不愿意与父母讨论。如果你是强势的父母，你的孩子可能会用更加强硬的方式进行反抗，而不会选择和你谈判。如果父母只给孩子很少的选择余地，可能就会加剧双方的冲突，引起孩子更强烈的反抗，孩子只是认为这种交流是你在对他进行控制，从而与你对抗。

只要可能，尽力地与你的孩子商讨一些规则，都能让你和孩子从你的努力中获益。当你努力帮助孩子认识到他的优点和强项执行技能的时候，他才能给你积极的反馈。你可以这样对孩子说：“你弟弟偷吃了你的糖果，你能耐心和他谈而没动手打他，你做得很好。”或者说：“你到超市里购买了晚餐的蔬菜，真令我感动，你开始懂事了。”你需要识别孩子身上那些与执行技能相关的行为，才能在此基础上为孩子的执行技能“锦上添花”，促使孩子形成其他的执行技能。正如我们在第三章提到的，先要知道你自己的执行技能，找出哪些方面与孩子的执行技能相匹配，哪些不匹配，也能帮助你有效地与孩子进行交流。因为对你来说很容易的事情，对他来说可能并不容易。

如果你在某方面很突出，千万不要批评孩子在你所擅长的方面做出的任何努力，也不要说“这点小事都做不好？我小时候可比你强多了……”这只能让孩子反感。孩子会认为你是在轻视这些问题，在拿你的优点与他的缺点进行比较。当你听到自己在说“真是小菜一碟，太容易做了。你不得不做的是……”你就正处于令孩子讨厌的语境中。当青少年明白了父母是爱他们的，愿意帮忙的时候，他们才更喜欢接受父母的建议和支持。因为他们想要安全感，想要将来能独自选择做某些事情。对你来说，可能也非常清楚这些道理，但就是忍不住会对孩子这样说。我们会在第六章详细地告诉你一些特定语境的有效交流方法。

7. 先评估孩子的发展水平和能力再调整方法。

布伦达正因为女儿没有完成预约而一筹莫展。她的女儿面对这种情况，也会承认自己这些方面存在不足，像提前做一些体检预约或者洗车预约都让她不知该怎么做。布伦达答应先帮助她在这些方面建立自信心，并训练她打电话预约的时候应该怎么说。

我们不会期待 5 岁的孩子能给你做午餐，我们也不指望一个 14 岁的孩子能独立居住。然而，在我们三十多年的临床实践中，我们发现父母往往对自己的孩子抱有与孩子的发展水平不符合的期待值。例如，我们经常接待一些孩子还在上高中一年级或二年级的父母们。他们经常因孩子还不知道上什么大学而烦恼，或者为孩子不知道毕业后做什么而发愁，也为孩子还不知道上大学学什么而担心。这些都是父母的不正常反应，因为根据我们的经历，即使是高年级的孩子，也需要在父母的协助和指导下才能了解这些。

你要先了解孩子在不同年龄的行为特征标准是什么，什么行为是特例，然后才能知道孩子仍处于某个执行技能还没形成的阶段，不能对他期望太高。在第二章中，我们罗列了涉及执行技能的一系列任务，那可能是对青少年的合理期待，但是请记住，那些只是其中的一部分，你还需要知道哪种类型最适合他。当孩子的执行技能发展延迟，无论水平如何，你都需要进行干预。也就是说，你需要让孩子的执行技能实际发展水平与任务需求相匹配，不能差别太大。孩子的执行技能不同于同龄的孩子，或者与你的执行技能不同时，你也需要仔细地甄别，慎重地应对。

你必须随时调整适合孩子能力的任务。可能，同样的任务，你家孩子要比别人家的孩子付出更多的努力才能完成。想一想成人和成人之间的差距也很大，更何况孩子呢？事实上，你需要做的只有两件事：一件是你不擅长做的事情；另一件就是你擅长但不喜欢做的事情。对青春期的孩子来说也是如此。你提供给他不同的方法，哪一个被他采用则取决于是什么事情或任务。

如果我们正在谈论的这些任务并不是你家孩子擅长的，在你的鼓励和帮助下，孩子有了一点儿进步，或者刚刚前进了一小步，或者是倒退到了最大限度，直到他掌握了这项技能，否则你不要进行其他的技能培训。就以把衣服送到洗衣房为例，除了做最后一步（打开洗衣机的门把脏衣服放进去）之外，还需让孩子把前面的所有事情都做完。比如让孩子把衣服按颜色深浅进行分类。当孩子做到了的时候，你要及时表扬他，如果孩子已经养成了习惯，你只需跳过第一步。而事实上，很多父母比较钟情于第二步。你可能已经知道自己的孩子“只是不喜欢那么做”而已。要是某项任务已经成了你和孩子的“战场”，你们经常为那项任务争执，那么这可能远远超出了孩子不喜欢那项活动本身，还有其他的因素是你没有考虑到的。我们提供给你的方法是：如果你们经常为某件事情争吵，不分胜负，那么最好改变这种本能应对的方式。你的目标是通过重新调整孩子的欲望，或重新调整孩子的目标，让孩子做自己更喜欢的事情，从而引导孩子发挥潜能。这种方法，开始时比较容易，对孩子来说也不是特别难，第一步往往要给他奖励。因为奖励会激发孩子的兴趣，不用很费劲儿就能完成第一步。然后你再渐渐地增加难度，让孩子尽其所能地朝着奖励而努力。

最后，请不要以为这个方法看似对你简单就认为对你的孩子来说也很简单。尤其要记住的是，不要拿你的执行技能强项与孩子的执行技能弱项进行比较。当你在某项技能方面很有优势的时候，你能游刃有余地处理涉及这种能力的问题。让我们先从做事有条理性开始，看看孩子的房间，你会立刻产生要整理这个房间的念头。如果条理性不是孩子的强项，同样的安排可能就不适合孩子。另外，你的孩子毕竟只有十几岁，在他处于主动需求和充满自信的时候才能简单地接受和执行你的计划。

因此，你需要耐心地给予孩子指导，从让他充满动力或能看到做某事给他带来什么回报上入手。

8. 为孩子获得成功提供必要的支持。

麦克和凯伦认为只有他们严格监视儿子斯宾塞，他才能考上大学。他们从孩子刚上高一就开始行动。孩子的老师开始不同意他们每天到校询问孩子的表现，询问老师每天都留了什么作业。斯宾塞也抱怨父母看管得太严了。最后，经过我们的协调，他们一致认识到了这点，并尝试着给孩子足够的空间和自由，不看管太严了，这样做对形成良好的亲子关系比较有好处。现在斯宾塞是父母和老师之间的联络者，只有当斯宾塞忘记一两项主要的作业的时候，或者他的成绩比 B 低的时候，老师才会与他的父母联系。

这一原则显然是不言自明的。但是，事实上执行这个原则可能比想象的需要更精妙的方法，特别是对那些处于青春期的孩子们。这一原则包括两项重点：（1）给孩子提供必要的支持；（2）目的是让孩子自己抵达成功的终点。父母们或其他成人在与青少年交流的过程中往往会出现两种错误。他们往往不提供太多的支持，也就是说孩子是成功的，但是没有形成独立处理问题的能力，或者是父母提供了很少的支持，孩子最终失败了，从来没有形成任何独立做事情的能力。对于家里有正处于青春期的孩子的父母或监护人来说，这项原则的第一步就是先要知道你已经做了什么，在哪些方面可以继续帮助孩子，让孩子有所改进，让孩子试着凭借自己的力量去做事。在这里，我们罗列了一些活动，例如洗衣，预约医生，早上起床，管理钱财。在第七章中，我们为你罗列了一些日常活动的详细建议和计划。所有这些都是孩子独立生活、成人后适应社会的必备技能。

从现在开始，你的第一项任务是支持鼓励孩子去应用执行技能。我们假设，你的孩子在开始阶段是需要支持的。对于一个十几岁的孩子来说，最好的评估方法是看其在整个任务中能独自坚持多久，然后再进行干预。你可以这样简单地问一问孩子："你打算怎样完成这项任务呢？"有时候，他可能一开始的时候很愿意做某件事，过了一段时间就不愿做了，过几天，干脆不做了。如果出现这样的情况，他可能需要动力。例如，你可以给他设置一个银行存折，让他拿到驾照，或者得到一份兼职工作，不管他怎么不确定如何开始，你给他提供的信号都会让他产生动力的。

请记住，青春期的孩子，要么说自己能做好某事，要么就是在头脑中想象自己能做好某件事，甚至有时候，他们也不确定自己是在头脑中想的还是在嘴上说的。基于这种情况，给他们一个温和的或常识性的诱惑信息，或许有助于增强他们做该事的意愿，也更愿意尝试新任务。

第二项任务是：让孩子自己抵达成功的终点。孩子是否能成功取决于你是否给予了必要的支持以及支持的方法是否正确。如果她愿意向你求助，而你过早地涉入整个过程，会导致她不能独自一人完成活动，从而会失去自信心。你需要思考的就是站在孩子身后，给她提供足够的支持，当她最终成功后，可以回过头来看你，对你大声欢呼她做到了，而不是你在她的前面，先抵达了成功的终点。

9. 提供适度的、刚刚好的支持，直到孩子能够应付自如。

艾丽自己安排早上几点起床。因为担心她上学迟到，她妈妈每天都例行公事地去叫她起床。她们共同商讨了一个办法，要是她早上6:45没有起床的话，妈妈才去叫她。艾丽这学期只发生了四次晚起床的现象。每次妈妈打算去叫她的时候，她都基本上已经起床了。她们接着又一起商定，要是妈妈7:10快离开家的时候艾丽还没起床，就去叫她。从那以后，艾丽上学一次也没晚过。

我们看到父母们知道如何帮助孩子把任务分解为易操作的几步，教给孩子必备的技能或应对问题的模式，按照这种方法加快孩子成功拥有这些技能的速度。虽然父母做了很多，但孩子往往还是无法拥有这种能力。这种情况屡见不鲜，是因为父母没有完全理解这一原则。这些父母可能会帮助孩子设置一个完成某事的程序或步骤，看到有效果了，就以为大功告成了，期待孩子能独立保持这种习惯。了解你的孩子以往的行为是你要做的最基本的事情。如果一段时间后，你的孩子按照和你的约定形成了一定的行为或技能，请仔细审视整个过程，然后才能肯定孩子的问题得到了解决，而不是孩子仅仅坚持了一段时间或几周然后又回到了老样子。如果是这样的情况，你需要更多地支持孩子，与孩子更多地交流，为了确保孩子能更长时间保持这种习惯，你要更长久地身处"那幅执行技能的画面中"。因为青少年可能不愿意让父母与自己处于同一幅"画面"中，所以你需要更微妙地处理，否则你将会被孩子踢出他的"画面"。在这种情况下，你至少能敏锐地观察孩子的问题，当你的孩子停滞不前，甚至后退的时候，你能马上发现。青春期的孩子比较喜欢有人能主动提出帮助，或者当你说清楚什么事情对他们来说最好的时候，他们也会欣然接受，即使他们的目标与你的目标存在差异，你的支持也存在能改变他们选择什么的可能性。

青春期里的孩子在和父母之间出现的这种相互独立又互相对抗的微妙关系中寻找平衡点，双方经常会出现大量的矛盾和意见。你经常认为孩子对你的话不屑一顾，或者你干脆对孩子的需求置之不理，甚至在孩子寻求你的帮助时，你也因为生气而不理会孩子。你觉得烦死了，一走了之，但这么做很不恰当。你可能不止一次地出现这种感觉："哦，既然不需要我的任何帮助，那就走着瞧，看看你能搞出什么名堂。"你可能正在思考，让孩子过多地得到教训多于为他的成功铺设好必备的技能之路。你可能坚持这样的观点："我告诉过他应该怎样做了。"你和孩子的关系不可避免地会出现裂痕，你的孩子可能会感觉气馁又愤怒，以后也很可能不听你的话了。最为严重的后果是，他不再追求独立和自我决断。虽然你们之间存在冲突，但你的目标不是对孩子说"我抓住你的把柄了"，也不是让你把孩子的缺点毫不遮掩地展示出来，而是让你按照事情发展的轨迹，给予孩子抵达成功所必备的协助。

10. 如果想停止对孩子的支持，也需要逐渐进行，不要戛然而止。

艾斯玛和父母达成了一项协议：只有她每天完成了作业才能玩电脑和手机，当她在做作业的时候，笔记本和手机都要放进厨房里。她写作业的进展相当顺利，这种方法让她既能完成作业，又能玩到电脑和手机，父母很高兴。艾斯玛这样做了两周之后，开始一看到作业就心烦意乱。父母坐下来和她一起商量怎么办，并且同意不再提醒艾斯玛把电脑和手机放进厨房，也不用时不时地提醒她该做什么了，而是让她自己学会控制自己，合理安排自己的时间。她也向父母保证避免分心。接下来一段时间，她的行为比较积极，父母同意让她自己分配完成作业的时间和玩游戏的时间，只是会每周查看一次或两次，看看她的作业完成情况。渐渐地，她养成了自己管理时间的好习惯，不用父母每天监督什么时间写作业，什么时间玩电脑了。

你长期地改进孩子的执行技能，让孩子学会了独立，最后你可能觉得孩子的问题已经解决了，打算停止这种支持。此刻，你需要渐渐地减少对孩子的支持行为，让孩子渐渐习惯应用自己的这种技能，而不是戛然而止。就像骑自行车，如果你曾经教过孩子骑自行车就会知道，让孩子握着车把保持平衡是多么的困难，不知道要经历多少次的左右晃动，孩子才能掌握技巧。你渐渐地松开自行车，孩子才有机会体验自己能独自骑车的感觉。你没有总是扶着自行车，然后突然松手让孩子“飞奔自如”，那样做的后果是孩子和自行车都会跌倒在地。即使是孩子能独自骑车了，你仍然会再扶车一段时间，并且还会限定他在什么地方骑，什么时候骑，还要看着他，要是他跌倒了或撞上了什么东西，能及时给予帮助，帮助他重新站起来，鼓励他继续骑，告诉他失败乃成功之母，让他认识到学会骑车是需要一个过程的。在孩子的技能培养方面，我们也希望你能渐渐地减少支持，当孩子把颜色不同的衣服放在了一起洗的时候，或者刚学会开车就遇到了事故，不敢再开车了，都需要你的及时开导和帮助。

无论什么时候你遇到了孩子的问题，都可以应用这些原则。当你抱怨女儿或儿子缺乏一些技能的时候，这些原则都可以派上用场。事实上，无论何时你回顾这些原则的时候都能对你有帮助，或者针对孩子的具体问题可以参考第九章到第十九章提到的各种应对问题的方法，都能让你眼前一亮，找到一些帮助孩子的妙计。有时候，尤其是当我们深陷困境之中的时候，我们经常忘记了坚持某些必要的规则是多么的重要，对我们如此，对我们的孩子更是如此。

第5章
调动孩子应用执行技能的积极性

从你的孩子三四岁甚至更小的年龄开始，你一定听他们说过如下这些话，或者说过与这些意思相近的话：

“不！”

“我自己做！”

“不用你管！”

你的孩子说的这些经典话语以及伴随的行为都是他渴望自我管理和自己做决定的萌芽，也是你期待他们能够独立的最初表现。你的孩子可能一次次地经历挫折，虽然他还不知道那一刻对他来说真正意味着什么，但你能做的只是微笑着鼓励他去尝试。与此同时，他们在说这些话的时候，也是在试探自己能有多大的自我驾驭能力，这也是形成独立能力的一种信号。

在青春期的时候，孩子说：“我自己来！”昭示了一种新的意义，父母们需要认识到两点。一是：对于大多数的青少年来说，在接下来的几年中，这会变为事实。二是：即使是在青春期的早期，你对孩子的控制和影响也要比孩子小的时候少了。当孩子还小的时候，你可能为孩子身上表现出来的自制能力和自我管理能力而倍感欣慰。而现在，孩子到了青春期，你要改变自己的角色和应对孩子的方式了。你可能每天都在积极地忙着帮孩子做决定，指导孩子应该参加什么活动，关心孩子每天都和什么朋友在一起，期待孩子有好的表现，要求孩子注意安全以及掌握自我保护的方法。无论好坏，你已经对这种角色习以为常，因为你认为自己做这些都是为了孩子好。如果孩子到了青春期，你仍然保持着一贯的做法，还在为孩子做选择和安排，那么孩子也只能渐渐地接受这种方式。正如你可能已经知道的那样，你在潜移默化中让孩子养成的这种习惯是很难改正的，也很难让孩子转变。你向某些权威机构寻求帮助和指导意见，好奇自己的孩子怎么会这样，而答案是正因为你事无巨细地为孩子做决定，才造成了孩子现在的问题。到了现在，你才发现是时候放手让孩子自己做一些事情了，因为你对他的影响渐渐变弱，他成了主角。

你先要调整自己的心态，到了这个阶段不要因为自己角色的变化而感到失落。你的孩子可能会对你说："我自己做决定，请相信我，就能万事大吉。"当然，你也不能放弃作为父母的职责。那么，你应该做什么呢？你能做的只是有技巧地去辅佐。具有讽刺性的是，青少年想要获得更多的主动权，而你即使最想提出对孩子的指正和批评的时候，也要想着你的想法对他产生的影响会比较小，你只把道理和事实讲清楚，而不要强加干涉他的选择。所以，你唯一能做的就是找到方法帮助孩子和你共同成长，通过这种有效的方式让孩子度过这个自我决策和自我管理的关键期。

请在内心永远铭记如下这些令人欣慰的事实：孩子终将会长大成人，他们终归要完全凭自己的能力去面对各种事情，竭尽全力地去寻找机会或面对激烈的竞争。到那时，他们会感激父母的这种放手式培养，而没有娇惯或让他们失去锻炼的机会。当孩子的这些潜能得到了激发，他们也会意识到自己正处于一个能体现自身价值的安全环境中。

他们的确需要安全的环境，甚至比以往更需要。因为青春期就是一个冒险的阶段。孩子们比以往更易受到同伴们的影响，他们需要更多的尝试机会，也就是意味着他们需要父母给他们提供一个比以往更为宽松、不加限制的环境，能够让他们在这个阶段通过承担一定的风险来锻炼能力。这对你来说确实很难，因为你知道：（1）青春期的孩子有时候决策能力比较弱；（2）有时候这些决定是比较严肃的，否则后果会很严重；（3）青春期里的孩子倾向于忽视自己的弱点，不把你叮嘱的那些危险放在心上。

所以，对于青春期阶段的孩子来说，父母能够做到不完全干涉或微妙地进行协助是非常重要的。那么，问题是你怎样做才能激发孩子的积极主动性，让他渐渐形成自立能力呢？他的行为动机是什么呢？他有机会做成年人可以做的事情吗？他能自己做出正确的决定吗？他提出有价值的建议了吗？他能按照某些规则执行吗？他知道如何执行吗？孩子的这些想法都在你的意料之中。如果对于一个 4 岁的孩子说，让他们进行决定和选择很重要（我自己来！），那么对于十几岁的孩子来说，就意味着更为重要的力量，整个过程都是自然而然发生的。这个时期，他有了自己做事的手段和方式（花钱办事，靠自己努力，或者让朋友提供帮助），渐渐摆脱了对父母的依赖。好消息是，我们大多数父母都是积极上进的。我们想要看到自己的孩子长大，能够独立，成为一个自己做决定的成年人。也就是说，对于这个问题，父母和孩子的目标是一致的。困难的是，正如我们所说，细节很重要，“细节决定成败”。虽然我们与孩子不容易完全在最容易实现的方法上达成一致，或无法在最好的结果（上哪所学校，选择哪种职业或结交什么样的朋友）上达成一致的意见，但其实我们与孩子有共同的目标，就是期望他能成功。例如，你与孩子多长时间对你认可的那些“可以接受的事”或“好事”或“非常好的事情”会出现一次分歧呢？

你可能第一次意识到，你认为是好的事情孩子并不认为是好事。如果你的孩子存在弱项执行技能，你可能会在此时才意识到你过去的那些帮助孩子的方式失灵了，孩子根本不领情，也不是他们想要的了。现在，孩子不再需要你过多地干预或帮助，他们要自己做决定。如果你的孩子出现了不只一方面的“不买账”情况，那么，你就需要反省是否自己过于妥协和让步才阻碍了孩子执行技能的形成和发展，而没有更恰当地引导和激发孩子应用执行技能的积极性呢？

幸运的是，我们会提供给你一些让孩子和你“共赢”的方法。在本章接下来的部分中，我们会详细地向你介绍各种方法，并教给你如何应用这些方法来激发孩子应用执行技能的积极性，即使是针对那些和你对着干或顽固的孩子来说，他们也能轻易接受这些方法。

与孩子“共赢”

假设你的孩子存在一项或多项执行技能不足的问题。举例来说，本缺乏自我管理能力，如果你是本的母亲，你能描述出他的房间简直就是“猪窝”（至少在你看来，非常乱。如果你不喊着让他收拾，他从来都不整理）。他一回到家里就让你头皮发麻，因为你必须唠叨着让他做功课，否则他玩到很晚也不会做作业。现在他又不得不去借同学的作业来抄写。他讨厌一回到家就听到你的“唠唠叨叨”。你还得经常花钱给他买那些丢掉的曲棍球设备，或者买其他任何他忘记带来的必备学习用品，否则他就无法参加比赛，或者无法参加考试。或许你也有一个像特雷西一样的女儿。她无法管理时间，不仅经常上课迟到，参加各种活动也经常不准时。很多事情都是拖到最后一分钟才完成，即使是预约生日聚会也一样拖拖拉拉。你是否也有一位像杰森的儿子呢？他也一样缺乏灵活性吗？你和你的家人每天都围着他转，你为他做任何事情，他认为都是你应该做的，因为如果事情不顺他的意，他就会很生气，对你大发雷霆。

我们已经证实，当你和孩子出现问题的时候，在头脑中思考如下四种指导方针会很有效：

1. 准备谈判和准备让步。一种愿意协商和妥协的信号就是尊重孩子的自主权，尊重孩子的想法，因为这是比直接采纳父母的建议更能形成执行技能的有效方法。

2. 告诉孩子，你想帮助他做一些对他有利的事情，要是孩子理解了你是冲着解决问题而来，是来帮助他的，而不是为了你自己的利益，他就会愿意接受你的意见，也表现得更好。

3. 把注意力集中在你做出怎样的改变才能激发孩子的独立能力上。培养孩子的独立能力和明智决策力远远胜过维护家长的“面子”。

4. 父母先要明白为什么那个问题很重要。对于自己很重视的问题，他们会有更大的积极性去尝试解决。如果你不清楚，或者稀里糊涂，就不可能说服孩子与你合作。

本的妈妈采取了一种新方法，不再反复提醒他写作业。她这样说："本，我知道你一踏进家门就对那些家庭作业感到头疼。我也同样憎恨那些作业。我们为什么不一起找到一种让你做事情更有计划性的方法呢？那样，你一进家门，我只会问问你今天过得怎么样，学校里发生了哪些有趣的事情。"本的妈妈通过改变自己对本的语气和态度，促使他合理安排放学后做事情的先后顺序，取得了明显的效果。

周六吃过了早餐后，特雷西的爸爸抓住机会找女儿谈谈关于时间管理的问题，他这样对女儿说："宝贝，很显然，我们在时间安排方面的观点确实存在偏差。我知道要求你能像我这么大的时候一样，每次都提前半小时到校，这很不公平。但是，当你没有为一件事做好时间安排的时候，经常会手忙脚乱的。我敢打赌，要是你上气不接下气地赶到学校，一定得过一段时间才能认真听课。我们现在来想个办法解决这个问题怎么样？我们每天不早到，也不迟到，我们就选择正点到校，可以吗？"

杰森的朋友们想改变联谊会的某些安排，他却坚决反对，就与朋友们打了一架，也失去了两位朋友。回到家后，又乱发脾气。杰森的父母尽全力来安慰他。父母知道他做事不知变通，缺乏灵活性，几乎快崩溃了。甚至那位一直崇拜他的小妹妹，也开始躲避他，因为他经常因为妹妹迟迟没归还他的东西而大发雷霆。如果妹妹忘记归还了，更是后果严重，他甚至会大打出手。杰森也承认自己这样做不对，也曾尝试让自己不出现这些固执（缺乏心理灵活性）的行为。

当然，亲子之间的互动更复杂，而且改进的过程也不是一帆风顺的。只有父母和孩子共同努力，才能挖掘孩子的潜能并形成受益终身的各种执行技能。当你遇到问题的时候，头脑中想起以上四种关键的应对方式，做父母应该做的事情，你就会为孩子的成功奠定坚实的基础。

警惕与孩子交流的陷阱，杜绝无效交流方式

有效的交流方式能激发孩子的积极性，而无效的交流方式会让孩子

失去动力或者不愿意解决自己正在遇到的问题。请尽力避免用如下这些无效交流方式与孩子交流。

1．“给一个甜枣，再打一巴掌”式的评论。

这是一种父母先夸奖孩子做了什么值得表扬的事情，接着又埋怨孩子的交流方式。如“你能自己收拾房间真是了不起！”（给了个甜枣，孩子听了心里美滋滋的。）接下来你又马上说：“我早就告诉过你，只要你努力，一定能做到的。”（你又给了孩子一巴掌，意思是强调是你的功劳，又把孩子的努力推回到了你身上，会让孩子误以为你是在变相地表扬你自己。）

2．明确地指出孩子提出的方法中存在的缺陷并暗示这种方法不可能成功。

因为凭借你多年的经验，你知道哪种方法更适合孩子。这种情况在某些时候是有用的，但却无法帮助他自己做决定，要是你不能肯定孩子会欣然接纳你的建议，就不要这样和孩子说。除此之外，你列举出来的孩子建议中的不足，会让孩子误以为你是为了突出自己的优势，这会让他觉得没面子，就不愿意听你再继续说下去了。

3．拿他和同辈或兄弟姐妹进行比较。

例如，你经常这样对你的孩子说：“弟弟比你小两岁，都能轻松管理好这些事情，不用我操心。我真不能理解你怎么就做不到呢？你增长的本领就是与你弟弟打架！”

4．在气头上批评孩子。

“我再提醒你一遍，就是第一百遍了，让你提前一天晚上准备好所有上学该带的东西，才不会丢三落四的！我受够了你的这个毛病，以后再也不提醒你了！”

在与孩子交流的时候，避免以上的四种交流方式，才会让孩子敞开心扉，激励他努力提高自己的那些弱势执行技能，解决那些显著存在的问题，你与孩子的关系才会变得更加亲密。当你读了这些提示后，可能已经领悟了自己在与孩子交流时所犯的错误。我们想尽力告诉孩子一些曾使我们受益的经验和教训，只是被他们误解了。归根结底，当你觉得自己是在“对牛弹琴”的时候，你能做的只是理解孩子，站在他的角度换位思考。现在，到了该讲述解决问题的方法的时候了。

你需明确的一些问题

如果你能对如下的问题做出肯定的回答，那么你和孩子就可以开始进入解决问题的阶段了。

1. 通过观察孩子的日常表现，你是否已经知道了会影响孩子未来的问题所在（存在哪些弱项执行技能）呢？例如，一个正值青春期的孩子存在反应抑制方面的问题，就会听从同伴的怂恿开快车，并可能引发危害自身安全和同伴安全的事故。一个学生如果经常不按时完成作业，学习成绩就会不好。长期如此，他考大学就会受到影响。如果你对这个问题的回答是肯定的，那么再回答第二个问题。

2. 你是否传递给孩子一种信息：你担心他，担心这些问题会对他的未来产生负面影响，但这只是从你的角度出发的，而不是站在他的立场上？（如下是理查德说的话）我的儿子最近对我说：“我记得你和妈妈想要说服我的理由，就是从你们自己的立场来看问题。你们应该说：‘瞧瞧，科林，我们想要你快乐幸福。我们想让你按照自己的想法做出选择。要是你想成为一名医生或律师，那就太棒了。如果你想要成为一位明星或棒球运动员，也很好。要是你想当一名售货员或一名建筑工人，也很好。但是我们不想让你某一天醒来，想要做出决定的时候，却毫无头绪，因为你已经失去了选择的机会和能力。’”父母与孩子交流的时候，最重要的是，不要呵斥他的想法或马上否决他的提议，或者当孩子正不知所措的时候，你生气地说“这个我以前已经告诉过你了”。你这么做，只是告诉孩子，怎么做才对他最有利。如果你对前两个问题的回答是肯定的，那么你对第三个问题的回答也一定是肯定的。

3. 你知道了孩子的问题所在，并向孩子解释为什么你如此关心这个问题。你的孩子即使很不情愿承认，但也会渐渐明白他在这方面的确存在不足吗？因为对这个问题的回答不仅取决于你的想法，也可能你对孩子出现的问题存在一定的误解，这时候，你需要根据第二章中谈到的青春期孩子出现的五种一般反应类型，来明确你的孩子是哪种类型，至少在某种程度上，他才能愿意承认自己存在的某些不足。只有让孩子自己承认自己在哪方面存在不足，哪些行为表现了弱项执行技能，你才能知道应该采取多大程度的激励机制改善这些问题。

针对不同类型的孩子，采取不同的策略

为了更加明确孩子的执行技能问题，也便于你采取措施激励孩子，我们先从父母和孩子经常担心因为缺乏执行技能而影响在学校的表现这一方面入手。

如下是我们在调查研究中，孩子经常会出现的对在学校的表现不佳这一问题的回答：

1.“我知道自己有问题，影响了我的功课和学习成绩，但是我就是无法管住自己。你能帮我解决这个问题吗？”

2.“我有一个影响学习的问题存在，要是能得到我信任的人的帮助，我可能会有所改善的。”

3.“我承认我有问题。这个问题也影响了我的成绩。我们做个交易如何？假如我有了改进，我能否获得奖励？”

4.“我知道我有一个正在影响我学习成绩的问题，但我喜欢自己来应对。”

5.“我认为我不存在会影响功课的问题，就算有，也不用担心。我会自己处理的。”

从家长的角度看，第二、第三和第四种类型的孩子会比较容易激发他们应用执行技能的积极性，而第一种和最后一种类型的孩子，父母会觉得比较难应对。

应对“负责任型”青少年的方法。现在，我们先从比较容易应对的

群体着手。上面提到的第二种类型的孩子，他们已经有了想要试着解决问题的动机，你需要做的只是与孩子谈谈，让孩子按照自己愿意接受的方式去解决问题。也就是说，针对这类孩子，关键是要为他们设定一个行动的方向。父母要尽力避免提供更多的指导，更要避免对青少年做出的决定妄加批评。在父母角色健全的家庭中（而非单亲家庭），让更善于和孩子交流的一位家长与孩子互动，效果会更好。如果孩子容易和父母发生冲突，可以寻求外部支持，如老师、辅导员或教练来充当谈判者。让别人出面的好处是，会避免你与孩子出现冲突，也会让孩子觉得自己能把问题解决好，孩子很有面子，也更加有效果。我们强烈推荐那些家有比较负责任，更倾向于自己掌控生活的孩子的父母们采取这种方法，此方法也适用于那些经常与孩子发生冲突的父母。

奖励向你“索要奖品型”的孩子。第三类型的青少年属于这种类型。他们知道自己有问题，但并不像父母那样着急处理或着急改进问题。激发这种孩子的积极性的关键是提供一些他想要的东西，与你想要的东西进行交换。你们就某些问题达成一致。例如，在某个阶段孩子若获得小小的进步，就能得到他一直想要的某样东西。我们也看到过一些父母提供给孩子不同的激励物品，包括买手机、换新款手机，为他购买所需物品，如滑雪板、冲浪板，甚至汽车等提供支持，当然，这些取决于你的家庭收支水平。有些孩子和父母宁愿直接现金交易。虽然我们一般不赞成现金交易，但这对一些孩子来说的确有效，父母们要记住自己的目标是帮孩子养成一种良好的习惯（在此基础上去学习，完成学校布置的任务），最终受益的还是青少年自己。

与“自主探索型”的孩子进行谈判。第四种类型的孩子想向你表明，他已经长大了，能独自解决自己的问题了。虽然孩子的出发点是值得表扬的，但他们往往因为存在弱项执行技能而无法实现目标。如果你家的孩子属于这种类型，你需要尊重孩子渴望自立的心情。那么，你提供的建议可能完全由孩子自己决定。他可能接受你的建议也可能不接受。然而，如果你不能接受孩子独自处理问题带来的后果，你应该怎么办呢？这就意味着你和孩子必须谈一谈具体实施计划的细节和行为标准（例如，让孩子按时完成作业，让孩子的某科成绩保持稳定或有所提高），正如孩子主张自己能做到一样，设计一份执行计划表，让他按照你们约定的计划执行。你与孩子需要交流的第二部分内容是：如果孩子没有达到约定的行为标准该如何应对？这意味着你需要投入更多的精力重新与孩子制订一份更容易实现的计划，积极寻求学校老师的帮助或者与权威人士联系，如果孩子的计划中存在一些问题，请你提前与孩子协商可能会出现的问题细节，做到这点也非常关键，因为这能让你和孩子知道接下来需要做什么。如果计划失败了，也会减少你和孩子发生矛盾的可能性。

给“求助者型”的孩子以支持。现在，让我们面对更难缠型的孩子。做出第一种回答的孩子就属于这种类型。他们往往对自己出现的问题不知所措，积极地寻求帮助。孩子向父母寻求帮助，看上去似乎不是什么大问题，因为我们习惯了帮助孩子解决问题。当孩子向我们求助的时候，我们往往欣然接受并愿意施以援手。我们并不赞成直接帮助孩子，也不能干预老师的要求，而是让孩子先尝试着自己解决问题，否则就无法让孩子形成自立的好习惯。你不必用问题的严重性来刺激孩子，但你务必调动孩子采取行动去解决问题的积极性。这样你就处于辅助位置，让孩子“冲锋”在前，鼓励孩子自己尝试不同的方法。所以，调动孩子积极性的方法也包括必要地减少对他的帮助，让他自己动手实践，才能使孩子获得成功。最初，你可能完全地投入其中（帮助孩子做某事），但你必须尽早地思考如何减少对孩子自己应该负责任的事情的干涉，让孩子自己承担责任。对于那些缺乏自信的孩子来说，这个改变的过程会相当缓慢，只要遇到了失败的体验，他们就会再次寻求父母的帮助。

父母要挑战“逃避型”的孩子。上面做出第五种回答的孩子属于此类型。在他们看来，父母看到的问题根本不是问题，父母对问题反应过度了。只有父母“放松一点”，才会万事大吉。这是你家的孩子在逃避问题。他可能也意识到了问题的严重性，但一直逃避，或者他认为这根本就不是问题，否则他早就着手处理了。如果你的孩子也这样，你就需要扮演更多的积极角色来弥补孩子的这种逃避行为。你越是尽可能多地主动引导，越有可能更加坚定自己要求孩子重视问题的态度。可能一两次，孩子没有听进去，但你仍然坚定地表明自己的态度，你的坚持会让孩子的行为渐渐改变。在这种情况下，你需要促使孩子产生一定的行为动机。必要的时候，你可以用他最想得到的东西作为诱饵，满足他的要求。

青春期里的孩子有时会出现比以上五种更令父母头疼的叛逆行为。他们可能坚决要求父母不准干涉他们，挑战父母的忍耐极限。对他/她来说，只要能支配自己的生活，能做出决定，能自己决定什么是正确的事情或什么是错误的事情，就必然与父母们存在很多冲突。他们更倾向于思考父母可能会给什么奖励，才配合做出多少改进。对于这些青少年来说，最强大的动力就是他们能逃离父母的操纵和控制。在这种情况下，激励的方法可以依据“普雷马克原理”（Premack），也叫外婆法则。外婆法则就是如果一个优先选择行为先出现（例如，喜欢吃甜点），接着是次优选择的某种行为（例如，吃蔬菜），于是，就用高频行为（优先选择行为）作为低频行为（次优选择行为）的有效强化物，而增加做不喜欢做的事情的概率。对于第五种类型的青少年来说，你可以应用“先做……后做……”的原则来指导孩子。例如，你可以这样要求孩子：“先完成家庭作业，然后再出去和朋友玩。”“你先总结自己上次考试失败的经验教训，然后才能去开车。”这里的假设可能还取决于对你的孩子来说什么（和朋友出去玩或开车）才是最强的激励因素，这也是父母最能达成问题解决的最好诱惑。对于有这种问题的孩子来说，父母做到如下几点很重要：（1）预期的表现和相应的奖励要提前与孩子协商好。（2）预期的表现与奖励是在合理范围之内的。（3）孩子经过短期的努力就能实现的。（4）要根据实际情况制订一个执行规则。

这种行为类型的孩子可能未必会喜欢此规则，或认为不公平。尽管如此，父母也要态度一致地按照规则执行，因为只有这样，才能形成一套有效的模式，改进孩子的不足。对于那些应用此方法的父母来说，这种方式能很好地避免孩子产生抵触情绪。也就是说，当你这样对孩子说：“你先完成作业，然后就可以立刻与朋友们玩了。”所产生的激励效果远远高于这样说：“要是你不完成作业，你就不能和伙伴们玩。”所以，对孩子说话要讲求艺术性。

投其所好，各取所需

当我们想要某样东西的时候，如果判断那个目标能够通过自己的努力而得以实现，那么这个目标就具备了一种驱动力。孩子只要向我们提到他们想要的东西或表现出渴望得到某件物品的想法，都是在向我们抛出了一个可以投其所好的橄榄枝，无论如何，我们都应该充分利用孩子传达的这些动机因素。我们会在第七章中详细讨论你应该如何利用这些动机去教给他们执行技能。我们总结了青少年展示给父母们的如下四种目标动机，父母可以应用这些动机去激发他们的执行技能：

1. 在父母看来，理想的动力或动机是孩子一直对父母诉说的一个理想或一个正在长期追求的目标。例如，他想上大学。他准备从事一份特别的工作或有特点的职业。孩子的目标只要是合情合理的，是从实际出发的，是可以实现的，这种类型的目标就适合作为一个长期计划并通过构建相应的子目标（如，提高学习成绩）来提高孩子的积极性，让孩子朝着长远目标而努力。父母可以通过观察孩子日常完成短期目标的情况，评估其是否能实现长期目标。

2. 第二种类型的动力或动机是孩子长期渴望获得的某种自主权（例如，几个月以来他一直渴望得到父母的某项许可），这也牵涉一些计划，包括得到父母对某件事情的许可，得到一辆汽车，得到一份工作。所有这些都会涉及一些执行技能，通过这些刺激物，可以让孩子掌握一些必备的执行技能。你可以利用孩子的这些动机达到你的目的，并让孩子满意。例如，你想让孩子改进在学校的表现，就可以使用这个办法。我们曾用这种方法帮助过很多在学校表现差的孩子。只要父母的要求是合理的，大多数的青少年是能够配合并改进的。

3. 孩子想要的个性化物品可以作为第三种可以利用的动机或刺激物。例如，你家孩子想要某种型号的苹果手机或某个牌子的电脑，某个品牌的滑雪板或冲浪板，或者想要一些钱去旅行，你会听到很多类似的理由。这些想法可能是长期的，也可能是短期的。所以，如果你要权衡孩子的这些想法是否能与在学校的表现、家务活儿和家庭中的一些责任挂钩，也需要了解孩子欲望的稳定来源。虽然如此，有些孩子的需求是总也无法满足的。你可以选择付费让他们做一些特殊的事情或一些力所能及的活儿，与他们就某些要求达成一致。做某件重要的事情能赚钱，这对孩子来说特别有吸引力，因为这能帮助他实现某个计划，父母也能根据孩子的期待而提出一些要求。这种激励方式比较适合你想让孩子实现某个目标，可能刚开始的时候孩子并不配合的情况。通过这种方式，孩子大多会配合你的要求。

4. 不是孩子的所有目标都能被父母接受。很显然，青春期里的孩子们要求自主权，也喜欢挑战极限。理查德曾说："在我女儿上大三的时候，她提议和四位朋友开车去加拿大的蒙特利尔度过一个漫长的假期。她们都是 17 岁，没去过蒙特利尔，每个人身上只有 150 美金。"我们就此提出的建议是，你先倾听孩子的想法，然后决定她的计划中哪些是可行的，哪些是不可行的。如果你立刻就拒绝了孩子的计划，孩子会感到很伤心，但是在有些情况中（针对女儿的想法），父母必须表达不同意的态度。在这种情况下，你必须尽可能地心平气和地说出你拒绝这个计划是出于对她的关心，当她不能接受的时候，也尽量给接下来的交流留下余地，别把话说得太死。你也希望孩子将来能够实现这个计划，只是现在时机还不成熟。如果孩子提出的计划中有一部分是可以接受的，存在另外一些有待商榷的问题，能让孩子体验某种程度上的独立性，这就给了你与孩子进行"交易"的机会。通过这个交易，促使孩子朝着你期望的目标前进。

一些常用的激励原则

当你在寻找机会激发孩子应用执行技能的时候，请记住如下的规则能增加成功的机会。

- 孩子比较重视的活动或物品能成为一个好的进行激励的动机。请记住，无论什么时候都从你孩子表达强烈想要获得的某件东西或愿望上着手。尊重他做出的决定和判断，激发孩子的热情，让孩子觉得你对他更公平。

- 如果你正在为自己想要的结果与孩子想要的东西进行讨价还价，你一定要注意你的要求与他的动机相互匹配，看起来合情合理。如果孩子进步了很多，而得到的奖励却很少，那么这个规则就会失败。如果孩子只付出了一点儿努力，就让你付出高昂的奖励，他就不会获得你所期望的技能，你也会感觉被占了便宜。
- 如果你一开始就从一个长期目标着手（例如，考入大学），你必须建立一个与短期目标一致的激励措施。对于存在严重执行技能不足的孩子来说，他们很难将注意力集中在长期目标上。
- 一旦你对孩子实行一种奖励制度，孩子的执行技能是否获得提高取决于他多久能得到一次奖励。如果概率低于 50%，那么孩子由此引发的动机就不够强或者过于强烈，而这都不利于培养孩子的执行技能。接下来我们会重点讨论这一点。
- 事实上，你因为一个目标而产生动机，你的孩子也一样。你认为对你来说是最好的方法，并不意味着你的孩子也是这么认为的。如果你发现自己比孩子还想努力实现目标，你就需要退后一步，问问自己这个目标对谁来说最重要。如果你意识到这个目标对你很重要，也意味着你需要提供更强有力的激励才能让孩子愿意配合，并参与其中，你也可以为自己的目标做出一些让步和修订。
- 如今，父母们为孩子提供了太多他们想免费享用的东西。我们的建议是，与孩子在各自需要的东西上进行协商，不仅是合情合理的，也是非常重要的。如果你希望孩子变得更加独立，就应该让他知道，如果他想得到某件东西，就要付出必要的努力。

调整任务与动机之间的关系

有些任务需要比其他任务付出更多的努力。这是一条对成人和孩子都适用的真理。想一想那些你在家里总是拖拖拉拉才能完成的家务活儿。

我们拖延做那些活儿，通常不是因为我们没有做那些事情的能力，而是有一些其他的事情比做那件事情更为重要。虽然我们最终会做那件事情，但是我们喜欢拖延或者希望家里的其他人去做。对于青少年也是如此，相比其他任务，有些任务更能激励孩子。也就是说，孩子未必没有做某项事情的能力。如果他想要实现某个目标，拥有实现某个愿望的动机，但是仍然在犹豫或逃避的话，我们应该考虑这个任务是否存在一些问题。

任务和动机之间的关系如下图所示：

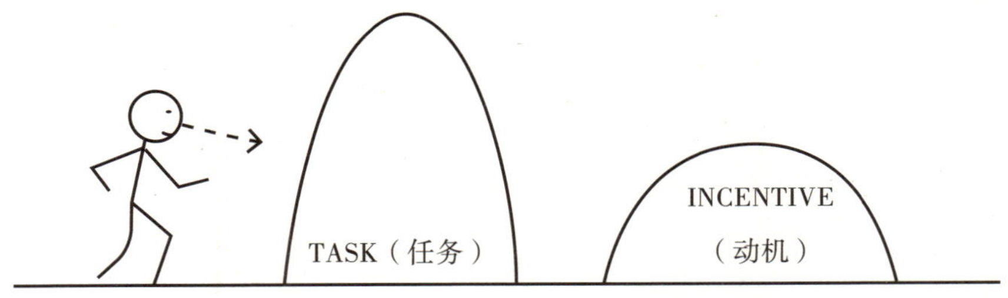

如果父母的期待是呈现出以上这种模式，那么任务和动机之间的关系就需要调整，至少在一开始的阶段要减少任务。任务和动机之间的关系要达到如下的水平，你激励你的孩子应用执行技能的方式才能得以实现。

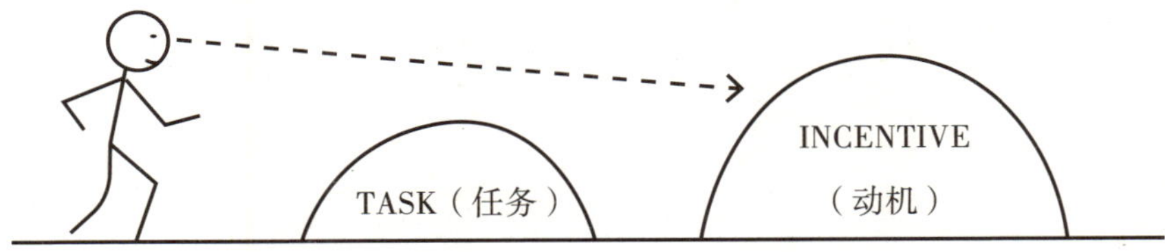

我们会在第六章中，为你提供更多详细的调整方法。

第 6 章 改变孩子所处的环境

正如我们前面所说，有三种方法能影响孩子执行技能的发展并激励孩子去做与这些技能相关的事情：首先是鼓励你的孩子学会这种技能或鼓励他应用已经学会的技能。我们首先关注动机是因为执行技能需要努力才能获得，激发孩子的动机会增强他的努力程度。当孩子没有动力的时候，亲子之间经常会发生冲突。第二个因素我们会在本章重点强调，就是改变孩子的生活环境，为他形成执行技能营造有利条件。

现在，你已经了解了你的孩子从出生到现在的整个成长过程中，你需要扮演重要的角色，你一直在充当他的额叶。帮助孩子应付各种复杂的事情或化解一些潜在的危险，通过借给孩子你的额叶，使孩子能从你的成熟经验和执行技能中获益。你的孩子多年来一直生活在你为他营造的这种环境中，现在也能够自己探索问题，他也具备了一定的解决问题的能力。

当孩子刚刚步入青春期之初，请提供给他三方面的保障：

1. 改变你与孩子互动的方式。当你的孩子进入了一个特殊时期，可能你正在实践和预演一些规则并指导孩子的某些行为。例如，孩子的哪些行为你能够接受？你应该什么时间放手？你该何时让孩子知道培养独立生活能力的时候到了呢？你也口头向孩子表达（“别忘了我们说好的事！”），提醒孩子完成某件家务。在某种特定情境中给予孩子指导，例如训练他们，当别人在说话的时候要学会倾听。在你的孩子应用了某项执行技能的时候，你需要做到表扬孩子。特别是与同龄人发生了冲突的时候，你也会盘问他都发生了什么事情。你多与孩子交流，会增强孩子期待改变的信心，这也是协调环境规则的一种方法。

2. 改变物理或社会环境。你至今可能还记得，孩子小的时候，你会在楼梯口装上安全门，以防孩子逾越，并给他设置儿童安全房。甚至直到今天，你可能仍然在控制孩子使用电脑或打电子游戏的时间。你可能已经通过用所谓的“安全时间”减少了对孩子的干扰或提醒，例如给孩子提供一些玩具，安排某项运动，或者教他把脏衣服放进洗衣机里。你一次又一次地改变孩子玩耍的环境，挑选不同的玩伴，避免他和爱打架的孩子玩，或者限制他与爱打架的孩子玩耍的次数。

3. 改变一些任务的性质。在孩子还小的时候，意识到他有些事情还做不来，你可能会只给他安排一些小零活儿，或让他自己选择先做什么事情。你还会通过一些有趣的游戏，让一些家务活儿的任务变得轻松、更吸引人。

在以上的每种方法中，在营造孩子的生存环境这方面，你扮演着主要的角色。你的目的是提高他的社交能力、学习能力，同时，也为了让他玩得高兴。很多父母会调整环境，特别是孩子的执行能力弱的家长更应如此。对此，理查德这样说：我儿子上小学的时候，我和妻子要求他按照“首先—然后”的原则安排自己的时间。因为他不喜欢那些头疼的作业，总是喜欢先玩。于是，我们就对他提出了一些要求（每天完成作业后才能和小朋友玩，才能吹萨克斯，才能看电视）。他到了青春期的时候，也能更好地管理自己和朋友见面的时间了，但我们还是必须花费更多的精力让他保持“先做什么（他不喜欢的事情），后做什么（他喜欢做的事情）”的习惯。调整环境对于青春期的孩子来说依然很重要。事实上，我们对此也提出过很多重要的质疑，因为小孩子往往意识不到有些行为是很危险的，所以需要你的管理。我们都知道，青春期中的孩子比成人更容易出现攻击行为和冒险行为，因为此阶段孩子的大脑神经还没有完全形成。他们做出的事情都是受到一些社会和文化的影响后出现的本能反应，他们对钱财的支配欲望也比小时候增强了。

此阶段的青少年也容易受到同伴的怂恿，做一些“很过瘾”的事情（如飙车）。我们知道很多青少年在有其他人在场的时候，更容易做出冒险行为，这是因为来自同伴们的刺激让他减少了运用执行技能的机会，尤其是会使注意力涣散，导致情绪反应，出现冲动行为和降低元认知能力等。不难看出，青少年受到伙伴们影响的时候，往往父母得告诉他们什么是正确的，什么是错误的，给他们提供必要的支持和指导。

可是，随着你的孩子渐渐长大，你发现自己很难找到适当的方法和谨慎的方式来协调一些重要的环境。在这章中，我们会提供给你一些特别的方法去协调孩子身边的一些环境，让孩子不会认为你是在过多地干涉他，也不会讨厌你的做法。你会发现这些特别的方法完全不同于你应用在小孩子身上的方法，因为你现在的孩子已经进入青春期，是个小大人了。

在这章中，我们会聚焦你与其他成年人交流方式的改变，通过与你的孩子相互配合，来改变影响其执行技能不足的那些社会环境。在第七章中，针对执行技能的训练，我们会改变青少年们期待去做的某些具体任务的性质，因为他们会热衷于探索如何去做（即使你已经告诉了他该怎么做）。改变任务性质，既是一种协调环境的方法，又是一种需要学习的技能。

改变交流方式，与孩子有效互动

在与孩子进行互动的时候，没有比交流更为重要的了。你的交流方式是你与孩子建立良好关系、履行家长职责的关键。但是，你能在多大程度上控制交流的有效进行呢？

以下是作者理查德的经历：

我家里有两条狗，我们的女儿说是她的狗，因为她掏了大量的零花钱买了狗，并购买了狗粮。然而，如果拥有者是按照陪伴狗或照顾狗（带狗遛弯，喂狗，清理粪便）来判断的话，我和妻子应该是狗的主人。我们和女儿建立了一项非正式的协议，她需要每隔一天照顾狗。我和妻子喜欢带着狗去遛弯，所以我们让女儿在我们夫妇都忙工作的时候照顾狗。要是女儿忘记了，或者提醒了一次或两次都没效果，一天或两天她都忘记了，我就会大发雷霆，对她大发脾气，严厉训斥她。最后，她通常会带着狗出去。我们总是因为狗的事情闹别扭。同时，我也知道自己是在用一种对抗的方法，让自己和女儿，甚至那条狗都很不舒服。为了改变这种局面，我和妻子采取了这样的交流方式，我对女儿说：“宝贝，我们已经好几天没带狗出去遛弯了，它需要有人陪伴，我需要你把它带出去（无论你手头有多么重要的事情）。”当我这样说的时候，女儿往往能够接受我的建议，比较喜欢我这样和她交流。当她没有照做的时候，我再去提醒她。比如她正打算出去，我就提醒她，带着狗一起出去。她可能会不高兴，但很少表现出来。当然，我和狗都比较高兴。我们可以应用在第五章提到的四个指导方针来解决这类问题。如果这是一项任务或家务活儿，我和妻子会更多地让女儿自己去做（例如，让她自己想着按时完成作业，管理自己或自己的零用钱等），在接下来，我们会讲更多的方法。

我们的出发点很简单。我们知道，不一样的处理方式，会引发女儿做出不一样的行为。对所有做父母的人来说，望子成龙、望女成凤心切，期待孩子变得优秀，那么给予孩子适当的指导，针对某些重要的情境制订一些规则，来指导孩子的行为，是非常必要的。交流中的一些重要信息，能促使孩子出现重大的改变。

有效交流的策略

在《充满挑衅的青少年》一书中，卡塞尔·巴克立、格温·爱德华、亚瑟·罗宾曾经提出过四方面的建议，能使青少年和成人的交流变得通畅。第一方面涉及加强亲子交流的过程中需要注意的事项。请看如下:

不要这样交流	请这样做
辱骂	陈述事实
插嘴	再次陈述
批评	记录好的和坏的
自我防御	平静地表示不同意
长篇大论	简短且直接地说
与孩子交流时心烦意乱或表现抓狂	专心听孩子说
集中注意力在孩子的话上	用正常的语气与孩子说话
挖苦、讽刺的语气	说出你的感受
默不作声	负责任地接纳
大喊大叫	使用言之凿凿但表示尊重的语言
发誓	

除了上面这些，我们还增加了一些更具有指导性的交流原则：

1. 青少年不会考虑好后再说，或者经常带着情绪说话。当家长也如此反应的时候，双方的交流就很难进行。另一方面，当你的孩子准备开口对你说话的时候，即使可能不是太方便的时候，也要试着让自己静下来倾听他在说什么。如果你在那会儿确实很难让自己的情绪平静下来，就请换一个能让自己平静下来的时候再谈。理查德就曾说："我和女儿经常信息或电话交流。我们达成一致，要是我无法中断一个会议或演讲的时候，就发信息给她。我会发一个字母'L'代表我正在开会或演讲，也就是说，我那会儿不能马上和她谈话，但是只要结束会议或演讲，我会立刻打电话给她的。如果她比较忙或在上课，也用同一个字母答复我。"

2. 积极地倾听。积极地倾听是指高度集中注意力在孩子所说的话上，应用你的手势来表达你对他的理解，时不时地用精短的话来概括孩子所说的重点。在与孩子的交流中，倾听是关键。请你尽力避免马上说出自己的观点、判断或自己认为的解决问题的方法。在需要阐述你的观点时，只是真诚地表达你的感受，无论是积极的还是消极的，但要特别注意，所说的话不能给孩子带来伤害或侮辱。（这也是理查德说的）我朋友的女儿艾米经常因为她妈妈不懂得倾听而感到无助，所以她向妈妈列举了如下一系列的“我的交流方式”。

- “讲故事的人”——我讲述自己的事情，你倾听但不要替我解决问题。
- “建议性的交流”——我把事情解释给你听。最后，你再给出建议。
- “试探性的交流”——我解释问题是什么，给出几种可能的解决方案，然后询问你的意见。
- “顺便帮忙”——我解释发生了什么，你顺便给出一些建议或意见。
- “会谈”——我们能进行定期、反复的讨论。

当然，以上并不是所有亲子讨论的模式。我们只是提供给父母们一种交流的方法，当你和孩子们之间出现交流问题时可以借鉴。孩子会在不同的时间里有不同的需要。最初，我们认为父母可以用“讲故事的人”这种方式接近问题。也就是，孩子说，你倾听。

3. 无论什么时候，避免交流不畅是非常重要的。每次你们之间没有悬而未决的事情或冲突出现的时候，你们能平静理智地交谈，让你的孩子知道事情会得到解决，你也会尽可能听孩子在说什么，尊重孩子的想法，听取孩子的意见。但作为一名家长，有时候也会出现和孩子无法交流或向孩子妥协的情况。

4. 避免对孩子提出的要求做出自动回应“不行”。“不行”这个词需要保留在你自己的词典中，慎重使用，同时要告诉孩子你认为“不行”的充分理由是什么。

关于父母如何有效地指导孩子这一问题，接下来我们还会提供更多的交流方法。

改变不合理的期待

根据巴克利和他的同事们的研究，第二种影响父母和青春期中的孩子交流的因素就是不合理的信念或期待。为了帮助你更好地理解孩子的行为并改进你们的交流方式，我们在这里提供了父母往往持有的四种不合理信念和期待。《充满挑衅的青少年》一书也探讨过这些。

1. 希望青春期里的孩子不犯错误，总是按照父母的要求或期盼去做。有些父母对孩子不完成作业或考试成绩不及格及不做家务感到非常不安，认为孩子“态度有问题”。如果问题不再出现，孩子在学校或家里不表现出负面行为，才会被认为这些时不时发生的事情是青少年成长过程的一种特有现象。

2. 我们给孩子太多自由的话，他们就会惹出更多的乱子，也会毁了自己的人生。

我们经常提供预防一些风险的指南，但没有一个统一的标准指南能“一刀切”地说明要给孩子多大程度上的自由。同时，青少年学会选择和在错误中成长也是获得“成人感”的必要途径。如果我们想让孩子具备比较好的决策能力和问题解决能力，必须先让他们承担一定的风险，他们才能勇于冒险。

3. 青春期里的孩子，总爱做那些惹恼我们的不端行为或者要个小聪明来欺骗我们。这种情况可能会时不时地发生，大多数的事件都与青少年渴望独立的心态有关，他们试图自己决定或选择自己的生活，并不是有意惩罚父母。

4. 孩子应该对父母为他们所做的事情表达感激。青少年往往专注在自己感兴趣的事情上，或者他们认为重要的事情上，换句话说，就是专注于他的小伙伴们身上，以及成长的其他方面（像增加自律和觉察判断），父母们可能必须等到孩子直到青春期后期、成年早期或者需要等待更长时间，才能看到他开始表达对你的感激之情。

在你与孩子进行交流的时候，请务必留意自己对孩子的期待是否合理，你所持有的信念是否符合孩子的正常发展规律，孩子在这个阶段能够实现吗？

与孩子有效交流的技巧

父母与青春期孩子进行交流的第三个关键点就是给予孩子指导或告

诉他你的预期。如果你希望孩子能听你的话，听从你的建议，你可以借鉴巴克利和他同事总结的如下观点：

1. 明确自己的真实用意。这意味着如果孩子没有按照要求去完成任务，你就要提醒孩子注意并继续完成任务。每位家长都经历过这种情况，孩子在追求目标的时候简直就是“雷声大，雨点小”，经常出现半途而废或只做了几天、几小时，然后就搁置不做的情况。只要可能，你在尽力做出明确的指导或者明确目标后，要时刻关注着你的孩子，督促他务必完成任务。例如，要是你的孩子正在自己的房间里，你在楼下朝他的房间大喊，“杰克，你需要整理自己的房间（或清洗盘子，割草坪，遛狗等）”，除此之外，什么都不说，可能你说的这些话，他根本就没当一回事儿。如果你走上楼或者在楼下把他叫下来，和他保持目光的接触，然后对他说：“我需要你在出去和朋友玩之前，把扔了一地的脏衣服放进洗衣机里。”你的这种方式能让他记住你说的话，他会按照你的话去做。你对他是否完成任务也会做到心中有数，如果孩子没出去，你可以委婉询问，比如询问他什么时候跟朋友一起出去。如果他还没有做，你可以再说：“只要你做完这件事，就可以出去玩了。”你不跟踪检查孩子的执行情况，其实就是在纵容孩子不听你的话。

2. 在要求孩子做某事的时候，不要出现只有一个指定方向或目标的问句，也不要出现有一定偏爱行为的问句。给出一个方向性的要求是交易性或命令式的语气。父母如果使用这种语气，往往会激发孩子的逆反心理，只会让他愤怒或产生反抗，而与你的初衷背道而驰。正如我们前面所说，这么做并不会增强指导的效力，反而会让父母和孩子之间出现言语冲突，双方都很懊恼。父母们经常用这种指向性单一的语气来提问。如“你整理房间了吗？”实际上他们没有让问题具有可选择性。如果你想让你的孩子学会自己选择，可以这样问：“你在晚饭前或晚饭后愿意整理房间吗？”这种问题的结构比较合理，也让孩子有选择的余地。如果你的意图不是让孩子进行选择，就对孩子说一个陈述句，让孩子明确你的用意。

3. 一次不要给出太多的选择。因为父母和孩子的交流时间往往短暂，父母可能感觉需要给孩子列出一系列的目标或期待。这种做法经常会惹恼孩子，他们以为你是在堆积问题，故意“压人”。请你一次只对孩子提出一到两个方向性的选择。

4. 告诉你家的青少年什么能做，而不是什么不能做。要告诉他什么事情是你特别想让他去做的，并促使他在头脑中设立一定的目标，按照这个预期去做。如果你只告诉他什么不能做，就无法提供一个具体的行动指南，这会让他不知所措。

5. 对孩子提出要求的时候，要排除外界的干扰。你与孩子交流的时间是有限的，因为他们经常忙于各种活动，如发信息、登录脸谱网、打电话和看电视。当孩子在忙着其他活动的时候，让孩子进行选择是错误的。特别是令人愉快的事情正在进行的时候，更会令孩子感到懊恼！你提出的要求，他们基本都听不到，或根本不会重视。实际上，当我们集中注意力在有意思的事情上的时候，不是也听不到孩子说的话吗？如果你想让自己的建议或提出的方向性选择能被孩子很好地执行的话，你需要让孩子知道你在说什么，让孩子处于专心听你说话的情境中，即使时间很短，但必须让他集中注意力在你所说的话上面。如果你不确定孩子是否听懂了，可以让孩子再陈述一遍你的话，但要谨慎地应用这种方法。

还有一个父母给孩子提供指导的相关问题：当孩子刚刚到家的时候，刚刚出门的时候，正打算睡觉的时候，或者刚刚醒来的时候，从你嘴里说出来的不应该是那些你想要他做的事情。如果你的儿子正要出门或正要睡觉，他是不会在意你所说的话的，因为你得多次重复提醒，他才能按照你的期待去做。在他打算和朋友们出去玩的时候，正在刷牙准备睡觉的时候，以及他正打算做其他事情时，你提醒的事情只能短暂保存在他的记忆中。当你的孩子参加完活动刚回到家的时候，首先你要跟他打个招呼，问问他都做了什么，用这样的过渡，避免他心不在焉或情绪不稳的情况，从而开始与他进行有效的交流。同样，早上刚起床，孩子可能容易烦躁，如果你在这个时候提出一些建议或预期，会影响孩子的心情并产生压力，这样他就更不会接纳你的意见和要求了。

制订规矩，让孩子知道你的期望

你需要给孩子制订几项可靠的规矩，提出合理的预期。到现在，你已经意识到让孩子学会独立，给他独自做出判断或选择的机会，都是明智之举。父母设置的日程安排如果缺乏一定的规矩和期待，青春期中的孩子自然会对自己没有期待，从而对生活感到迷茫。

在青少年的独立自主性的形成过程中，隐私扮演着重要的角色。因为他们可能是根据同龄人的价值观和期待安排自己的生活，你可能不知道他们的计划是什么，也不知道他们心怀什么样的期待，直到你说出作为父母的期待，你才发现他们的内心已经被小伙伴的价值观所占据。对于很多青少年来说，一旦他们已经建立起了一定的价值观，就会牢牢地抓住不放，如果他不认可父母提出的价值观，双方就会发生矛盾。很多父母认为没有办法能阻止这种情况的发生，我们的建议是，你应该尽早向孩子表明你的预期和需要孩子遵守的规矩，并经常回顾这些预期和规矩，使它们内化为孩子的价值观。

除此之外，还有几项指导原则能帮助你设立有效的规矩：

1. 限定规矩的数量，并将那些规矩牢记在心。你设立这些规矩的目的是当孩子不在身边的时候，孩子能应用这些规矩保护自己，避免他身陷险境。

2. 尽力让你设立的这些规矩能覆盖一系列的情境，具体明确，并且能产生实际效果，让孩子自己体会并执行。例如，“在家合理安排作息”就不是一个有效的规矩，而“在家 10 点钟前睡觉”就是一项合理的、具体的规则。

3. 预先给出规矩的边界或边缘。例如，如果夜晚 12 点是熄灯的时间，那就是一个绝对的截止时限或边界，否则，你就要灵活处理，例如，要不要增加 15 分钟？当你不想刻板地执行某个规矩的时候，就应该谨慎地接受一些破坏规矩的例外情况。

4. 如果你期待规矩能被孩子执行，避免孩子不配合，就要提前跟他说明不遵守规矩的后果。

5. 只要可能，可以借鉴如下的权威规矩和结果：一些互联网提供的规则，学校的规则，老师的规则，社会或国家的一些规则等，和孩子一起设置或回顾这些规矩，让孩子去执行。

哪些方面需要制订规矩

我们根据自己多年来对众多父母和青少年所做的咨询，总结出了一些值得家长们考虑的规矩设定领域：

1. 宵禁。随着年龄的增长，就这个宵禁规定，孩子可能想和你聊聊，让你给他或她更多的停留在外的时间，也可能孩子有一些值得考虑的要求：因为学校有周末聚会或其他的特殊活动。这个时候，你要确保一个不容讨论的底线，必须要求孩子最晚几点回到家里。

2. 地理位置。你要知道孩子大约在什么地方，什么时候在哪些地方。例如从同学的家里出来，去了商场或者去了同学家。

3. 你的孩子与谁在一起。这点并不是说你要精确地知道任何时刻与孩子在一起的所有的人，只要知道他大多数的时间与谁度过就可以。基于此，我们建议你记录一些孩子好朋友的手机号码，找不到孩子的时候可以派上用场。当你的孩子不回你的信息或者紧急呼叫的时候，你可以问问他的这些朋友们。

4. 与孩子朋友的父母保持联系。当你的孩子打算在外过夜，或者参加一个家庭聚会、集体春游或海边夏令营，以及做其他他们喜欢的事的时候，你要与孩子朋友的父母联系，通过他们知道孩子们正在做什么。实际上，那些父母也和你一样担心着他们。当在同学家过夜的时候，你的期望是他能告诉你什么时间会离开或者告诉同学的父母离开的时间，然后同学的家长也同意了，并通知了你。

5. 确保孩子接触的是一些安全的电子产品或社交媒介。包括你的孩子和同伴正在浏览的一些信息，经常登录的网站或下载的信息是安全的，不会对孩子造成伤害或负面的影响。

6. 避免酗酒、吸烟、性行为（或在某些情况下，没有保护措施的性行为）。关于酒精和毒品，学校和学校的管理部门可能会多次重申这些规则，需要学生们遵守，禁止某些行为，并纳入学校的规则之中。（理查德这样说：）我们发现必须设定对酒和毒品或吸烟的一些限制，很多父母认可这条规矩，并愿意监督孩子在这方面的行为。为了确保你的孩子能理解你所制订的规矩，并不受同伴或朋友父母的影响，你要提前对孩子声明你的立场和态度。

7. 其他在你限制之外的那些人、地点或情境也需要注意。

8. 避免其他的非法活动或不道德行为。

从一个青少年的角度来看，他正在做的事情如果没必要告诉你，就不关你的事。但你的角色是父母，有权提前与孩子交流什么是你必须关心的事情。你需要关心的事情包括：

- 孩子在学校的表现情况
- 孩子的驾驶习惯
- 孩子正与谁在一起
- 他是否酗酒、吸烟或吸毒
- 他或她是否有了性行为，是否是没有任何保护措施的性行为？因为不恰当的关系会让青少年后悔莫及，并会造成终身的伤害。

询问孩子的这些情况，并不能保证他们愿意告诉你，但是会让他们知道你作为家长的角色，你在意这些方面的信息，才会避免孩子在这些方面出现错误。

好规矩带来更有效的结果

立规矩作为改变孩子所处环境的方式，能对孩子的行为产生重大的影响。对于那些肆无忌惮的青少年来说，巴克利和他的同事指出，执行这些规则带来的结果应具备以下六个特征：

专一性。应用这些规矩会出现特定的结果，避免了含糊不清的威胁。

例如："要是你没有按时回家，你会后悔的。"陈述了一种结果的状态，例如："要是你晚了 30 分钟，你明天晚上就要早回来一小时。如果你迟到超过了半小时，明天整个晚上就都不准出去。"当孩子没有遵守规矩的时候，父母可以应用规矩的专一性，告诉孩子不遵守规矩的后果。例如，"你不安全驾驶，驾驶执照就会被吊销。你丢三落四的，就得支付额外的费用。你没有记住某些活动的具体位置或一些应该记住的事情，就会很麻烦"等。

即时性。结果一出现就会立刻产生影响。例如，对于正投入电脑游戏中的孩子来说，如果家庭作业或某件家务活儿还没优先完成，那么对他们来说，有必要先完成作业才能玩他感兴趣的活动。这点需要你直接执行，而不是简单地听之任之。如果没法进行核实（例如，你不在家），那么当你发现他的任务还没完成，他正投入其中的娱乐活动就应该马上终止，直到完成了作业才可以继续玩。在某种情况中，比如，未经你的允许孩子就通宵出去玩，事情已经发生了。针对这种破例的情况，一定对孩子严厉重申绝不准出现第二次。

一致性。这一原则涉及两方面：制订什么样的规矩，如何执行规矩。规矩不应该依据谁担当教子的任务而有所改变（母亲、父亲、祖父母等），也不论他们当时的情绪怎样，处于什么情境（例如，是否是和同学、家人、朋友以及亲戚们如堂兄、表弟表妹们在一起）。如果青春期的孩子看到结果的变化取决于是谁在教育他或当时处于什么情境之中，结果的时效性和所立下的规矩就会被暗中破坏。例如，如果一个孩子在父母和他协商后正准备改变，结果有几次被父母忽视了，规矩可能就会被打破。

意义性。无论是消极的还是积极的行为，结果都有特定的意义，都是与你所立的规矩相关的。就拿打破宵禁为例，如果一个青春期的孩子违反了宵禁，设置更为提前的宵禁时间就很必要，直到孩子能够遵守为止。如果孩子一直遵守宵禁，很少很晚回家，那么放宽宵禁就是对他的奖赏，这就形成了有意义、更积极的结果。对于青少年来说，这样的结果能够增强他的独立性、自我决策能力和自我控制能力。

频繁性。对出现的负面情况而言，它出现的频率是与一致性相关的。

如果你给孩子设定了一项他没有执行的规矩，或者孩子没有按照你的要求去做，那么这种负面结果是迟早要出现的。如果你不断地提醒或威胁孩子应该按照你说的去做，但又没有定期地传达给他你的想法，他就不可能按照你的要求去做。

平衡性。平衡性的含义包括两方面。第一方面涉及公平，确保负面结果只在一定比例的范围内出现。如果孩子只是偶尔出现了晚睡的现象，那么明天晚上设立一个更早一些的睡觉时间就是一种平衡反应。限制孩子一周不准出门是不合理的，这种惩罚应该是为了另外的目的。第二方面涉及积极和消极的结果。我们都知道，积极的评论多于消极的评论（三倍或更大的比例），往往会产生积极的效果。消极的结果如果多于积极的结果，孩子会失去遵守规矩的动力。父母如果对孩子没有任何积极评论，他就会听之任之，不会产生任何积极的行为。

请其他专业人士给孩子指导

孩子从出生开始，到婴儿期，再到青春期，你一直都在扮演他的常驻专家的角色。你教孩子如何用餐具，如何穿衣服，如何刷牙，如何准备食物，如何修理机器或修补东西，和朋友一起解决问题等。你向孩子展示如何投掷，如何跳跃，如何抓球。你辅导孩子做作业，与孩子的老师谈话，当孩子需要帮助的时候，你积极回应。你回答他提出的问题，帮他找到答案，解决问题。在让孩子变得更加自律和独立的过程中，你做了所有的事情。

另外，取代或替代你为孩子做所有事情，充当他的常驻专家位置的可能是老师或孩子的教练。当你的孩子对你说："我的教练展示给我的和你做的不一样。"或者"我的老师不是这么说的。"这也是在提醒你，你不再是他某个方面的专家了。随着孩子掌握的本领不断增加，获得了更多的信息，以及随着科技的不断进步，可能将来的父母给孩子提供建议的机会越来越少，渐渐弱化了"孩子常驻专家"的角色。对于青春期的孩子来说，他们需要独立，越来越想依靠自己，并且越来越信任朋友的建议。与此同时，父母继续处理着大量的事情，比如家庭开支、车保、法律事务、家人的健康保健等。对于小一些的孩子来说，这些事情“都是在幕后”，他不知道也无法理解。

如果你想要青春期里的孩子学会独立，就应该教给他们一些事情。例如，告诉孩子家庭预算的情况，他的开支花费情况，包括生活用品的费用、各种税费、汽车的开销、租金和房屋贷款，给孩子一种他已经是大人了的感觉。让他进一步参与到“专家”的队伍中，给他另一种不同的视觉角度，让他看清真实的世界是如何运转的，从而渐渐建立起一套适应生存的技能。如果他想控制自己的零用钱，可以到银行为他开一个账户，让他学会管理自己的零花钱。如果汽车需要维护保养，就让他自己到修理处修车。如果他有法律方面的问题，可以安排他与律师见面，让律师回答他的问题。如果存在健康问题或卫生保健方面的需要，就要去医院建立档案。即使检查身体，也让他自己定期去检查。总之，如果有任何让你的孩子充当一名成人的机会，都需要让他去做。你可以告诉他谁是这个领域的专家，让他直接与他们联系。

对于执行技能较弱的孩子来说，如果你是第一次介绍一些专家给他，你可能需要后期回访各位专家（汽车修理工、医生、牙医和银行职员），看看这些人对孩子的评价是怎样的。你肯定不想三个月后才发现汽车的刹车系统需要维修，或者医生开的抗生素的服用药方被胡乱扔在床底下吧？在与专家沟通的过程中，你需要明确地知道，他们给你的孩子提供了哪些信息。医生可能会坦率地告诉他，性行为中应该注意的事项。律师可能会告诉他，警方搜查权是否存在等。

调整孩子的生活环境

最后这一种调整孩子的生活环境的方法能够帮助你指导孩子的行为，直到孩子形成自己的执行技能。这包括物理环境和技术手段的调整。交流和监督是主要的方法。比如，当孩子还小的时候，我们想时刻看到他们或听到他们说话。为了保证孩子的安全，我们提供了护栏、大门、围墙，甚至婴儿监控器。当孩子渐渐长大，我们让他们自己走到远处，或者确保他们自己能到达那里，这些也都是在成人的支配下完成的。我们通过电话等高科技方法，知道他们安全抵达了目的地。

进入青春期，他们已经在很大程度上增加了自由移动的空间，通常手机扮演着重要的交流工具的角色，让父母与孩子随时保持联系。手机主要是用作交流的设备，或者是知道孩子在哪里的一个定位仪。父母们如何应用这些设备，取决于孩子的自立能力或自控能力达到了何种程度。在本书的最后，就手机能在多大范围内达到监控和交流的目的这一话题，我们也会给出相关建议。

第二种交流设备涉及汽车的监视设备装置。汽车上的监视设备装置提供的信息不只包括发动机的位置，也反映了孩子的驾驶习惯，包括车速、刹车等，这些信息父母也应详细掌握。

第三种类型的技术应用涉及青少年对自身行为的积极管理。依据现在手机的应用方式，可以设置一定的范围，父母能注意到手机超过一定范围就会没信号，或其他类似的功能。也有一些驾驶系统会限制车速，或者孩子在进行危险驾驶的时候自动提出警告。

大多数的青少年都对科技和电子设备有着很强的领悟能力，所以对他们的环境协调要进行一些复杂的设定。正如一对懂科技的父母能应用网络监控一样，这种方法仍然适用。在减少风险方面，一种最为重要的协调环境的方式是父母要确定孩子所驾驶汽车的车辆配置。在美国，青少年驾驶汽车发生车祸的概率节节攀升，统计数字令人胆战心惊。根据疾控中心最新的统计数字，每年有大约 3000 个 16 ～ 19 岁的孩子死于车祸，近 35 万人受伤。青少年发生车祸的数量是成人的 4 倍。这也表明，青少年更应该驾驶最安全的车。只要可能，就必须尽力给孩子的车选择防震刹车设备，汽车前面、侧部装上安全气囊。在美国，青少年开车发生车祸的比率最高，所以送给孩子一辆最安全的车是最好的选择。

既然我们正在讨论安全的问题，另外一个防止发生外伤的重要装备就是头盔。如果你的孩子喜欢滑雪、玩滑板、骑自行车，头盔能极大程度地减少孩子受伤。

其他方面的调整，我们会另外介绍。包括如下的方面：

- 闹钟
- 一个供孩子学习的单独的房间
- 一个挂历或台历
- 一个记录事情的白板或者在醒目位置挂一个时间安排表

可能你还能想起其他的物品。我们也应该记录下来任何协调环境的重要物品，能让你的孩子做出选择。如果你有一个特别的理由想对孩子进行追踪（例如，GPS 定位系统），你需要说明这么做的理由。你仍然期待他能发现你的这些跟踪做法。记住，从孩子的角度来看，他们认为自己能管理自己。他们也会针对你的行为而进行不同程度的自我防御，这也取决于一系列的因素，包括孩子属于哪种类型："不受控制的青少年"比那些"逃避型的青少年"往往具备比较低的自我防御。除此之外，充分利用第四章或第五章提到的原则，你的孩子会冷静地接受你的提议。

下面这个案例中提到的问题，是父母们经常遇到的。

汉娜不知道如何面对儿子亚历克斯。他很幽默，是个好学生，也是所有亲戚眼中的好孩子。汉娜觉得苦恼的是，亚历克斯缺乏责任感，或者说缺乏条理性，她总是要跟在儿子的屁股后面不停地收拾、整理。这可能是刚进入青春期的孩子的一种滑稽行为，但现在他还是如此，没有丝毫变化。他的脏衣服丢得到处都是。夹克衫和鞋堆积在地板上。浴室更是一片狼藉，流着汗水的运动服，臭烘烘的袜子，堆积几天都不洗。即使亚历克斯洗衣服，也经常忘记地上的袜子，每次想穿袜子的时候就拿一双新的。汉娜最受不了的就是桌子上那些堆积如山的脏盘子，吃了一半的燕麦粥，半盒牛奶。亚历克斯似乎每次都把家里的东西吃一半丢一半，无论什么时候都是吃完饭就走，房间里杯盘狼藉。盘子放在床下。咖啡杯和勺子的表面永远都留着如罗夏墨迹测验（一种认知测验。其墨迹图案无规则，形状不一。——译者注）般的黑乎乎的图案。汉娜就像垃圾清理员一样，经常到亚历克斯的电脑桌上寻找餐具。

汉娜不仅仅要帮亚历克斯收拾残局，更要忍受他总是发脾气，振振有词地为自己的行为辩护，让汉娜和她男朋友少管他的事情。这种事情让她感到抓狂，也在不断加剧她和儿子的紧张关系。

一天夜晚，汉娜又来到了亚历克斯的房间，去收拾他的那些脏东西，然后和男友马库斯坐下来一起想办法。

“要是我们在他所有吃剩的东西上都放上一个玩具沙滩铲飞盘会怎样呢？这样做会给他一个教训吗？”马库斯说。

汉娜捶打着他的肩膀，“哈！哈！哈！我从来没指望有什么办法可以制止他的这些行为。但是，老实说，我也不知道该怎么办。”

“哦，我想首先我们需要把这里收拾一下，我们不喜欢孩子住在这样的猪窝里。然后我们该想办法形成一种促使他整理房间的制度。”

他们俩讨论了之后，有了几个好办法。第二天，当亚历克斯放学回到家的时候，汉娜把他叫到跟前，告诉他了这项计划。

“儿子，我们真的不能再像这样生活了。房间太乱了，大部分都是你随手乱扔的东西。我能理解你这么做可能确实是因为很忙，你这里放一个盘子，那里丢一些短裤，这似乎不算什么，但是如果把这些东西加起来，对我来说就太糟糕了，简直就像看不到隧道尽头的光明。所以，从现在开始，我们应该开始做些什么来改变了。”

汉娜从身旁的地上拿过来一个袋子，放在桌子上。她从里面取出两个陶瓷碗，两个盘子，刀叉——看着这些就让人充满沮丧感。

“这些都是你用过的餐具。以后你就用这些，除此之外，你不准用其他的餐具。如果我发现你用了我们的餐具，然后随手乱扔，我们会发出警告。如果超过三次警告，你就得花费一个周末的时间做所有家务。我们也不想让你在卧室吃东西。我知道这么要求你，你会觉得很奇怪，你想要吃小点心或其他零食，可以到客厅吃。你知道，我们不能总是跟在你屁股后面收拾残局。”

亚历克斯笑着说：“这是个玩笑，对吗？让我这么做，简直太疯狂了不是吗？”

汉娜回答说：“是非常疯狂，听起来简直有些愚蠢。但是除了这么做，我们没别的办法。我们跟在你屁股后面收拾了这么多年，期待你长大了，就能学会自己照顾自己了。我并不是说，你一旦学会了独立自理能力，就离开我们，我是觉得现在你的这种行为是不正常的。我们总是找不到餐具就去你的房间拿，甚至你的房间堆满了变馊的食物。我再也不能容忍你这样继续下去了。”

亚历克斯想了一会儿，然后慢慢点头说：“好的，我接受你的建议。但是你们知道的，我不会永远这样的，对吗？”

“我们知道的，我们不想让你觉得在自己的家里不受欢迎。我们看到你能够用好你现在的这套餐具，我们也会送给你一些好东西，但是永远不能在卧室吃东西，这太不好收拾了。”

亚历克斯叹了一口气说：“那么，好吧！我答应你们。”

“关于脏衣服的问题，有时候你把所有的脏衣服堆积在烘干机里，直到你需要了，才想起去拿。从现在开始，我们会这么做：要是你占用太长时间的烘干机，我就把里面的东西都扔进垃圾桶，你永远也无法再看到那些衣服了。如果这样还不管用，我们就拿走你最喜欢的东西，比如你的游戏机等等。”

“不要！”亚历克斯满脸痛苦地说。

“我知道，后果很严重。”

“好吧，我按照你说的做。但是对我在卧室吃东西这件事，我们需要达成一项协议。让我到别的房间去吃，说起来容易，但是对我来说，这个家里只有一个真正属于我的房间。你看这样行吗？我会在自己的房间吃带包装的食品，喝饮料。我也会每隔一天清理我的衣服。我保证自己的房间没有用剩下的盘子。”

汉娜看着儿子，笑了。“好的！一言为定！当然不要吃垃圾食品。”

“好的，不吃就不吃。”

第 7 章
培养执行技能的基本方法和步骤

在前面的章节中，我们简单地概述了鼓励和启发孩子的方法，这些方法能帮助孩子更有效地形成执行技能，让他知道在遇到问题的时候如何应用这些技能，像条件反射一样，运用自如。例如，对于一名经常上学迟到的孩子，如果他知道自己在路上会用多长时间，就能系统地规划自己的上学时间。他听到闹铃响起，就会马上起床，准备上学，也能进行必备的时间管理。对于一位缺乏情绪控制能力的青少年，她周六能否与朋友去逛街，取决于周五晚上到周六下午这段时间她有没有对她的小妹妹发脾气，因为她的小妹妹周五晚上没经过她的允许就穿了她最喜欢的那件衣服。在这两种情况中，你的奖励（允许他开车或者去商场购物）能促使你的孩子积极落实某种计划，提高她的执行技能。

对于缺乏执行技能的青少年来说，只产生动机是不够的。因为他们有时候真的不知道如何按照我们的要求去做。例如，孩子还小的时候，他们可能还不知道如何规划自己的时间，不知道什么时间从家里出发去上学，不知道提前一天晚上把书包整理好，挑选第二天要穿的衣服，也不知道如何把自己的视线从精彩的电视节目上移开，放在自己正在忙的作业上。或者你的女儿无法控制自己的情绪，除了对妹妹大喊大叫之外，不知道使用其他的方法。（例如，让自己静下来，每次想要对妹妹大喊的时候，先数 20 个数，给妹妹写张纸条而不是对她大声喊叫，或者去找一位家长来帮忙解决这个冲突。）

父母们都想帮助孩子形成执行技能，但没有一个“万全之策”能快速达成目标。在这章中，我们会重点介绍给你可能会遇到的三种不同情境，让你在这些情境中强化孩子的执行技能。首先，你们夫妻双方要达成一致，共同致力于提升孩子的执行技能，同时确保孩子也愿意配合。另外，更为复杂的是，你看到了孩子在哪方面存在不足，而他却没有看到，不认为这个问题值得改正。（“如果我迟到了，谁会在乎呢？我的朋友们早已习惯了我每次都会晚半小时的。”或者“要是我妹妹提前和我说一声，我也不会对她大发雷霆！”）我们会教你如何有目标（或通过一些激励机制）地帮助孩子形成必备的执行技能。作为一种掌握执行技能的途径，我们也会告诉你如何让青少年参与家庭的各项活动——例如，购物、预约、管理家庭开支等。当孩子能成功地管理好以上这些事情的时候，会因为能够独立管理一些事情而更加自信。你也会由衷地为孩子的进步而感到欣慰。

在所有的情境中，一项指导性的原则非常重要，胜过其他方法：让你的孩子在成长的每一步中都使用执行技能。已经到了该让你的孩子做什么的时候了（至少不会引起任何负面的作用），在让孩子认识到好想法的同时，也能在学习和生活方面尝试用这种技能，可能他们碰到的一些问题会因此迎刃而解。我们会在这章中继续提醒你，这么做会在一开始就起到强调重点的作用。

直接向孩子传授执行技能

如上所述，大概 75% 的青少年知道自己存在执行技能不足的问题，也愿意与父母配合并处理这个问题。另外，20% 的青少年知道他们的执行技能存在不足，能够通过练习而改进，或者由父母或其他成人的激励而渐渐掌握应用执行技能的方法，去解决实际问题。所以，如下的描述会帮助这些青少年与成人配合制订计划，从而达到有效帮助孩子的目的。

步骤 1：先要明确你想要纠正孩子的什么问题

这一步包括两方面。第一，首先，请与你的孩子在他的哪些执行技能存在不足这一问题上达成一致。接着，明确不足之处在哪里。我们用本章开始提到的例子来进行分析：

弱项执行技能：时间管理
问题情境：杰克每天上学都迟到（或者在父母的唠叨中才走出家门）。

弱项执行技能：情绪控制
问题情境：玛克辛经常对妹妹大发脾气，大声叫骂。

为什么识别孩子存在哪些弱项执行技能比分析问题情境更重要？有两种原因。第一，这么做会提醒我们，我们是在讨论孩子的弱项执行技能，而不是孩子只要努力就能避免的某种问题情境。第二，这也有助于我们思考因弱项执行技能而引发的其他问题情境，然后有的放矢地调整教育方法，并能在那些情境中更好地帮助孩子（达到预防的目的）。

你决定从孩子的哪项执行技能和哪种问题情境入手呢？如下的信息会帮助你解决这个问题：

- 从孩子认为自己的执行技能很弱的方面入手。孩子认为最棘手的问题是什么呢？一开始的时候你可能不知如何与孩子谈，我们建议你首先从孩子的优势入手（先利用第二章中提到的方法识别出你孩子的优势），先态度诚恳地告诉孩子他具有哪些优点，以及那些优点给他的生活带来的改变，在把话题转到孩子需要改进的问题情境之前，还要问问他还有没有需要补充的。然后，你再把话题引到孩子的弱项执行技能上，问问孩子对那个影响他在校表现的问题是怎么看的，怎么做才能有所改变。
- 关注在第二章的调查问卷中孩子得分最高的方面（也就是孩子执行技能最差的方面）。请从这些弱项的执行技能入手。
- 你知道的孩子在日常生活中存在的问题，或者孩子也知道的自己做得不好的那些方面。如果你的女儿还是老样子，总是拖延交家庭作业，而原因只是自己忘记带了，或者是没有合理安排自己的时间，这样的话，你就有理由进行干预了。如果你的儿子被留校写作业并因此与老师大闹了一番，这些可能都是你应该引起重视，并着手改进孩子某方面的执行技能的线索。

● 老师是如何评论你的孩子的，特别是那些经常出问题的地方。考试的时候粗心大意，因为害怕而不愿意做任何冒险，每次考试成绩不好，不是因为学得不好或学的资料不对，而是因为他经常遗忘各种学习材料或者丢了必备的学习材料。这些问题经常让我们在参加家长会的时候，被老师或学校点名批评。如果你有一段时间经常听到这些批评或者不仅仅一位老师这么说，那么你就有理由开始着手改进孩子的执行技能了。

● 你认为的最值得关注的问题。如果你利用第二章中的问卷识别到了孩子存在很多的弱项执行技能，而且都属于不同种类的问题，你如何从其中的一项入手？解决这个问题，首先，你要明确，哪一个问题正严重困扰着你的孩子呢？你可能会优先处理孩子在如下的问题情境中缺乏的执行技能：如考试不及格，与朋友打架了，误会了老师或教练，或者一时冲动要做傻事。因为这些“困难”情境存在很多的危险因素，所以你理应首先着手干预。你也可以从长远考虑：在孩子的所有不足中，哪些问题最可能影响孩子未来的发展呢？请你完成如下的句子，这对你可能会有所帮助：我的孩子以后初中/高中毕业了，我希望他/她能够做到：（这是本书作者之一派格说的话）当我做这项练习的时候，我的儿子开始上高中了，这项练习帮助我怎样指导他按时完成作业。我认为这种习惯会转化为他以后工作时必须养成的按时完成工作的好习惯。我决定接受他不爱整理卧室的习惯，因为我认为卧室干净与否对他今后的生活不会造成太大的影响。

如果你足够幸运的话，就能从所有信息资源中找到关键的着手点。现在，你和孩子把所有的信息归纳总结为两个主要方面的问题：弱项的执行技能和问题情境中的关键点。请完成如下的句子练习，写下你的孩子执行技能不足的两个方面，以及在哪两种问题情境中表现出了严重缺乏执行技能的问题。

弱项执行技能：________________________________

问题情境：______________________________

____

弱项执行技能：______________________________
问题情境：______________________________

____

步骤 2：设置一个合理目标

设置一个目标往往能对一种问题行为产生正面肯定的效果。如下是两个合理的目标实例。

目标 1：杰克没用父母提醒，就能做到按时去上学。（备注：显然我们没有逐字逐句地说成“不需要任何”提醒，而只是说“没用父母提醒”，这意味着可以采用其他的提醒，比如闹铃或朋友发信息提醒。）

目标 2：玛克辛与妹妹出现了冲突，没有大声喊叫，也没有对妹妹说脏话。

明确的目标通常能引导孩子的行为。如果你认可以上的两个目标，那么也试着写下你的两个目标：

目标 1：

____

____

目标 2：

____

____

步骤 3：设定一种程序，持续关注进展

如果你已经明确某种问题是长期存在的，但不是特别严重，那么实

现这个目标可能需要一些时间。明智的做法是设置一个过渡目标或把这个目标梳理成各个小步骤。因为整个过程需要你与孩子互相配合，所以你需提前征求孩子的意见。如果孩子没有任何想法，如下的这些方法可供参考。虽然你监控整个执行过程，但只有与孩子从一开始就达成一致，才能让整个程序顺利进行。

这里有两项适用的标准：

1. 找到一些计算某种行为的方法。可以被累加计算的行为有如下几种：

● 孩子在开始做某项任务之前，需要你提醒的次数。

● 数一数孩子说要做某事的次数和实际做某事的次数。

● 出现问题行为的次数（再数一数负面行为的次数）或者目标行为的次数（积极行为的次数，特别是那些提前达到目标的行为）。

● 一些行为持续的时间（例如，花费多长时间准备考试，多长时间完成家庭作业，用多长时间完成家务活儿）。

从以上的例子来看，孩子上学迟到的次数，你提醒他按时上学的次数，他与妹妹争吵的次数等也应包括在内。这些数据能客观地为这个程序提供参考。如果你（或者你的儿子或女儿）能将这些数据制作成一个Excel表格，会更加直观。事实上，我们已经发现，经常让孩子自己制作这样的图表会促使他形成行为动机，并逐渐使他的弱项执行技能得以改善。

2. 设置一个评分体系来评估改善情况。最简单的方法是你和孩子都能独立应用的一个五分制评分体系，能及时评估进展情况。如下是一个范例：

+2　非常好

+1　稍好

0　与以前一样

–1　有点糟糕

–2　很糟糕

你和你的孩子只需在每天临睡前应用这个评分体系，就能够评估出你进行干预的效果如何，并能对比以往的行为，看看是不是进步了。你也可以与孩子讨论总结这些数据，看一看他有了多大的进步和提升。看看你和孩子能否达成一致；如果没有达成一致，可以互相让一步。你应该争取 80% 的情况下都是“+1”或“+2”，然后要时不时地停下来，想一想你是不是已经达到了自己的预定目标。

这个测量程序听起来似乎比较烦琐，你可能不愿意这样做。我们经常会说服那些经常放弃干预的父母，在他们看不到自己的努力能带来什么变化的时候，让他们依然坚持下去。对孩子的特定行为进行累加计数或应用非正式的评定量表评估各种行为倾向，让父母和孩子在想要放弃的时候能继续执行。即使只得到了很小的收获，也会激发你和孩子继续执行的动力。

步骤 4：制订一个实现目标的计划

为了解除当前阻碍你的孩子成功解决问题的“障碍物”，父母最好能制订一个计划。你要问问你的孩子，他认为的问题在哪里。如果他不知道，你可以提醒他。以杰克为例，他上学老是迟到，他和他的父母可能意识到了，这是因为他玩游戏玩到太晚，早上起不来，这导致他注意力不集中，或者顾不上晚上提前整理好第二天必带的学习物品。那么，你就需要制订一个计划，内容就包括如何处理这个“障碍物”。

在玛克辛的案例中，就存在不同的“障碍物”。当孩子缺乏自制力，缺乏情绪控制能力，或者缺乏心理灵活性的时候，我们一般推荐他们这样做：

- 找到导火线。你需要指出引发问题的行为，它是触发问题的导火线。在玛克辛的案例中，我们能找出来，她发火的引子是妹妹没有经过允许就穿了她的衣服，做出了对她产生刺激的行为，使她情绪失控。
- 建立行为边界，哪些是不能做的。要明确什么样的行为反应是超出了界限的。在玛克辛的案例中，不允许做的包括大喊大叫、咒骂和出手打人。

● 列出应对的策略或取而代之的行为。玛克辛能用什么方式替代大发脾气呢？可以确定两种或三种选项。例如，让她在开始说话之前先数50个数字，填写一份“倾诉表”交给父母，或者绕着小区走一圈，让自己冷静下来。

以上三个步骤，每一个你都要对孩子进行引导。你要问问她是什么事情让她发了这么大的火，问问她哪些是超出了界限的行为，问问她是否愿意出去走走，或者冷静下来，或者用其他的可替代行为代替她发火。你的确能给孩子提供建议，特别是孩子出现了问题的时候，但是孩子越是提出自己的想法，你就越需要与她一起制订计划。在所有的方法中，至关重要的一点是，只要有任何能提高孩子执行技能的机会，都要把握住，充分利用。

相同的方法也适用于抑制孩子的冲动反应，提升他的心理灵活性，解决孩子的情绪控制问题（如因为生气，出现挫败感或焦虑等方面）。

步骤5：列一个清单或备忘录，及时捕捉设定计划的机会。

这种方法会成为提醒孩子执行计划的“提示卡”。这种方法适合写在一张纸上（写在一张卡片上会更好），看起来更像一张简短的劳动合同的索引。我们在后面会提供一份样例供你参考，对玛克辛行为的干预措施也会写在后面。

利用一些技术方法

只要有可能，就将电子媒体应用到你的计划中。纸质的清单可以贴在房间中显眼的位置来进行提醒，才会被重视，同时智能手机和笔记本电脑也能充当提醒的功能，毕竟现在的孩子都喜欢这类的电子产品。笔记本电脑也有“便利贴”程序，可以设置在电脑的桌面上，当孩子每次打开电脑或关闭电脑的时候，都会看到。

如下是杰克的一份准备按时上学的提醒清单：

晚上要做的事情	
	把所有第二天要带的家庭作业和课本放入书包
	把另外一些要带的物品放入书包（如运动服，学生证、驾驶证等证件）
	提前准备好第二天要穿的衣服
	设置闹钟
	晚上 10:30 准时上床睡觉
	一听到闹铃响就起床
早上要做的事情	
	用 5 分钟冲个澡
	穿衣服
	吃早餐
	刷牙
	6:30 准备上学

问问孩子是否需要你的帮助

在形成一项计划的过程中，你和你的孩子应该想到，你需要扮演或执行一个特定的角色。这个阶段的孩子都比较讨厌“唠唠叨叨”，如果你是这个计划的一部分或事先与他达成了协议，他会愿意接受你的提醒。对杰克来说，他可以让爸爸在 10 点钟时核实，他需要在睡觉前检查自己罗列的清单是否做完了。当你参与到他的计划中的时候，在提醒单上需要这样写下：为了帮助我实现这个计划，我的妈妈或爸爸会做到或不做_______这得看当时的情况是___________。

当一份计划被写在书面上时，你和孩子双方都要认真地读一读，核实计划的可行性，确保这是你们双方想要的结果。看看计划中是不是存在不清楚的地方呢？当孩子执行这项计划的时候，会不会有什么漏洞？在完成这些步骤之前，请务必核实这些问题。

步骤 6：确定一个试用期

当一项计划被制订并得到了你和孩子的认可后，要多长时间重新总结一次，以检验这个计划是否合适呢？当然，如果某些方面被忽略了，你们可以随时进行调整。我们只是建议你在进行任何持续性改变前，先制订一个计划的试用期。依据计划的不同，试用期可能是1～3周的时间。时间应该足够长，以验证它是否可行。当然，也不能太长，以免很长时间后我们才发现，这个计划根本不可行。（例如，杰克总是赶不上第一节课，因为他根本没有按照计划按时起床。）

如下是玛克辛制订的控制坏脾气的计划

控制坏脾气的计划

发脾气的导火线

- 妹妹没有经过我的允许就拿走了我的东西
- 妹妹的言行刺激了我

不应该做的事情

- 对妹妹大喊大叫。
- 臭骂妹妹。

应对方法或我的替代行为

- 在做出反应之前先从 1 数到 50。
- 一边观察自己的呼吸（腹式呼吸法），一边数数。
- 填写一份“抱怨表”给父母。
- 出去绕着小区走一走。

成效

- 如果我用了一个方法并获得了成功，就用斜线标出来。

步骤 7：将计划一直执行下去

这是最难的一步，你要对自己制订的这个计划有信心，让孩子一直执行下去。为了确保孩子能按照你所说的话去做，行动上有所改进，你在计划中也要充当一部分角色（提供线索或提醒孩子）。例如，如果杰克的爸爸同意每天晚上 10 点进行检查，那么他只是检查一次就可以（而不用每隔五分钟提醒一次）。如果你很难做到，请将整个试用期中你的想法记录下来，并思考怎么才能让自己把这件事坚持做下去。

步骤 8：必要时，回顾整个计划，并进行修订

你和你的孩子可能对计划的进展感到不满意。那么，这时候，掌握一些必要的表现数据，就会派上用场。杰克上学迟到的记录从老师那里就能轻松知道，杰克和父母应该讨论这个计划中的其他影响因素。杰克可能认为父母在早上过于唠叨了，而这又不是协议的一部分。杰克的父母感觉他上学迟到，是因为他关闭了两次到三次闹钟，他似乎认为这个闹钟实在是太讨厌了。请尽力不要局限于一些细节中——特别是整个计划进展顺利的时候——但是你可能需要做出一点儿改变，或者为了分清角色或明确任务而增加一些附加条件。总之，要根据情况，适当调整计划。

让孩子坚持学的策略

如果你像我们接待过的大多数父母一样，正在为自己的青春期孩子发愁，你在读这部分章节之前要先默默地对自己说：我希望！我的孩子能是 75% 中的一位，是能被说服或被引入到这个程序中的。正如我们在第二章中提到的，你的孩子知道自己存在问题，但又认为自己能够解决（实际上不能）或者喜欢自己处理各种事情（而实际上又处理不好），或者他认为自己根本没有问题，只是说“别担心，如果有问题，我也会自己解决的”（而实际上他根本做不到）。如果是这三种情况，你可能

必须告诉孩子你的具体目标，让孩子按照你提供的方法，更积极地参与到这个执行程序中来。

一开始的时候，你可以用一些孩子特别想要的东西当诱饵。你也能在目标程序中植入某种执行技能。用他急切想要的某种东西与你对他的期望做交换。比如说，孩子急切地想要获得驾照或者购买一辆小汽车。你的目标可能是让他先考上大学再说，但是这个目标不是真的能促使他发愤图强的。你可以给孩子制订一些计划，一步一步地获得驾照。在这个过程中形成的执行技能，还能为其他事情的解决铺平道路，比如进行大学申请。有一句至理名言希望父母们能谨记："充分利用每天的活动来教给孩子执行技能。"在后面的章节中我们会重点介绍这方面的技巧。

第一步：明确目标对青春期的孩子最为重要

在一开始的时候，就要与你正值青春期的孩子谈谈，什么目标对他或她来说最重要。这也取决于他现在所处的阶段（刚上初中，刚上高中还是初中或高中的任何年级等），目标可以是短期的也可以是长期的，但是无论什么时候开始，都要有一个长远的计划。孩子上完初中或高中后想要做什么？继续上学，上高中或考大学？还是工作？参军吗？搬出去自己住吗？到另外一个城市去找工作吗？他或她能独自生活吗？还是离家出走加入马戏团？（开个玩笑！）

你的孩子能选择一件事情，希望你支持或帮助他完成吗？详细地说说你怎么帮助他。如果你的孩子想让你为他付房租（他在上大学前，在波士顿找了一份工作），而你又不愿意的时候，请你直接告诉他。或者如果你的女儿期待自己一拿到驾照，你就得把自己的车给她开。她需要你做这些保证。如果她仍然想要一辆自己的汽车，请与她谈谈如何得到一份临时工的工作，为实现这个目标攒钱。就这样，很偶然的，寻找一份工作时就锻炼了她的执行技能！在任何情况下，与孩子确认或修正一些他应该承担的责任范围，能避免因为疏漏了某方面而引发的冲突。

在开始的时候，你以孩子的目标为中心而不是以你自己的感受（沮丧、提心吊胆）为出发点，在你们出现意见不合的情况下，更是如此。把关注点集中在孩子想要做的某件事情上，也并不意味着你放弃为他或她设置更长期的目标，或不督促孩子为实现某个长期目标而努力。如果你想要孩子做的事情和孩子自己想要做的事情之间分歧非常大，你可能会毫无选择地妥协。如果我们有一个超越孩子年龄的神奇咒语，能让他们更成熟、更智慧，我们一定会与你分享。无奈的是，我们没有。如果青春期中的孩子不愿意与你分享他的观点，你最好只跟随一个对他来说最为重要的目标，并把这个目标当作一个教给他执行技能的机会。例如，你的目标是让儿子的学习成绩保持中等水平，而他的目标可能是“只要我不倒数几名就可以”。如果他现在有了某个特别想要的东西，他就必须改善自己的执行技能，并努力获得中等的学习成绩。如果他想提升自己的成绩，会为自己设定目标并去努力。下一次，他才会设定一个更具挑战性的目标，直到实现该目标。

无论如何，不要一次给孩子设定很多的目标。在执行计划的过程中，孩子毕竟还是一个新手，即使你理解整个程序的复杂性，你也要告诉他们可能出现的某些后果，否则他们会认为自己没有能力实现目标。客观上，你不要突出他们的不成熟、天真或缺乏对真实社会的认识。就算那是你想要孩子改进的方面，也不要直接对孩子说出来。

同时，要避免指出孩子的期望或想法是多么不切实际。比如，孩子正在申请一个备受追捧的工作岗位，你不要告诉他，他要做好求职失败的准备，“你会为得不到这份工作而心灰意冷的！”当你意料之中的情况出现时，他需要的是你的支持和理解。这比说“我早就告诉过你会这样！”要简单有效得多。相比父母，现实往往才是最好的老师。

避免常见的教育误区

当你的孩子做出了某个决定，而在你看来他的选择会让他必败无疑的时候，你很难克制自己不做出任何反应。你可能会这样说：“如果你想要体验失败的滋味，你就看着办吧。”你很难说服自己不去管孩子，只是这种方法不利于孩子的执行技能发展。他们需要你的帮助和监控才能实现目标，如果你对孩子不管不问，他就得需要更长的时间才能形成执行技能。你也可能会出现另外一个反应，对孩子说：“好吧！如果你想自己做，那么你就自己做吧！你最后会发现有多么难做的。”或者说：“你不知道怎么办的时候，别对我哭哭啼啼的。”这些陈述只表明了你是在控制他或你认为孩子的执行技能不好，否定了孩子的行为，这只会挫伤孩子的积极性，而不能激发他的积极性，只会让你和孩子之间的冲突越来越大，也让你们之间的交流越来越不流畅。请记住一点，我们在所有的案例中设定的目标都是：提供足够的帮助和支持，让孩子形成执行技能。

第二步：制订一个有效的计划

这一步与之前的步骤相似，但因为这个目标顺应了孩子的心意，他就应该自觉带头执行。如果他不知道从哪里开始，我们就要给孩子列出一些可能实施的计划（例如，与驾校联系了解如何获得驾照，报名参加驾车培训或者在网上寻找驾校），以及孩子需要考虑的最基本的事项，例如课程的费用是多少，是否有时间参加，时间如何分配。需要再次强调的是，在任何一项计划中，置入执行技能都符合“充分利用每天的活动来教给孩子执行技能”的原则，在本章的后面我们会具体介绍在那些活动中培养孩子的执行技能的方法。首先，请考虑这个问题：你的孩子是因为没有机会发展执行技能，还是你扼杀了孩子学习执行技能的机会呢？

乔伊来我们诊所的时候是 15 岁。他是个聪明的孩子，但是学习成绩一直很差，父母很在意他在学校的表现，感觉孩子上大学无望，来到我们这里，希望我们能帮助乔伊开发潜能。他成绩不好主要是因为很难按时完成家庭作业，他对每次测验都心不在焉，马马虎虎。乔伊父母的目标是让他更好地进行时间管理，能按时完成作业。

无奈的是，乔伊不配合这个目标。于是我们就与他的父母交流，不得不采取一些更新颖的方法来强化他的执行技能。乔伊一直很喜欢滑雪，想拥有一套滑雪板。当我们为他们支招的时候，滑雪板就成了让他配合父母达成目标的一个好媒介。我们为他们设定的计划最后不但让乔伊的成绩提高了，改进了执行技能，而且还提高了乔伊其他方面的执行技能。

我们利用乔伊渴望获得的“关键点”（哦，实际上是给他零用钱，虽然看起来有点儿引诱，但是我们经常把钱归结到激励方式中），并制订出了一个计划。如果他每周的小测验得了一个 B 成绩，或者获得了更好的成绩，以及按时交了作业，都会得到一定数额的零用钱。我们的计划是让他用几个学期的时间才能赚够买滑雪板的钱。（当然，我们主要是利用这些“关键点”去执行“双重任务”，但是这种“关键点”也让乔伊每周都能获得零用钱，还能完全支配自己的零用钱。慢慢地，他的学习成绩就得到了改善。）

乔伊在长期攒钱的过程中也培养了反应抑制和延迟满足的能力，同时，还学会了一种关键的执行技能，就是学习管理金钱。父母在帮助他提高学习成绩的同时，也帮助他发展了那些没有罗列在清单中的其他执行技能。因为有一个自己关心的目标，乔伊也愿意花费时间学些更有效的学习方法，目的是提高学习成绩(我们约定，如果他取得的成绩越高，他就能得到更多的零用钱)。对乔伊来说，除了要按时完成作业外，还要合理安排时间以及掌握学习方法。他的父母们得到了想要的目标（孩子按时完成作业和提高成绩），最后乔伊也得到了自己想要的东西（滑雪板）。更重要的是，在整个过程中，孩子学到了很多执行技能。

你向孩子抛出的奖励方式是他们想要的物品或满足他们的某个要求，才能充分诱导他们按照你的目标发展执行技能。正如乔伊的案例中那样，你所制订的某个计划可以产生很多额外的收获。所以，一份有效的计划需要认真设计（你也可以求助第三方，来帮助你设定这份计划），使孩子更愿意配合你的计划。激发他应用执行技能的兴趣，并让他充满自信。

利用日常小事提高孩子的执行技能

你以前是不是认为孩子会像成人一样具备各项能力呢？或者高估了他？（这是本书作者之一派格的话）我 19 岁的儿子在波士顿找到了一份工作，并租了一间公寓。一天晚上，他打电话给我，问我如何做烤鸡。他一直很喜欢吃烤鸡。我后来与他聊起那次烤鸡做得如何的时候，他告诉我那只鸡被他扔了，因为鸡馊了。只有在那个时候，我才意识到，我从来没有和他谈论过食物的保质期问题！我以为他知道食品保质期的知识，但实际上他对此全然不知。

虽然你已经通过其他渠道教给了孩子一些执行技能，但在日常生活中仍需要注重培养孩子的执行技能。这样你和孩子都会有额外的收获，并能为他独立生活打好基础。我们这么多年来也总结出一条经常被一些家长忽视的方法，值得你关注。我们称之为：明确日常活动目标的方法，就是找到你和孩子的兴趣点。金钱管理就是一个典型的例子：无疑，你的孩子想要钱，你也想让他学会金钱管理。所以，金钱管理就是你们双方共同的兴趣点。另外一个可能是食物。孩子们都爱吃各种美食，你也可以利用他们的喜好，满足他们的要求，让他们到哪里去买、去哪里购买更省钱，买好了以后与他一起做美食，这些都是培养孩子执行技能的好机会。

在本书的第九章到第十九章中，我们会向你分别阐述每项执行技能，也包括各种提高技能的方法。现在，让我们来看看日常生活中的哪些活动可以用于培养孩子的执行技能。在此，我们还提醒你一点，如下这些只是几个例子，其实在每天的各种活动中，你都有机会培养孩子的执行技能。读完这些实例，你会想到更多的活动，并在其中置入执行技能的训练。

驾　驶

对青春期的孩子来说，驾驶可能是比其他活动更能象征独立和进入成年的最典型事件。每一个不同的步骤都会成为训练的一部分，因此可以说，学习驾驶是一个培养孩子执行技能的大好机会。

涉及的执行技能：

学习驾驶时：

- 制订计划
- 任务启动
- 时间管理
- 心理灵活性
- 目标导向的持久性

驾驶过程中：

- 持续注意能力
- 反应抑制
- 情绪控制
- 元认知

在为获得汽车而努力的过程中：

- 时间管理
- 灵活性
- 情绪控制

买车时：

- 制订计划
- 任务启动
- 灵活性
- 目标导向的持久性
- 反应抑制

车保养 / 维修（修理，检查，注册）：

- 制订计划
- 时间管理
- 灵活性

- 反应抑制
- 情绪控制

1. 孩子的问题。大多数青少年都愿意自己开车。孩子需注意的是开车会出现一些问题，如开车时间，车的实用性能，还有车险和买车细节等。

2. 父母的问题。对于父母来说，对这个阶段的孩子最大的担心就是安全问题，比如驾车，骑摩托车等。正如我们在第六章提到的那样，统计数字表明，美国每年有超过 3000 名的青少年因为车祸死亡，每年有大约 35 万的青少年因为车祸受伤。16 岁的孩子开车出事故的数量，是 17 岁孩子的 3 倍，17 岁的孩子开车出事的数量则是 18 岁孩子的 5 倍。我们会强调安全问题。除了安全，还有开车的一些开销（保险费，修理费，购买汽车的费用以及更换零件的费用），这也是父母需要支付的一大笔费用，还有双方协商什么时候可以用车，什么时候不能用车的问题。

3. 设置必要的程序步骤。如果你没有比让孩子获得驾照更大的投资，可以从让他接受开车培训着手，让他在整件事情中担任主要角色。这包括报班学车，比较每个班的价格，培训时间，以及自己上课的时间安排和上路开车的次数。学习驾驶必须是利用孩子的课余时间，不能占用上课，学美术、音乐和进行体育活动的时间。作为程序的一部分，你的孩子还得与保险公司交涉，或者至少是和你们一起去交涉，只有这样，他才能知道如何应付此类问题。如果遇到保险理赔等事项，他以后才能知道如何讨价还价。你能做的可能只是事先告诉孩子一些程序，然后让他自己去做其他的。你只是引导孩子，提供前期的支持。一旦他准备开始驾驶，安全性是你首先要考虑的因素。我们推荐你采取如下的步骤进行指导。首先，你要让他自己仔细查阅驾驶的相关条例（在网络上能查到），签署一份你们双方都认可的协议。第二，因为他已经调查过了有关安全驾驶的注意事项，所以能知道如何应对各种情况，以及相关的重要注意事项。第三，看他有没有学习过如何避免车祸发生的课程，是否掌握了一些基本的应对紧急情况的方法。一些网站会提供相关的紧急应对措施和减少事故的方法。一些保险公司也会提供免费的学习课程。第四，既然很多车祸都是因为孩子在开车的过程中打电话造成的，那么在车上安装一个 IZUP（手机的一个应用程序。用户在开车时，该程序能自动将收到的电话或短信转为语音留言，避免用户因手机而分散注意力。——译者注），可以让车在行驶的过程中无法接听电话而转为语音留言，这样就能减少因为打电话而出现车祸的现象。

最后，你可能还是觉得你的孩子会出现危险驾驶的情况。例如，你的孩子可能出现过超速驾驶，或者从事一些存在潜在危险性的活动（例如骑自行车，玩滑板，滑雪等），或者出现反应抑制不足，危险驾驶。如果你的孩子曾被诊断为注意力缺乏多动障碍（ADHD），他在开车的时候就存在很多的危险性，发生车祸的可能性就会比较大。或许你会陪着孩子一起开车，即使你就在车里，他也不会安全驾驶。如果是这样的情况，利用相应的高科技产品，你就能从汽车的监控装置中查看到相关的信息。如果你很担心孩子是否是安全驾驶，请与孩子协商，并提出一项或两项必须遵守的规矩。如果你通过监控系统发现了孩子存在危险驾驶行为，请尽快耐心地和孩子谈一谈，告诉孩子你担心他的安全，所以他要配合你才能独自开车，否则只好限制他开车了。如果发现他超速驾驶或危险驾驶，就要进行相应的惩罚。我们尊重孩子，但也希望孩子能通过实际行动获得我们的信任，请告诉孩子相关的交通事故数据，这也能预防孩子进行危险驾驶。我们要求孩子从自身安全角度着想，一定要保证自己的安全，尽力避免出现危险驾驶的行为。

你也要决定孩子在什么时候可以开车，如果家里只有一辆汽车，你要决定汽车由谁来开。安全驾驶放在首位，你的孩子就会慢慢地形成安全驾驶的好习惯。

在开始驾驶之前，你的孩子应该学会最基本的汽车保养常识（如给汽车加油，更换轮胎等），还包括如何读指示器和仪表盘。如果有可能，给你的孩子上一份道路运营保险，并告诉他怎么应用。

如果你正打算购买一辆汽车，需要仔细考虑如下几个方面的问题：汽车的安全因素，维修费、车险谁来支付等。如果汽车的安全性是你最关心的，那么你就要铭记——一定要为孩子选择最安全的那款汽车。

4. 渐渐减少支持。在孩子学会开车的那段时间，你要让他每天都尽量住在家里（甚至还有比这更严格的要求！），这样一来，孩子需要你帮忙解决问题的时候，你可以提供帮助。但是如果你的孩子大部分时间都能应付自如，并能独立处理好相关问题，你就不用提供太多的支持。你减少对孩子的支持后，孩子可能也会出现交通违章的情况，你只需告诉他交罚单的一些注意事项。渐渐地，他就能对交罚单和保险索赔之类的事情应付自如了。渐渐减少你的支持也是让孩子走向独立的一个过程，而不是期待孩子到了 18 岁就无所不能了，他还处于形成各种能力的过程中，你需要渐渐培养他的独立性。

金钱管理

青春期的孩子学会如何攒钱，如何节省开支以及如何花钱是一项重要的“进入成人世界”的标志，也是他们能独立生活的一个重要方面。在当今以消费者为导向的世界中，有效管理金钱是一项重要的技能。金钱管理分为三个方面：

● 让孩子懂得赚钱和花钱：青少年一般过节时都会得到红包或礼物（生日礼物，过节礼物等），还有自己做零工赚的小费。他们需要知道用这些钱做什么（也包括如何使用现金、储蓄账户、信用卡和查账单等）。

● 让孩子学会做预算（包括做学习预算和家庭开支预算）：帮助孩子设立自己的预算（买衣服的费用，汽车维修费用，娱乐费用），以及涉及家庭的预算（家庭开支等）。做好了的这些预算不能放到脸谱网或其他公共领域，需要保密，因为这是家庭内部的私事。

● 购物：你的孩子需要知道如何货比三家，理性购物，以及一些节省家庭开支的方法。

涉及的执行技能：

● 制订计划

● 组织管理

- 反应抑制
- 目标导向的持久性

1. 孩子的问题。既然对大多数的青少年来说，金钱是表示其独立的一项指标，那么管理金钱就是一件重要的事情。对青少年来说，让他们一年四季都待在学校里也不现实，他们会参加各种活动（体育运动，音乐会，看喜剧或电影），放假的时候集体出游等。你需要考虑要不要定期地给孩子一些补助和预算来满足他们的需求。青春期中的孩子可能需要完全支配自己的钱，拒绝父母的干涉。我们鼓励你让孩子自己挣一些生活费（电话费，汽车保险费，储蓄上大学的费用，购置衣服的费用等）。这对青少年来说是一个非常重要的延迟满足机会，也能避免他将来花钱大手大脚。正如你在下面会看到的那样，我们会通过一些方法来激励孩子进行金钱管理。

2. 父母的问题。你可能必须决定每一学期给孩子多少零用钱或者提供其他的物质支持。你也要权衡孩子的需要，增加或减少零用钱的数量。青春期里的孩子经常感到自己对“自己所拥有的东西”具有支配权，同时又试图设置限制，以免真正用钱的时候捉襟见肘，所以他的内心往往会很矛盾。在孩子进入大学或真正长大成人的过程中，这种内心的矛盾冲突是不断发展的重要一部分。

3. 设置必要的程序步骤。如果孩子的钱主要来自于你的供给，你需要决定什么是你能买得起的，即便如此，你也有责任让你的孩子有机会锻炼自己，自己赚零用钱。如果她有一份兼职工作，她也需要和你谈谈自己都用赚的钱做什么。

这个程序中，如何管理金钱是一个重要的部分。你的孩子只用现金，还是有个储蓄账户或银行存折？还是用信用卡或支票？如果你在当地的银行开户，你和孩子需要见见银行代表，来讨论各种管理金钱的方式。在美国，也有一些有用的网站（例如，CreditCards.com）提供详细的关于信用卡的明细和应用说明。

让孩子学会做预算，每月发给他一次零用钱，而不是频繁地给钱，这种做法针对的是那些在花钱方面有自制力的孩子。你也能告诉孩子，他的什么花费（电话，汽车保险，健康保健，食物，衣服等）在家庭开支中占很大比例，延伸一些，你还要让孩子知道家庭预算情况，让他参与到家庭的预算当中。

你还要教给孩子一些理性购物的方法，在不同的商店比较同一商品（手机，衣服，汽车）的价格。这种生活方式也能延伸到家庭的其他大笔开支上（如购买电视、电脑等）。你要问问孩子，是否做了调查，并能节省家庭的预算开支，如果你给他提出了一个更为节省的预算支出方案，他会按照这个方案节省开支。如果他想出了其他能节省家庭开支的好点子，例如购买的电器很节能省电，你也要及时表扬他。

4. 渐渐减少支持。你的孩子靠你的补助生活，还是自己找了份兼职工作呢？在你和孩子双方都同意的情况下，你要渐渐减少对他的补给。由之前的两周给一次钱变为一个月给一次，让他学会自己分配金钱，学会如何花钱和省钱。

赴　约

青少年的生活中会出现各种约会见面的事情：比如去做身体检查，看病，工作面试，定期地汽车保养、维修，参加学校的会议等。你的孩子需要独自完成整个预约，或者在你的协助下完成。

涉及的执行技能：

- 制订计划
- 任务启动
- 工作记忆
- 时间管理

1. 孩子的问题。他可能过去习惯于你帮他做预约。所以开始的时候，他可能会认为这是一件不愿意做的事情，也不知道该怎么做。

2. 父母的问题。青春期的孩子需要一个学习的过程，并在一个安全的环境下进行，因为往往你知道结果，而孩子不知道，他可能会浪费很多的钱或出现其他意料之外的事情。例如，忽略了牙齿保健或汽车维修，往往会发生严重的后果。

3. 设置必要的程序步骤。正如我们前面推荐的，让你的孩子自己开始，并能持续地做下去。例如，喜欢体育运动的学生，定期进行身体检查就是一项好的习惯。对于会开车的青少年，让他们开车去做一些力所能及的预约或安排，是一个很好的内在动力。这也是真正需要技巧的事情，对提高孩子的执行技能是非常有利的。

对于其他的事情，可以与孩子谈谈为什么重要或为什么有必要让孩子去体验，然后告诉他，他应该打电话给谁，他的安排中还有哪些需要注意的事项，在电话中应该着重说什么。

开始的时候，你可能需要盯着他，确保他做好记录。打电话或接收电子邮件的时间，约会的具体日期、时间、见面的地点，这都是要记下的。一般而言，给他一部手机他就能搞定。你的角色只是当好支持者，记住孩子的安排，确保孩子处于安全的环境中。

你也可以鼓励孩子用一个提醒功能的软件。（这是理查德说的）我的儿子从来都不记得任何预约事宜，于是我为他设置了三个提醒系统，分别提醒他每个需要提前预约的事情。第一个提醒可能是提前一周，第二个提醒可能是提前一两天，第三个提醒可能是提前几小时。现在的手机都有这个提醒功能，可以比较容易地解决类似的问题，因为你可以设置多重语音提醒，更好地引起他的注意。

4. 渐渐减少支持。当孩子还小的时候，你可能习惯于经常提醒他该做什么了。如果你的孩子已经进入青春期，但还需要你每天不断地提醒，你就需要想想办法了，毕竟你不可能跟他一辈子，你应该着手培养他的自我管理能力了。你现在才开始的话，当前的目标就是在你的辅助下，孩子能够设置和完成一些简单的预约。然后渐渐减少你的主动性，而增加孩子的主动性。

上学问题

你的孩子是否出现了忘记完成家庭作业的现象？他上学经常迟到吗？交作业总是拖延吗？或者无法应对各种考试？孩子的执行技能不足，会在学校生活中暴露无遗。当孩子在学校的表现出现问题时，你和孩子能为此设立一个改进的计划就显得非常重要。我们总结得知，执行技能弱的孩子出现的问题经常会像滚雪球一样，由小问题变成大问题，往往比同龄孩子表现出来的问题更为明显。因此，作为父母，第一次出现问题迹象的时候，你就要非常认真地与孩子制订一个解决问题的计划，把孩子的问题遏制在“萌芽”阶段。

涉及的执行技能：

● 取决于问题的本质，或者 11 项执行技能中的任何一项，也可能表现为单独一项，或者所有的技能都有涉及。

1. 孩子的问题。缺乏执行技能的学生到了高中可能会出现令父母大失所望的情况。这个时候，当他们想要独立管理自己的生活或解决学校里碰到的问题时，往往发现很困难，或者无法按照家人期待的方式去生活。这样的话，他可能会不愿意和你聊学校里的问题。

2. 父母的问题。孩子在学校出现问题时，父母必须首先着手解决。一方面，你有权知道孩子在学校的兴趣和表现。另一方面，如果你还像孩子上小学时那样紧紧盯着他，可能就会影响他形成良好执行技能以及良好的独立解决问题的能力。在孩子的这个人生阶段，当他的问题被老师指出的时候，你必须找到解决的办法。

3. 设置必要的程序步骤。就像自己挖了一个大洞钻进去一样，孩子很难快速地爬出这个困境。所以，你必须及时地了解孩子在学校的表现。幸运的是，学校和老师在提供孩子的最新表现方面越来越快捷和值得信赖。例如孩子的学习成绩、家庭作业和各科测验的表现，你都能轻松地从学校和老师那里得到。如果你的孩子以前在学校的表现欠佳，我们强烈地建议你通过这些途径来了解孩子，在刚开学的时候就和他谈谈，然后每年定期地关注他某些方面的进展或变化。你要重点突出青少年寻求老师或辅导员主动解决问题的能力，并让其形成一个计划。这样做的好处是为青少年提供了锻炼独立性的良好机会，也能锻炼他的责任感，为形成良好的人际关系打下基础，为他上大学或工作积累人脉。

建立这样的渠道意味着只要你看到孩子的表现不如意，你都可以向与孩子有关联的那些人和老师打听情况。如果你之前还没有这样做的话，请你现在就鼓励你的孩子这样去做吧！你可以和他聊聊怎么才能解决问题。给孩子一定的时间来解决问题，例如："在两天之内，我会与某某见面 / 打电话 / 发信件去解释我的情况和问题，并寻求他的帮助来解决这个问题。"然后再与孩子核实他是否按照这个计划执行了。显然，青少年往往是说一套，做一套，虽在口头上答应了你，但实际上却没做。当你了解了情况后，也不要着急，请冷静下来后再与孩子讨论哪些地方做错了，错过了哪些成绩测试，错过了哪些活动，你可以利用所有的这些信息渠道作为与孩子沟通的桥梁。如果你想知道孩子是否解决了所有的问题，可以直接问问老师，同时也检查了孩子对计划的执行情况。

4. 渐渐减少支持。孩子进入了高中，能否继续上大学取决于孩子在学校里的表现，对此，父母应该持续地进行关注，当问题出现的时候，要尽早给予纠正和帮助，并与孩子达成某方面的协议，看看他对你们共同制订的这项计划的执行情况。正如孩子上高中和大学也是你为他支付学费一样，你也要监控他的表现，看看他哪些方面的执行技能不足。从进入青春期到上大学的阶段，因为对孩子以往的支持不再适用了，所以这个阶段的孩子遇到的挑战更大。如果孩子不能顺利读完大一，已经交的学费倒无所谓，关键是这给你们的心理造成的影响。正如你会考虑孩子的学费一样，我们相信父母们在让孩子获得成功方面也会扮演正确的角色。

家　务

对父母和孩子来说，家务事——如拖地，擦桌子，洗碗，洗衣服，喂宠物，去购物——经常是双方争执的焦点。然而，作为成人，如果我们没有掌握这些技能，没有形成良好的生活习惯，我们就只能每天穿着脏衣服，外出去饭馆吃饭，生活在像猪圈一样乱糟糟的房间里。生活没有条理性确实也影响人们的生活质量。

涉及的执行技能：

- 任务启动
- 计划性和优化做事次序
- 条理性
- 时间管理
- 目标导向的持久性
- 持续注意能力

1. 孩子的问题。如果你刚开始期待孩子做家务，可能会遇到阻力。为了减少这种阻力，开始让孩子做家务时，就要让他能像个成人一样去生活（洗衣服，买菜做饭，和朋友或家人一起购物，认真照顾宠物，汽车维修，打扫房间等）。他至少要学会最基本的生活常识，会做最简单的家务。我们把家务活儿按照从 1 ～ 10 分成了不同的等级（1 代表很轻松就能做到，10 代表要努力才能做到），根据评分等级，确定孩子在某种家务中的参与率，需要付出多大的努力才能完成。请尽量为孩子安排一些力所能及的事情，如照顾弟弟妹妹，帮助父母提前预约一些事情，和朋友们一起做饭。如果你仍然碰到很多的阻力，可以放宽事情的完成时间或给孩子提供一些便利条件。如有必要，请为家务事留出一定的时间，你和孩子一起做。或者让孩子二者选一，建一个做家务事的时间表，让他选择时间去做，只要在规定的期限内完成就可以。

2. 父母的问题。父母与孩子出现矛盾，最典型的是孩子没有做完家务活儿或者在一些小事上没有让父母满意。如果孩子没有按时完成家务活儿，父母需要与他进行协商。正如我们在第五章中提到的那样，最好的安排是“首先—然后”程序，他才能及时完成自己的家务活儿。如果没有完成那些活儿，你要让他知道，他会失去自由安排的时间，一些行动也会受到限制。

3. 设置必要的程序步骤。在某种程度上来说，做家务最大的好处是能为孩子以后独立生活奠定基础。如果可能，请给孩子一定的奖励和特权以及实实在在的物品或礼物（如现金、衣服等）。记住，学会做家务活儿是青春期里的孩子渐渐学习才能掌握的能力。你和孩子可能对该怎么做存在不同的看法，但只要孩子是在努力完成任务，并为了完成任务而制订一些规划，就非常值得表扬和奖励。

4. 渐渐减少支持。如果孩子正在完成只是你偶然提到的家务活儿，或者在不用你唠叨的情况下就完成了你交给他的一项家务活儿，那么此时，你就要渐渐减少对孩子的监控和督促，让孩子形成主动做家务的好习惯。

每天早上的安排

每天不停地提醒孩子按时起床吃早餐为什么如此令人恼怒呢？看着孩子磨磨蹭蹭地回家取忘记的书本，看着他冲出家门却没戴帽子甚至手套，而外面气温是零下 20℃，你就会非常恼怒。因为我们都知道孩子正处于青春期，他们理应自己管理好自己。事实上，他们知道自己该做什么——如什么时间起床。他们需要准备什么，需要带什么东西上学。但是，几乎所有青春期的孩子都存在“明知故犯”的情况。原因是他们的执行技能缺乏或者根本就没有这些方面的执行技能。如果我们回忆自己的过去，可能会认为自己怎么没有这些问题，或者只是偶尔会遗漏或忘记某事。为什么孩子就不能像你一样呢？我们那个时候会按时起床，穿好衣服，按时上学，就如我们现在按时上班一样。如果你的孩子持续地出现问题，这就非常值得重视。

涉及的执行技能：

- 制订计划
- 组织管理
- 任务启动
- 时间管理
- 目标导向的持久性

1. 孩子的问题。早上按时起床对一些青少年来说非常困难。在青春期阶段，孩子们的生物钟都习惯于晚起，可很少有学校能按照孩子们的生物钟来调整上学的时间，所以孩子往往熬夜又必须早起。学校对他们的吸引力又不够，所以孩子早早上学的动力就不强。如果孩子在学校的表现很差，就更不愿意早早去上学了。另外，青春期里的孩子也存在自己估计的时间与实际上学所需的时间存在差别的问题。他们计划的时间总和实际的时间有出入，实际上需要的时间更多。出现这种情况的一个重要原因是青少年的睡眠时间被剥夺，无法正常运用执行技能。例如睡眠不足导致了孩子工作记忆能力的下降和注意力不集中，而这又会直接影响孩子在学校的表现。

2. 父母的问题。父母双方都工作或一方需要去上班的，让孩子按时起床就显得时间紧迫。青春期里的孩子，特别是不按时起床的孩子，会让家里早上的气氛无比混乱。父母担心自己会因为孩子不起床而耽搁上班的时间，所以每次孩子不起床，双方就会发生冲突，这种情况似乎都成了家常便饭。

3. 设置必要的程序步骤。首先是让孩子管理自己的起床时间。这时候孩子可能需要一个闹钟，至少在早期阶段是如此。同时，还要准备另外一个晚起床的预备方案。这个阶段的指导方法要适合孩子的作息时间。有些孩子喜欢早早起床，要参加自己喜欢的学校活动，比如他们可能喜欢某种音乐，看电视表演、球赛或查看脸谱网上的聊天记录等。

作为父母，你关心的是让孩子早点起床，按时上学。如果孩子起床后，忙着干那些对他来说重要的事情而耽搁了上学的时间，一旦你知道了，你就要问问孩子怎么解决这些问题。例如你也可以从老师那里知道孩子迟到的次数。大多数学校都会有孩子迟到的记录。因为孩子这种马马虎虎的态度会在很大程度上影响他在学校的表现。

奖励孩子按时上学是另外一种好方法。在孩子按时上学一段时间后，可以给他一些额外的钱，让他到外面吃一顿美食。如果你的孩子羡慕别人的车又是一名好车手，就经常提供给他优先开你的好车的机会（只要你有一辆好车）。如果他忘记了带那天上学要用的物品，并打电话让你给他送到学校，请与他协商是否能在每天晚上睡觉前把这些物品放在醒目的地方或提前装入书包中。如果你的孩子总是重复丢三落四，忘记带上学必备的物品，每次出门前，你可以提前问一问他，有没有忘记带什么东西，随时随地让孩子知道这些事情是他要处理好的。

4. 渐渐减少支持。你对孩子的支持或叫他起床的次数随着他渐渐地养成自我管理的好习惯而减少了，这也是一种好的迹象。当你的孩子每学期能做到自己按时上学，打电话叫你去给他送遗忘在家里的物品的现象也少了，甚至是每隔 6 ~ 8 周才遗忘一次，说明孩子的执行技能有了进步，或者只要孩子比以往多出两周没有出现晚起和迟到的事情，甚至超过这些记录，都说明他有了很大的进步。

我们还没有研究其他方面的执行技能，只是提供了青少年必须掌握的基本的独立生活的执行技能。如果你还对孩子其他的执行技能方面充满疑惑，或者关心其他方面的执行技能，我们建议你看看《凯西的生活技能测评》，请登录这个网站：www.casylifeskills.org。这些测评包括对父母和孩子的分别测评，包括生活中必备的不同方面（例如沟通能力、金钱管理、社会交往、自我保健、工作或学习技能等）。另外，这个网站也提供了很多父母和孩子需要掌握和精通的生活技能。你可以随意地进行测评。我们发现这个量表在我们面对青少年和父母的时候非常实用。我们也鼓励你把它当作一个好资源来利用。

第三部分

整合所有的方法

第 8 章

父母要成为先行组织者

在第七章中，我们列举了向青少年传授执行技能的步骤，特别强调了那些招募参与的青少年，有 75% 的人确信自己没有问题或不需要成人帮助或指导，就能安排好自己的生活。针对这种类型的孩子，我们该如何应对。在第七章中，我们关注的重点是青少年的独立成长。既然青少年渴望增强自主权，而你也希望他成长为一个高度独立的成年人，那么你制订的传授孩子执行技能的计划，其主要目的就应该是让他独立成长，尽可能地让孩子积极主动地做事。除了从孩子很小时就开始一直深深困扰你的问题——学校问题、琐事和每天的准备工作之外，你还需要利用孩子的个人目标作为诱发因素，在一点一滴中帮助孩子建立执行技能，包括从驾驶到现金管理等各种活动，其中最关键的是孩子独立能力的锻炼。

本章之后的十一章中，你会有机会思考应该帮助孩子建立哪些特定执行技能。正如你所知的，在那些执行技能方面孩子存在很大问题。在接下来的每一章中，你可以对青少年使用每一项执行技能的情况进行更加详细的评估，从而明确在日常活动中构建那种技能的准则。在每一章中，我们都给出了详细的描述，并且回答了一些父母经常提出的问题。

在你开始了解第三部分其余章节中涉及的特定技能之前，本章将提供一系列帮助你确定如何开始和从何开始的策略。

给孩子提供适量的必要的帮助

前述章节中已经提供了各种各样如何帮助孩子建立执行技能的建议，但是你应该提供多少帮助，拿青春期的孩子来说，通常少即是多，也就是说，你越少干预他，常常会获得更多成果。父母们正在寻求的是相同的成果：使孩子成为问题解决者和决策人。大部分情况下，青春期的孩子生性就抗拒你的帮助，而你也希望尽可能减少孩子变得或习惯于依赖你的机会，因此你很有必要先明确，多少帮助才是合理的，才有助于增强他的独立性。下面是一些指导方针：

- 如果简单的环境改变会起作用，那么就利用它。一条提醒你儿子去跳舞之前清空洗碗机的语音留言、便笺或信息就可能将问题处理好。就日常家务或日常生活而言，你可以尝试在几周内保持提醒，告诉他你将终止提醒，然后观察他是否继续做家务。如果他没做，就再次提醒他。
- 只要可能，就通过非直接的语言进行交流（例如便笺、发信息）。这个建议将使你和孩子之间产生距离感，以便于你们两人不同时处于同一位置时提示能够起作用。
- 如果提示仍然是必需的，那么就要求他自己给自己做提醒。这就是一种传授给青少年技能的方法，以便于事项提醒以他喜欢的语言方式出现。
- 只要可能，尽量避免你亲自提醒孩子，特别是以重复的方式提醒。当谈论到注意事项时，父母经常说得太多，包括经验教训、长篇大论和唠叨，甚至使用愤怒的语气。通常这种情况将会导致争执，应尽量避免。
- 如果孩子需要更多的建议或指导来学习一项技能，只要可能就尽量请外部专家来进行指导，而不是由你自己来。基本上如果青春期的孩子准备独立解决问题，那么他们需要利用外界可用的人和信息，而不是让父母成为问题解决者。当孩子寻求我们的帮助时，我们都不觉得有什么不妥，但是从长期来看，这不利于提高他们的执行技能，除非我们的话明显具有指导意义，时间长了他们认同了我们的话并将之融为自我意识的一部分。

找出孩子的一个弱项技能以及他感觉棘手的问题

- 首先选定孩子在某种棘手的情况下的应对方式，或者只在特定情境（例如，早上起床和出门前）中出现的不足。这就是我们自始至终一直在提倡的——任何能让青少年感兴趣的事物和方法同样能让你对他进行掌控和鞭策。

● 如果孩子愿意接受你的帮助，那么就选择一种适合双方的情境。为了弄清楚孩子需要你提供多大的帮助，你事先需要让孩子决定你提供何种方式的帮助，从而减少你的盲目性和工作量。你的目标是随着时间的推移逐渐减弱你对他的帮助，而不是“见死不救”，更不是让孩子快速地体验失败。如果这种模式适用于一个问题或一种情况，那么也可能适用于其他情况。

● 如果可能，从一个容易处理的小问题开始。这可以使你和孩子之间建立信任，增加孩子愿意在其他问题上继续寻求帮助的可能性。例如，清晨如果你可以将唤醒孩子变为让他自己醒来，那么这对于繁忙的日常生活来说就是一个非常好的开始，也可以避免互相激怒对方。

● 从一个可以让你和孩子的生活运转更加顺畅的问题入手。早晨的生活是一个非常好的例子，因为对于孩子和父母来说它是典型的压力源。一个糟糕的开始可以使接下来一天的所有事情都变得难以处理。

分清轻重缓急，优先解决最急迫的问题

● 如果缺乏一项特定技能会让你的孩子即刻遭受影响，那么就优先从那项执行技能入手。这是父母们要先于孩子做出的判断和选择。例如，如果孩子在反应抑制或专注力方面的表现比较差，你担心会造成不安全驾驶或物质滥用的风险，那么就先处理这些问题。通常这意味着你需要更近距离地监督孩子的行为，使孩子产生受到父母干涉的感觉。正如我们前期所述，父母的基本职责是使孩子一直处于“游戏之中”。这不是说父母要将处于青春期的孩子禁闭起来，但是要求父母寻求平衡和风险管理的恰当方法。

● 那些限制了孩子未来发展的问题也要优先解决。最明显的例子就是在学校的学习和表现。如果孩子的执行技能缺陷导致其在学校中的学

习成绩不尽人意、考试通不过或受到纪律惩罚等问题，那么要先处理这些问题，因为它们同时影响了短期和长期目标的实现。

● 如果你不需要处理现在或未来的风险，而只需要应付孩子缺乏独立性的问题，那么从日常活动开始即可。正如第七章中所建议的那样，你可以利用《凯西的生活技能测评》来评估确定孩子在哪些领域存在障碍。如第七章所述，我们可以列出向他们传授执行技能的步骤，以确保他们可以成功地进行现金管理、负责任的驾驶、独立应对预约以及其他事情。这些都有利于孩子们接触和了解一系列的执行技能，而所有这些技能对于他们来说都是有用的，并且他们最终都必须熟练掌握，减少对你的依赖性。

● 从那些可能与孩子需求相一致的最简单的事情开始，例如驾驶和现金管理，但是应该均衡地处理其中的任何一项活动。

● 利用一些孩子投入时间和精力希望达成的目标作为传授执行技能的途径。既然从本质上来说任何目标都需要计划、时间管理、持久的专注力、毅力和元认知能力，那么孩子最优先考虑的个人目标就是传授那些执行技能的理想工具，并且这些目标均来源于孩子，有利于激发他们的内在积极性。

实施计划时应保持乐观和灵活

● 使孩子参与到执行计划的过程当中。我们不想让自己喋喋不休，令人不胜其烦，但是如果计划完全由我们自己制订，则会面临两方面的失败：孩子依然依赖于你，并且可能会减少执行计划的时间和精力投入。

● 如果你正在与孩子一起做一件事，就应该重视方式方法的契合度问题。你所考虑的可能是一个好主意，但对你起作用的方法可能对孩子无效，特别是如果在自我评估（参见第三章）中你发现自己的强项和弱项与孩子不同时，就更应该注意了。

● 要意识到你的策略需要定期调整。学习这些技能是一个不断变化的过程，需要根据孩子们的成长情况进行改变和调整。

● 进行慷慨的表扬和积极的反馈。可能实际情况并不像你想象的那样很顺利，但是孩子非常重视父母肯定性的赞誉，并且这是父母帮助孩子认识和记住那些将来需要使用的技能的好方法。

及时有效地克服阻力

如果孩子拒绝继续使用一些执行技能，不要轻易放弃你的计划。

● 进行谈判。如果你与孩子的处境已经接近一种“迫不得已”或“按要求做，不然后果很严重”的状况，你们就应该考虑进行交换：如果孩子放弃他希望做的事情（或者做你希望的事情），你就要放弃一些你希望做的事情。例如，如果你希望以开你的好车作为交换条件，让儿子做四周的家务，你需要做的就是将这些家务转变为任务。如果他在与朋友出去之前做几件家务，就同意他用车。如果你已经提出在孩子做完全部作业之前不许玩电子游戏，那么就可以跟他协商，完成一定数量的作业后将会获得一定量的玩游戏的时间。

● 考虑进行更有力的强化刺激。以我们的经验来看，父母在提供条件时，经常表现得非常小气，部分原因是一开始就不得不提供所有的东西，而使他们不堪其烦。如果你承认这些技能对孩子来说非常困难，就应该理解，为孩子付出是值得的。

● 如果孩子仍然拒绝使用技能做事,就应该建立合理或自然的规则。在第五章中，我们讲述了应用“首先—然后”应急措施的规则，即孩子只有在完成一些你希望他做的事情后，才能获得做他所希望做的事情的权利。

● 如果这些方法都不起作用，而问题仍然存在，就应该考虑寻求外部帮助，例如指导教练。我们在第二十章中会详细描述教练技术。

第9章

增强反应抑制能力，做事三思而后行

反应抑制是一种行动之前思考“做不做”或“说不说”的评估机制，有助于人们预想到行为的后果，避免冲动行为的出现。对于青春期的孩子来说，反应抑制能力是最关键的执行技能，或许也是最让父母们头疼的执行技能缺陷。从婴儿期你已经可以观察到孩子缺乏这种技能的迹象。孩子似乎不能抗拒他想要的东西的诱惑，当他发现看起来好玩的东西就开始冒险，或者当他生气或发怒时就迅速顶嘴或大哭大叫。现在，你的孩子不仅开始不顾一切地想独立自由地自己做决定，而且还在寻求方法和机会进行尝试。也许孩子年纪较小时，你可以严加约束来保护他。但是，现在，你不能近距离地约束他了，并且开始担心，孩子的冲动行为是否会使他有危险。

反应抑制能力的发展

反应抑制能力最早出现在婴儿期，其最基本的形式是使婴儿对一种状况、一个人或物体“选择性”地做出或不做出反应。在反应抑制能力形成之前，婴儿都是非常被动地处于事物的支配之中，而一旦他能够将反应或不反应的能力与爬行或步行的移动能力结合起来，我们就可观察到行为自我控制能力的初期迹象。现在婴儿或幼童能够“决定”移动或不移动，或者长期做或不做一种特定行为。当孩子发展出语言能力时，他们也形成了抑制自己反应的能力，因为他们能够认同成人制订的规则并将之融为自我意识的一部分（例如，不要触摸电源插座）。

在发展执行技能的过程中，反应抑制能力发挥着基础性作用，因此它使其他执行技能得到发展成为可能。一个受冲动支配的孩子不可能以有效的方式启动任务、持续集中注意力、管理时间、制订计划或组织实施各项计划。如果你的孩子自制力差，你可以观察到他似乎在许多生活领域中都表现得混乱散漫。与之相反，行动前思考和认识到行动结果的孩子不仅能够获得完成任务的能力，还能更好地做出决策。

通常，随着孩子渐渐长大，他们会更加游刃有余地使用绝大部分执行技能。然而，反应抑制能力却难以如此稳步发展。根据神经科学研究显示，这种执行技能在青春期可能更容易受到破坏。研究青春期大脑如何变化的科学家说，那些掌控冲动情绪的脑区与大脑的前额叶皮层存在“断开”的现象，也就是说，青春期的孩子出现冲动行为和情绪的信息并未传达到他的大脑内部的中心区域（杏仁核）那里，而只是在大脑的前额叶进行加工。如第一章所述，我们已经了解到，孩子从进入青春期一直到成年早期，大脑神经都在不断地进行修剪（用进废退），加以利用的就能形成足够强壮的神经连接，使这些连接变得更坚强更快捷，很少利用的这部分的潜能就只会维持青春期之前的状态。所以，青春期阶段的孩子更容易不假思索就鲁莽行事，容易受同龄人影响，或者跟着“直觉”走。

最糟糕的是青少年更易受同龄人怂恿而挑战父母的权威，容易出现冲动行为。最典型的情况就如我们前面所描述的那些危险行为那样，他们总是沉溺于那些带来即刻满足的事情中。当与同龄人在一起时，他们更可能顺从朋友的意见，而不顾及可能造成的后果。同样情况，当他们开始任何可以立即使他们感到愉悦的活动（电子游戏、社交媒体、飙车、酗酒、性行为等）时，便会沉迷其中。总体来说，随着社会施加于他们的控制逐渐减少，他们进行糟糕决策的自由就会逐渐增加。作为父母，你不希望像孩子 8 岁时那样严格限制他们，因为那样做会阻碍建立独立性的自然而必要的发展过程。因此，对于父母来说，进行充足的控制以确保他们的糟糕决策成为良好教训，而又不对他们或其他人造成威胁或

> 风险随着朋友和拥护者的增加而增加。
>
> ——本，17 岁

永久伤害，确实是一个巨大的挑战。

请利用如下的问卷评估你的孩子控制冲动能力的相关情况。这个问卷能够帮助你进一步认清孩子的问题，同时通过阅读一些与反应抑制能力密切相关的知识，可以进一步证实或否定你在第二章中做出的初步评估。如果你想重复使用这份问卷，那就随意多复印几张，分享给其他家长。

你家孩子的反应抑制能力如何

下列图表中的每一项，你首先要明确“但是”左右两侧中的哪一侧的陈述更符合你的孩子。然后评估他的表现可归于哪种程度范围内。你的评级表明了技能构建的合理目标：当你在左侧陈述一栏里选择了“很多”或“非常多”时，证明孩子很善于在那个特定情境中利用该项技能。而对右侧陈述选择的是“很多”或“非常多”时，意味着孩子可能需要在那些方面付出更多努力。

略微	很多	非常多				略微	很多	非常多
			一些孩子在行动之前考虑可能会发生什么。	但是	有些孩子不经思考就行动。			
			一些孩子在课堂上保持安静或举手发言。	但是	有的孩子往往在课堂上说话太多。			
			一些孩子做事之前会考虑后果。	但是	有些孩子只是采取行动，而不考虑后果。			
			一些孩子做决定之前会花时间认真考虑。	但是	有些孩子只是“凭直觉做决定”。			

（续表）

略微	很多	非常多				略微	很多	非常多
			一些孩子在说事情时会考虑其他人的反应。	但是	有些孩子则谈论自己所关注的事情，而不考虑别人的感受。			
			一些孩子能够远离同龄人的怂恿或挑衅。	但是	有些孩子则即刻做出反应并向同龄人挑战。			
			一些孩子如果已经制订了其他计划，那么就可以对一项有趣的活动说不。	但是	有些孩子则会立即开始从事有趣的活动，而不顾及自己制订的计划。			

提高孩子的反应抑制能力

如果你通过应用如上问卷的评估，知道了你的孩子正在为自制力差而苦恼，那么下面的指南对你会很有帮助。

● 假定同龄人会使孩子控制冲动的能力降低。在一些情境中，这个问题又无关紧要。例如在学校，因为有其他成年人设定相应的行为规范。开放式的社会情境才是你真正需要关注的。首先，你要确保孩子出门之前已经记住了你的要求、限制和期望。我们在第六章已经对这些内容进行了相当详细的叙述，如孩子将去何处，与何人一起，以及何时回家等。除此之外，你还应该有一个适当的调节程序，以便于孩子可以随时随地告诉你计划是否有变化。如果你希望有大人在场，能随时随地监督家庭聚会或在外过夜的情况，那么就提前与那些大人联系，让他们确保孩子在聚会的计划时间内留在房间里，除非你有其他通知。当然，孩子一定会抗议这种“监督”。如果你对要不要采取这种强烈反对的做法犹豫不决，那就去看看报纸刊登的一些因大人没有管好而导致的聚会事故吧。

- 应该预先想到孩子会选择有趣的活动，而不是具有挑战性或令孩子感到没趣的活动。如果无吸引力的事情有截止日期，例如学校项目、大学申请或家务杂事，那么你需要让孩子知道任务完不成的后果。你还需要通过与孩子协商的方式帮助孩子控制或消除某些阻碍完成某事的因素。
- 为了延迟满足，可以利用孩子想做的事情或想拥有的东西的等待期。学会等待是反应抑制能力的基础，也是孩子需要发展的一项技能。“首先—然后”的日程安排可以成功实现这个目标（“首先做完家庭作业，然后你可以玩电脑、开车。”）。
- 要求孩子通过自己的努力得到他想要的东西，这是传授延迟满足和反应抑制的另外一种方法。要求孩子进行储蓄，以作为驾驶培训、汽车保险或买手机的部分费用，这样做有利于防止孩子“我想要，就立刻应该获得”的想法出现。
- 通过有规律地重复规则使孩子为需要控制冲动的情境做好准备。这包括开车时禁止使用手机，系好安全带，让你了解计划的变更，以及要让孩子知道哪些行为是你可接受的，哪些行为是你不可接受的。
- 在孩子进入一种可能检验他的反应抑制能力的情境之前，马上再次对他强调一些特定的规则。当你提出这些规则时，如果你表现出的态度是关心他，并且希望他确保安全，他一般会听从你的要求的。

案例故事

公路不是赛道：管理贝拉的开车速度

贝拉酷爱开车。不仅如此，她还喜欢飙车。由于刚年满 16 岁，她还没有一辆属于自己的车。但是当星期日天气很好时，妈妈同意让她驾驶那辆蓝色轿车在附近办事和拜访朋友。她们的房子前是一条乡村道路，这条路的缓坡蜿蜒 6 英里，一直延伸到贝拉要去看电影的小镇边缘。

这条路就是贝拉的赛道。她喜欢开车进行急转弯来体验漂移的感觉。那时，她想象着自己正沿着大峡谷边缘转弯，车轮将岩石和红色渣土撞入无底深渊。开始的时候，20 英里 / 小时的黄色限速标志和急转弯警告箭头使她感到惊慌，但是现在她了解每个转弯，并且期望每次都能以比以前更快的速度驶过道路。

“妈妈，我可以借用您的汽车吗？”

在一个阳光明媚的周末，贝拉的妈妈在车道花园的花圃中俯身种花，贝拉轻轻地碰了一下妈妈的后背，说道。

“哦，当然，贝拉……不过要小心。路面仍然很湿滑。钥匙在桌子上。”

贝拉将手伸到妈妈面前，晃了晃钥匙，然后沿着车道走向车库。

“贝拉，请一定系紧安全带！”

当贝拉开车经过时，妈妈挥了挥手中的泥铲。贝拉也在车里向妈妈挥了挥手，并向她跷起拇指，然后转上公路。路面潮湿，但是太阳已经升起，当贝拉开始在路面上行驶时，她认为路面看起来像相片底片，一片片干燥的灰色沿着潮湿的柏油路面伸展开来。天气很温暖，因此，她打开车窗，并将收音机的音量开大，开始冲击一连串的转弯，踩着油门踏板，专心地用一只手来回地转动着方向盘，并且后背微微向前倾。

行驶期间，在进入通往山下的之字形路之前，有一段延伸大约 0.25 英里的直路。在直线路段上，双黄线的一边变得模糊，贝拉加速超过前面的一辆车。她违规地在路的另一侧行驶了片刻，从后视镜注视着那辆车逐渐消失。然后她回到正确车道，就好像两条车道相同一样，准备应对直路后的左向急转弯。此时，她面朝着挡风玻璃的左下角，所以没有看到停在公路右侧树林狭长空地里的警察巡逻车。

警官给她开了一张罚单之后，贝拉转身看了看。超速行驶，在限速 30 英里 / 小时的公路上速度达到 54 英里 / 小时，交警对她的鲁莽驾驶提出了警告。鲁莽驾驶？贝拉认为所有时间里车都完全处于她的控制之内。虽然她感到紧张困惑，但也只能回家了，因为她不知道自己该做什么。她知道自己必须告诉父母，因为她自己没有钱付罚款，而且如果父母几个月后发现保险费增加，她会受到更多的惩罚。

贝拉走进房内，看到父母坐在餐桌边看报纸。

“嗨，你们好。”

“哎，宝贝，我以为你去镇上了。”他们面带微笑地看了她一眼，然后回身继续看报纸。

“是的，嗯！我原计划去镇上，但我遇到了一点麻烦。”

“嗯，什么麻烦？”他们每人都翻了一页报纸。

“嗯，我正开车去镇上，却被要求将车开到路边停下。然后我……”

“让你靠边停车？警察吗？贝拉！快告诉我，你是说前车灯撞碎了吗？”

他们都坐直身体，看着贝拉。贝拉从父母围坐的餐桌边走过，坐下，从口袋里取出罚单，打开，然后轻轻地放到他们面前的报纸上。父母都认真地看着那张罚单，读完后，注视了她一会儿，最后，爸爸说：“贝拉，你妈妈和我对这件事都感到又担心又生气。这表明你忽视了法律法规，也辜负了我们的信任。我们觉得你能够为自己负责和安全驾驶，所以才给你付保险并且让你开我们的车。可事实上，你欺骗了我们。”

> 青少年一旦超速驾驶一次，绝对会再次超速，因此贝拉的父母需要监控她。
>
> ——特洛，15 岁

“我没有！我确实不是有意这样做的。你们都告诉我并认为我是一位优秀的驾驶员。我觉得的确是这样，而且我认为那没什么大不了。”

> 绝大多数青少年都不会服从处罚。
>
> ——塔莎，17 岁

“贝拉，我们从来没有想到你会超速 24 英里。”妈妈说，“你认为那没什么大不了是因为以前你这么做并没有出事儿。”

父亲继续说道：“贝拉，我们以前曾经说过，如果遇到这种情况我们会怎么做。对你而言，这是危险而不明智的行为。你的行为不像一个成年人，而完全像一个小孩子，这反过来会伤害到你。无论如何，成年人都需要为自己的行为承担后果，而你首先要做的就是自己解决这些问题。”

“什么意思？”

“你要自己赚钱去交罚单。”妈妈说，“我会提供给你在家劳动的机会，我们将付你报酬。对未成年人的处罚有不同的规定，但是最普遍的规定可能是扣押一两个月的驾照。他们还会在你的驾照上计分，使你以后有可能受到更重的处罚，除非你参加安全驾驶培训课程。学费也由你自己来支付。你还要付保险费的额外部分。”

> 至关重要的是，再一次允许孩子自己开车之前，父母一定要陪她一起。
>
> ——本，17岁

“给我买一辆车的事情怎么样了？两个月前我们说好了，应该留意为我选一辆车了。”

妈妈轻声笑了笑，继续说：“是的，我知道过去我们讨论过这件事。你暂时还不能开车，因此这不是问题。不过以后如果我们考虑给你买车，我会在车上安装一个监控车速的装置，并且会定期检查，以确保你安全驾驶。现在我们需要在我的车上先安装一个那样的装置。贝拉，你应该理解，这不是你和我们之间的斗争，我们是想让你避免再次出现类似的情况。”

> 父母所决定的事情确实能够达到目的，但是我认为在贝拉证明她能够安全驾驶之前，父母不应再同意她独自驾驶。
>
> ——罗瑞，16岁

后来，贝拉在花园的花圃中劳动了很长时间。她赚够了付罚款的钱并且重新申请了驾照。

问与答

好吧，贝拉是一个糟糕的司机。那究竟什么与她的执行技能有关？

有很多因素导致一个人成为糟糕的司机。一些人注意力不集中，一些人视力低下，一些人对手上这辆车不熟悉，还有一些人的协调性不太好。贝拉的问题完全不同于上面所说的情况。她是一个放任的驾驶员。她成为一个糟糕的司机，不是因为她不能集中注意力或者身体有障碍，是因为她缺乏控制冲动的能力，才导致了危险操作，从而导致她和其他人处于危险之中。反应抑制能力是一种重要的执行技能，因为它作为风险管理机制，可以随时指导我们对所做出的每个选择都进行风险—效益评估。风险无处不在，并且承担一些风险是有益的。如果没有风险，人们将不会发挥全部潜能。但是当一个心理“风险评估”出错误的人驾车时，她可能会做出极端危险的事情。还值得注意的是，贝拉出现轻率行为有一部分是由于年龄原因，这个年龄人群的保险费最高就是这个原因。她很可能不清楚汽车失控的后果。天真与喜欢冒险结合在一起，是非常危险的事情，但是这并不难处理。

我的孩子也有反应抑制问题，但不是驾驶方面的。她一直是班级上的活宝。对她来说不在课堂上捣乱是极其困难的事情，不只是因为她缺乏反应抑制能力，还因为她认为自己在同学中的声誉依赖于这种“表现”。她并没有意识到自己的无礼行为。她说自己“没办法，我就这样”。我们该怎么办呢?

对于缺乏反应抑制能力的孩子来说，这种境况非常普遍。那些孩子不仅会在班级中突发地制造混乱，而且还会“想一出是一出”不顾及别人的感受。有时这又具备积极的一面：孩子有创造性思维，擅长自由联想并以独特的方式解决问题。但是，当证明她的行为只是在班上打闹，无论是出于无聊，还是想引起别人的注意，这样做都会适得其反。在本书中我们讲述了一些其他技能（例如记下关键词或列出大纲），可以通过保持孩子的专注力来缓解这个问题。从本质上讲，就是使她摒除杂念。如果问题造成了巨大的影响，则与老师协商给她安排特别的座位，可能会有效果。或者坐在靠近老师的前排，也可以把她安排在其他同学容易忽视的位置，以便消除部分她试图取悦的“观众”对她的视觉刺激。简单地鼓励孩子展示其幽默天性，也能产生一定的效果。诙谐和玩笑不一定是敌对的，一个幽默的有价值的回答可能会得到同学和老师的赞赏。显然，孩子会珍视自己的幽默感。有时与试图压制相比，沟通是更加有效的解决方式。

那么我们如何面对孩子危险驾驶这件事？如果孩子正在危险驾驶，但是我们只是听说或者自己怀疑，而他也没有交过任何罚单，那我们该如何处理？

事实上贝拉的情况很容易判断和处理，因为她已被抓到了。违法就要承担后果，而这些后果经常比你自己宣布的更加严重。正如以前的统计数据显示的那样，存在反应抑制问题的青少年出现交通事故的数量不断攀升。我们应该做什么？首先，要让你的孩子驾驶一辆安全的汽车。在网上搜索“对青少年来说比较安全的汽车”你能看到很多选择。如果你居住的社区有相关的安全驾驶的课程，可以考虑让孩子接受安全驾驶培训或学习撞车防范课程。也可以考虑安装汽车监控系统。虽然这似乎有些极端，但是如果孩子有冲动行为或危险的经历，你就需要了解他会不会给自己或他人带来危险。如果你在获得“证据”之前不使用这样的系统，而一旦得到危险驾驶的证据，那么安装监控系统就应该成为允许他重新驾驶的条件。随着孩子逐渐长大，他会获得更多驾驶经验，同时大脑在渐渐成熟，可能就不需要这套系统了。如果孩子在得到驾照之前愿意等待，那么就随他去吧。随着孩子年龄的增加，驾驶风险会逐渐减少。

> 我也将教育作为重要的关键点。从某种程度上看，未成年人处于糟糕驾驶的危险之中，很可能是由于判断失误。我也建议父母们，要先搞清楚事情的原因再惩罚孩子。
>
> ——塔莎，17 岁

第10章
强化青少年的工作记忆能力

工作记忆涉及两种既有差异又相关联的技能。第一种技能是执行复杂任务时记住相关信息的能力。下面，我们列举两个相对简单的例子加以说明。我们只有记住三件物品的价格并计算出总价，才能搞清楚我们是否能够全部购买。我们只有记住被问的问题，才能思考答案并回答问题。工作记忆的另一相关而更复杂的方面是，将过去的学识或经验应用于当前情境或预测结果上。我们能够在解决数学难题或回答某人的问题时，观察到这种能力。上述两种情况都依赖于一些与难题或问题相关的以往的知识或经验。然而，工作记忆更加复杂的方面是，我们看到自己所处的一种当前情境，就可以回忆起自己在过去相似情境中的经验，并且基于过去经验决定在当前情境中我们该怎么做，怎样的表现可能产生怎样的后果等等。

工作记忆为我们提供了一种从过去的经验中获益的能力。对于孩子的行为，你或许可以从我们即将探讨的内容中了解到。当你问孩子“你正在想什么”的时候，孩子只会茫然地看着你吗？孩子做了一个决定，而你知道这样的决定过去曾导致了不好的结果，但是你不能简单认为他没有从过去的错误中学到经验教训。这些事，甚至在更简单的购物的例子中都有体现。孩子将三件东西都放到收银员面前，才发现自己带的钱不够。至少她在不得不挑一件物品放回去时会感到沮丧和尴尬。最坏的情况是，她的反应抑制能力很弱（见第九章），导致她即使刷爆了信用卡或向朋友借钱，也要买这些东西。孩子拥有良好的工作记忆能力时，他们能够尽力应对头脑中的信息，人们可能会说他们“才思敏捷”，将缺乏工作记忆能力的青少年描述为“古怪”或者“心不在焉”，即使他们已经认真学习了，当老师叫他们回答问题时他们也回答不出来，就像一个“不能从错误中学习”的人。

工作记忆能力的发展

人最早出现工作记忆能力是在出生大约6或7个月的时候。当我们将一件物品藏在毛毯下而婴儿掀起毛毯找到那件物品时，他正在显示最早的视觉工作记忆能力。她能在头脑中记住一件玩具的图像，即使不能再看到了，仍然能找到那件玩具。一旦幼儿开始发展语言能力，我们就可以看到他在语言方面的工作记忆能力。作为孩子的爸爸或妈妈，你会听到孩子给自己发出指令来管理自己的行为，这就是语言工作记忆能力发展的显著特征之一。我们会注意到，他的话和说话的语气听起来很像我们。事实上，他正在回忆过去我们发出指令时的情境。现在，相同的情境下，他就会回想起那个指令，甚至特定的词语，然后说出来，使之成为调整自己行为的一种方法。当孩子成长到16或17岁的时候，我们能够看到这种能力变得更复杂了。一位母亲可能对她的儿子说：“你打通了电子游戏的那一等级后，能否用吸尘器打扫一下我的车？上周末你和朋友开车去露营把车弄得脏乱不堪。如果你能迅速清扫完毕，我现在就开着它去买东西，回来之后你可以开车去看电影。”先搜索头脑中的记忆片段或回忆，然后再贯彻执行，是使用工作记忆能力的一个相对简单的方面。两周后，我们能够看到更加复杂的情况出现了，当孩子记起以前的情境，然后对自己说：“妈妈要求我爱护她的车，如果我照做了，她就愿意让我经常开那辆车。如果我能保证使用了那辆车后把车擦洗干净，她也会让我更频繁地开那辆车。”这是一个工作记忆能力更加复杂的例子：儿子追溯了一个过去的经验，回忆了自己的行为以及其他人的行为，基于此调整自己的行为，并对其他人可能出现的反应进行了预测。

到了青春期，孩子至少可以顺其自然地利用一些过去的经验对当前情境做出判断。然而，缺乏工作记忆能力的孩子就是那些被经常追问“你正在想什么呢？”的人，并且我们对他们感到失望，也可能会引发大量的争执和抵触情绪。因此，工作记忆能力对于形成各种积极的行为元素极其重要。

请使用如下的问卷评估孩子的工作记忆能力。如果想不止一次地使用这份问卷，你可以随意复印，也可以分享给那些需要此问卷的父母们。

你的孩子利用工作记忆的程度如何

下列图表中的每一项，你首先要明确“但是”左右两侧中的哪一侧的陈述更符合你的孩子。然后评估他的表现可归于哪种范围内。你的评级表明了技能构建的合理目标：当你在左侧陈述一栏里选择了“很多”或“非常多”时，证明孩子很善于在那个特定情境中利用该项技能。而对右侧陈述选择的是“很多”或“非常多”时，意味着孩子可能需要在那些方面付出更多努力。

略微	很多	非常多				略微	很多	非常多
			有些孩子随时知道自己的物品放在了哪里，例如外套、钥匙或运动装备。	但是	有些孩子忘记将材料放在何处并且将许多物品放错位置。			
			有些孩子善于记住自己必须做什么。	但是	有些孩子说：“我随后就做。”然后就忘记了。			
			有些孩子有好方法记住重要的事情（例如列表、提示说明）。	但是	有些孩子告诉自己：“我保证能记住”，但根本记不住。			

（续表）

略微	很多	非常多				略微	很多	非常多
			有些孩子能够将注意力集中于此刻，但仍能记住其他需要做的事情。	但是	有些孩子醉心于正在做的事情而忘记其他义务。			
			有些孩子确切地知道他们所需要的物品并且确保从学校带回家。	但是	有些孩子忘记家庭作业是什么或者忘记将做作业所需的资料带回家。			
			有些孩子似乎能够从过去的经验中学习。	但是	有些孩子似乎不能总结过去的经验教训而犯同样的错误。			

增强工作记忆能力的方法

● 告诉孩子一件你希望他记住的事情之前与他进行眼神交流。虽然这不能保证他记住或按照你说的去做，但这至少是一种吸引他重视此事的合理方法。

● 指导孩子时，避免相互矛盾。正像我们在第六章中指出的一样，与孩子交流的机会转瞬即逝，他们经常忙于一些偏爱的活动（例如发信息、上脸谱网、打电话、看电视）。当孩子正在忙这些的时候，父母如果打断他，就是错误的做法，而这几乎可以保证你的指导对提高他的工作记忆起不到任何作用。所以请尽力避开这些情境与孩子交流。与孩子交流的时候，注视着孩子的眼神。如果你希望自己的提议能引起孩子的足够重视，就要让他集中注意力听你的话，哪怕只是片刻也会有效果。

● 如果你不确定孩子有没有听到你的话，那就让他将你的话重复一遍。但要尽可能少地使用这种方式，因为绝大多数孩子讨厌这种方式，即使他们能照做，但是迟早会引起他们的逆反情绪的。

● 考虑进行指导的时间。进行指导最好不是孩子从学校或深夜外出刚到家、出门的路上、即将入睡或者刚刚醒来的时候。唯一的例外是，如果你有特别重要的提醒或嘱咐，也可以在这些时候及时告诉他。

● 使用备忘录。明智地使用列表、日历和百事贴可能会很有效。给孩子规定的任务他没有完成，父母感到生气时说话难免会带有怒气或对抗等负面情绪，采取上述方式的好处是可以消减一些负面情绪。

● 鼓励孩子使用一些科技产品来提高工作记忆能力（如智能手机中的日程表），或者如果你愿意，也可以提议使用他偏爱的方式（发信息）提醒他。

● 当孩子要做过去他做得游刃有余的事情时，你要强化他先前的成功，以作为一种提醒他利用过去经验指导当前行为的方法。你也可以利用因为没有记住做某件事而产生的负面影响来教育他，但要就事论事，不要有偏见。例如，“萨拉，现在是星期六晚上，因此公路上会有许多警察巡视。我们希望你能保住驾照，也不必支付额外的保险费。”如果你设计的陈述方式可以强化孩子过去的行为或表达你喜欢看到孩子做好这些事情，那么，就会使孩子联想起过去的经验，至少更有可能使他将那个信息保留到工作记忆之中。

案例故事

帮尼克改掉健忘的毛病

尼克在去高中上学之前先将妹妹爱丽丝送到小学。他们一起吃早饭时曾讨论了当天各自的计划。爱丽丝放学后将直接从学校去一个朋友家，而尼克放学后要去看牙医。斯蒂芬妮已经将计划都记录在智能手机上，她提醒孩子们要记得做的事情。他们都叹了口气，转动着眼珠，有些心不在焉。斯蒂芬妮喜欢做事井井有条。事实上，作为办公室主管，她的工作要求就是要有条理。出于职业惯性，她几乎是不知不觉地就为自己和孩子们制订了详细的计划和日程安排。

斯蒂芬妮全天都全身心地投入到工作、与供应商谈判和解决公司员工矛盾之中。下午她给爱丽丝朋友的父亲打电话询问应该什么时间去接爱丽丝。当电话铃声响起时，她正在办公室收拾自己的物品并准备离开。电话是从牙医办公室打来的，告诉她那天尼克根本没有去就诊。斯蒂芬妮非常生气，心想："早上我已经提醒过他了，并且多次告诫他。每次都要我提醒，每次预约、每次会议、每次冰球练习都是如此。我发誓如果没有我，他甚至早晨都不会起床。实际上他考虑过这些事情吗？他不关心自己的未来吗？将来他离开家独自生活会怎样？谁将照料这些事情、照顾他？一定不会是我。我不管他了，将会是什么状况？"

> 父母们经常不体谅孩子的压力。对于父母来说，最重要的是应该不带任何攻击性地理解和体会孩子当前的感受。父母应该想想，他们还是个孩子的时候是什么感受。
>
> ——本，17 岁

斯蒂芬妮在开车回家的路上越想越生气，怒发冲冠，她从前门进入房间，走进起居室时，看到尼克正坐在沙发上看电视。

"尼克。"

"嗨，妈妈。"

"今天放学后你做什么了？"

"与艾米一起去市区吃比萨，然后就回家了。怎么了？"

"哼，你将所有的事情都弄得一团糟！"

"我做什么了？对不起，妈妈，我不明白您的意思。"

"我知道你不明白发生了什么。下午牙医给我打电话问你去哪里了，并且告诉我至少两周以后才可申请下次预约。"

尼克坐在沙发上，用手擦着脸。斯蒂芬妮生气地大声跺脚，她穿过起

> 如果我是尼克，我会自己管理自己的生活。
>
> ——罗瑞，16 岁

> 父母职责的一部分就是与孩子建立良好的关系。双方关系紧张多数是因为，谁也不去指出对方的错误做法，各执己见，各自行事，于是双方的关系变得越来越紧张。
>
> ——塔莎，17 岁

居室，把书放在茶几上，背对着儿子。

“你需要好好总结一下经验教训了。”

“我知道。”

“你总是那样说，但是什么也没做好过。你从来不准时，也记不住任何事情。你说我和你妹妹能指望你什么？我一直在忙着工作，养家糊口。我得缴纳税款，付各种账单，洗衣服，整理房间，做饭。每天我都要准时做各种事情，然而你却总是忘记我要求你做的事情。”

“妈妈，瞧你说的这些。你每天都列一张清单，但那张单子对我有什么帮助呢？很多时候你总让我帮你做一些事情。‘尼克，去接你妹妹。尼克，去买牛奶。尼克，我们家的碗和勺子去哪里了？’很多时候，我只是记得几件你让我做的事情，但是我也没办法记住所有的事情。因为我也有自己的安排，也有自己的事情要做，我觉得自己像个随从，我做的事情只是为了配合你的家庭计划，都是按照你的期待去执行的，我就像你的木偶一样。”

> 对一个人来说，能够驾驭自己的生活非常重要，因为别人的生活对你无关紧要。一个人不能很负责任地驾驭自己的生活，多半是因为他们的照顾者做得太多了。在保证安全的前提下让孩子自己去做，显得尤为重要。
>
> ——塔莎，17 岁

“因为我想让你和爱丽丝过上好日子，如果没有我每天督促，你们会过得一塌糊涂，尼克。我知道这话不好听，但对你们有好处——我也说不清楚，我是怎么形成这种做事风格的。当你无法完成最简单和经常重复去做的事情的时候，我又能指望你什么？”

> 尼克的妈妈在控制尼克的生活。如果我是尼克，如果妈妈说“没有我，你就会失败。”我一般都会立刻走出去，不听了。
>
> ——特洛，15 岁

斯蒂芬妮说这些话的时候，尼克只是看着她。然后，一脸忧愁地离开了房间。他认为妈妈只是站在自己的角度看待问题，对这种解决

> 青少年会玩手机游戏，这可能也会分散他们的注意力，但是我认为这对提高青少年的自我管理也会起到一定的积极作用，他能学会如何应用一些辅助工具来管理自己的日常生活。
>
> ——塔莎，17 岁

问题的方式感到不悦。斯蒂芬妮考虑了很长时间，儿子说的话有没有值得思考的地方呢？可能她太较真了。可能尼克忘记做某件事了，是因为她无微不至的照顾，越俎代庖的包办，孩子没有机会做自己的计划并负责任地完成。尼克也很痛苦，他们得在双方都冷静后好好谈一谈。

一周以后，尼克回到家看到妈妈正坐在桌子旁边，他们准备一起谈一谈。斯蒂芬妮微笑着对儿子说："我知道上周我们的问题到底出在哪里了。我想让你知道，我只是想让你长大以后能独立应付各种事情，现在这只是对你的一个锻炼而已。"

斯蒂芬妮从手提包中拿出一部智能手机，放在了桌子上。"这是我做事有条理的秘密所在。我把自己的安排都记录在手机上。虽然我认为这可能无法解决你的所有问题，但我认为对你会有帮助的。我希望对你也有用，也给你一个机会，我们俩都想给彼此一个机会。对吗？"

尼克微笑着，拥抱了妈妈后，拿走了手机。"我保证自己会更加努力的。我感谢您为我做的所有事情，我知道我仍然需要您的帮助。"

> 尼克的时间应该让他自己负责支配和控制。尼克的妈妈可以进行提醒，但要渐渐减少提醒的次数，这样他才能记住自己的事情。
>
> ——罗瑞，16 岁

斯蒂芬妮教尼克如何使用智能手机的提醒功能，如何用它进行计划安排和提醒设置。尼克来到自己的房间，在手机里设置了所有自己需要做的事情的计划和提醒功能。他还看到了妈妈发来的信息：周三，下午 3:30 与牙医见个面。爱你的妈妈。

问与答

我们的孩子也有一部智能手机。问题是，她不用它来设置计划和提醒。

我们经常为此发生冲突。如果我们帮助她或提醒她，她就会抱怨说我们不让她独立。如果我们不帮助她，又担心她没有记住重要的事情。我们如何在提供支持和让孩子变得独立之间找到平衡点，让她渐渐学会管理自己呢?

我们认为最重要的是让孩子能适应一些强化的练习观念，有足够的兴趣去做事。并且你的提议对她来说也应该是很具有吸引力的。当孩子还小的时候，他们可能会误解你所提出的一些鼓励性的控制方法。你想让她做你期望她做的事情，虽然有时候你对一些情况也不是很熟悉。对你表现出来的各种情绪，她也会觉得只是你为了督促她听从你的话而已。还有一种反作用是，父母常说的话只能引起孩子的抵触情绪。所以，尽力让孩子记住做某件事的最佳方法就是提高孩子的工作记忆，尽可能地呈现出一种积极的、希求她不断进步的方式。不要这样说:“你需要一部智能手机。”或“我们认为制订一个日历表会帮助你。”而要这样说:“我们认为到了你更能控制自己的时候了。我们认为你已经长大了，能自己做好这些事情了。”请记住:给予孩子权利，而不是劝诫。如果你的孩子已经有了一部智能手机，请给孩子发一份你的时间安排和日程安排表。这也是尊重你的孩子，让她知道你的日常活动安排，同样她也会发给你一份她的日程安排表。

我能体会到尼克和斯蒂芬妮在家时的感受，但是我家孩子的问题是在课堂上出现了工作记忆的问题。具体地说，我们的孩子很难记住一些老师大声询问的问题。如果她被老师点名回答问题，她经常不知道老师的问题是什么，即使刚刚老师说过，她也不知道。您能否给我们一些建议呢?

这是一个典型的人们不知如何应对转眼就忘事这种情况的例子。类似的情况还有，读了一段话转眼就忘，开车找不到之前走过的路了等。区别在于，发生这种情况是因为当时紧张或正处于应激状态之中，还是因为当时没有集中注意力。那些经常粗心大意或存在工作记忆问题的人身上经常会出现类似的问题。针对你的问题，我们的答案是让你的孩子简单地把老师的问题写下来。不是每个词都写下来，只要写下几个关键词，能提醒她想起整个句子的关键词就可以。现在的孩子非常熟悉关键词，因为他们经常在电脑上通过关键词进行搜索。用这种方法，孩子能在自己的头脑中进行搜索，明确老师问了什么问题，就能在头脑中搜索答案来应对提问了。

另外，我们建议孩子关注所有与老师的提问可能相关的一些可视线索。看老师在黑板上写的一些提纲、课文、幻灯片或头顶上的宣传册，特别是瞧一眼自己所写下来的关键词，都能起到提醒的作用。如果你觉得还需要更进一步，也可以让你的孩子问老师几个他会在课堂上进行提问的问题或重复一下刚才的问题。可能老师也知道孩子存在工作记忆的问题，没什么可大惊小怪的，这只是提醒孩子注意听讲的一种策略，所以老师也能体谅孩子。

第 11 章 学会控制情绪

情绪控制是为了调节或掌控我们的行为，在执行任务及实现目标的过程中管理自己情绪的能力。具备了控制情绪的能力，我们才能掌控自己的人生。在面对挑战或发生紧急情况的时候，能从容淡定地应对。从家庭冲突到面对暴躁的老板或咄咄逼人的汽车司机，你每天会遇到各种意料之外的事情。如果你学会了管理自己的情绪，就能避免被各种不愉快的感受击垮，从而走出困境，继续去做那些对自己的人生有意义的事情。显然，如果青少年想要度过青春期的痛苦与挫折，并学会与各种各样的人打交道，情绪控制能力对他们来说确实是非常重要的。青少年会因一时冲动而伤害与同学之间的友谊，在进行某项重要的演讲或学校活动时无法掌控局面，出现怯场，就很难发挥出自己的真实水平。如果孩子不能掌握积极的情绪控制能力，整个青春期就会因为情绪失控而让生活陷入一团糟之中。

情绪控制能力的发展

作为父母，我们会看到婴儿在看到自己喜欢的物品时露出笑容，感到不舒服或不喜欢某个物品的时候就会大声哭叫。父母能准确理解孩子的感受，就会满足孩子的需求，孩子的情绪才会平静下来。起初，婴儿需要父母的安慰。接着，孩子渐渐懂得了如何安慰自己，这就是他在学习一种情绪控制能力。有些婴儿似乎很难形成自己安慰自己或者控制情绪的能力——他们饿了的时候就不停地哭，渐渐变得情绪失控，于是父母就认为这个孩子实在是“太不省事了”或“容易情绪化”。

从婴儿期过渡到儿童期和青春期，父母可以从孩子们怎么度过“难缠的两岁”来观察他是如何进行情绪控制的。有些孩子很少发脾气，而有些孩子经常发脾气，有些孩子正好处于两者之间。孩子们也开始形成对一些事情产生特定的情绪（如困了或洗澡的时候，哭闹或发脾气）的能力，情绪控制就涉及他如何适应那些日常琐事。所以说，情绪控制的一个重要目的是，让孩子具有心理灵活性。事实上，很多孩子往往持续出现固执和很差的情绪控制能力。并不是所有孩子的情绪控制问题都是出于固执，但固执总与他们的情绪控制能力有关系。

在小学的时候，孩子们如果情绪控制能力不足，就会加剧与小朋友的冲突，影响学习成绩和行为表现，无法按照家长期待的那样去做，也无法在冲突中妥协，只接受双赢，或出现不得体的行为，如满地打滚，或自尊心极强，不允许别人说一句批评的话。与相同年龄的小朋友存在很大的性格差异。如果孩子在小的时候你就认为他缺乏情绪控制能力，那么现在，你就需要帮助他调节应对不同的情境，帮助他解决存在的问题，他才能渐渐学着在学校里控制自己的情绪，然后在家里也不会经常地情绪失控了。

当然，进入青春期，孩子会出现新的情绪控制问题。从整体来看，青春期孩子的情绪化强度有了更显著的增加，在面对那些令他们紧张的情形时，他们会出现更明显的情绪失控，这是生物因素和成长因素共同作用的结果。从生物学角度来说，这是青春期大脑结构变化的结果，导致他们发生情绪方面的重大变化。与此同时，额叶的发展却落后于其他脑区，所以这个阶段的孩子比较难以平衡激增的情绪或者说难以压制住情绪冲动。小的时候情绪控制能力差的青少年比同龄人更容易出现情绪混乱，也更容易受到情绪冲动的伤害。如果你的孩子情绪控制能力弱，当你试图纠正他的行为或者与他的想法产生分歧的时候，他可能会做出更多的叛逆举动。

请用下面的评估表来评估你家孩子的情绪调节能力。如果你想用这种形式来检测，随时都可以进行，也请与其他的青少年家长分享这个评估量表。

你家孩子能控制好自己的情绪吗

下列图表中的每一项，你首先要明确“但是”左右两侧中的哪一侧的陈述更符合你的孩子。然后评估他的表现可归于哪种范围内。你的评级表明了技能构建的合理目标：当你在左侧陈述一栏里选择了“很多”或“非常多”时，证明孩子很善于在那个特定情境中利用该项技能。而对右侧陈述选择的是“很多”或“非常多”时，意味着孩子可能需要在那些方面付出更多努力。

略微	很多	非常多				略微	很多	非常多
			即使家庭作业很难也很费力，他仍积极努力去做。	但是	有些孩子会因为作业难或费时而生气。			
			无论遇到什么事情都能保持冷静。	但是	有些孩子脾气火爆，即使是很小的事情也能惹恼他。			
			孩子只有在一些大事情上才会不知所措。	但是	有些孩子如果事情没有按照自己的方式进行，他就感到紧张焦虑。			
			遇到批评，孩子能很快转移精力去做其他的事情。	但是	如果有人批评他们，他们就容易受伤或受刺激。			
			有些孩子能控制自己的脾气。	但是	有些孩子一生气就会大喊大叫，情绪失控。			

增强孩子的自制力

● 向孩子明确你的要求和原则，但对孩子的强制性要求不能太多。在第六章中，我们建议你按照如下的规则去做：（1）需要明确的信息：他们在哪里。他们与谁在一起，或者谁的父母跟着孩子；（2）许可的事情：什么时间回到家里，什么时间能玩电脑；（3）禁止孩子做的事情：禁止孩子见的某些人，去的某些地方，以及超出限制之外的活动。请对孩子明确这些原则，在某些情况下可以双方谈判协商，定期地提醒孩子你对他的固有期望，强化你的观念，让孩子知道你的想法。

● 让孩子知道一些约会和家庭聚会并不是按照他自己的兴趣来安排的，所以不必为此感到吃惊，甚至发脾气。如果你没有提前告诉他一些事情的安排，就会和他闹得不可开交，那种情况简直比地狱还可怕，因为这往往会与他的一些安排发生冲突。因为自己做决定对他们来说是一项重要的能力，青春期里的孩子经常自做决定而不告诉父母。所以把你的计划提前告诉孩子，也能避免与孩子的计划发生“撞车”现象，让孩子更愿意参加你所安排的活动，而不会产生强烈的反抗情绪。

> 作为一个小孩，我的计划经常与很多人的计划“撞车”。我会因有权利按照自己的计划行事而与父母发生争执，也偶尔因父母重视他们的计划，让我的计划泡汤而与父母发生冲突。
>
> ——本，17 岁

● 采用一些交流方法而不是与孩子对着干。像我们之前在第六章中提到的方法那样，请回顾一下你以前与孩子的交流方式，特别是针对那些要求他做或不准做的事情。另外，我们会重点强调如下的方法：

1. 积极倾听孩子的话。对孩子说的话，能做到全神贯注地倾听。

用一些手势语来理解孩子的话，时不时地简要描述你对孩子所说的话是如何理解的。倾听是关键，请你尽量避免立刻提出自己的观点、判断或你所认为的解决事情的方式。出现一些紧急情况时，真诚地向孩子表达你的一些看法，无论你的感受是积极的还是消极的，只要是对孩子没有任何伤害，不是在侮辱他，就可以告诉他。

2. 无论怎样都要与孩子谈一谈。避免出现不交流的状态非常重要。

孩子没出现任何事情或你俩相安无事的时候，也请保持和孩子谈心的习惯，让孩子知道如果有什么事情出现，你会尽力倾听，并会尽力做到尊重他的观点，或者你们协商后达成一致。作为父母，很多时候你都要坚持自己的原则，但也要顾及孩子的想法。

3. 对孩子提出的问题避免无意识地用“不准。不行。”来回绝。对孩子说“不”当然是父母的特权，但需要明智且谨慎地说出，并给出充分理由。

如果你能持续地应用这些交流方式，当你和孩子的意见不一致时，你至少能减少他出现情绪爆发的可能性。

案例故事

解决家庭纠纷

凯西听到门哐当一声被关上了，又被从里面锁上了。她双手支撑在厨房的台子上，大口喘着粗气，一句话也说不出来。她的身体不停地颤抖，不明白自己到底是怎么了：她和儿子布拉德已经在那天大吵大闹两次了。他们争论的是同一个问题，虽然吵了两次，但事情到现在都还没解决，眼看都可能引发第三次争吵了。两人都大发雷霆地大声乱吼，都感觉筋疲力尽，布拉德生气地跑回了自己的房间，把房门锁上。凯西心想，真是烦死了，养了这样的儿子真是倒了大霉，每次都被他气得半死，无论说什么他都顶嘴，然后家中就会出现大吵大闹的场面。凯西每次都被儿子激怒，通常都是与儿子作对。这次，儿子说周六朋友邀请他去看一场曲棍球比赛，而凯西今天早上告诉他，在同一天他们要参加一个婚礼，一个亲戚周六结婚，全家人必须到场。儿子开始抱怨，不愿意参加婚礼。凯西勃然大怒，并责骂儿子自私，没有家庭责任感。他对妈妈说，妈妈的亲戚都是一群无聊的人，讨厌至极。凯西说只有傻瓜才看曲棍球比赛。

凯西很后悔自己这么说，但是每次她都无法控制自己的情绪，每次坏情绪都会流露出来，每次都会忍不住与儿子大吵一次，每次都觉得儿子自私，也为自己的言行而感到内疚。自从孩子上了初中，她和儿子之间的争吵就没有停止过，这样的情况已经持续三年了，每次争吵都让凯西感到非常痛苦和难过。即使没有争吵，他们母子之间的关系也非常紧张。她和儿子都很难受，每次两人都无比气愤，但没多久就又会大吵一次。

凯西听到丈夫马克回到了家，觉得自己终于有了救星。现在布拉德也可以松口气，找爸爸诉苦了，他得向爸爸争取这个机会。当马克放下笔记本后，他亲吻了妻子的面颊，凯西听到儿子开门走了出来。

“我和布拉德……刚才在讨论事情。”

“哦，什么事情？”马克好奇地问道，“关于什么？”

“哦，他和朋友这周末已经有安排了，而我们已经有了安排，我告诉他了那件事，他可能有话要说……”

如果我是布拉德，我也会对父母那样大吼的。父母大吼大叫，并不能让孩子冷静下来思考。

——罗瑞，16岁

“爸爸！妈妈不让我去参加和同学杰西约好了的活动。杰西的爸爸有六张曲棍球比赛的门票，而妈妈抱怨说只有傻瓜才去看比赛。”

“哦，亲爱的老爸，你可千万别和我老妈一样。”

“不一样吗？”马克的声音增加了很多分贝。“我和你老妈的决定当然是一样的。关于这次婚礼，我们已经讨论很多次了，你以前也是同意出席的，你上次就错过了一次家庭团聚，因为你那次去参加自行车比赛了。如果杰西的门票是这次婚礼的请柬，我就不反对什么了。你去看曲棍球比赛完全没门！”

“好几个月了吗？难道你们像开市政会议那样，从8月份开始，

失控的孩子往往没有任何逻辑思维。但是，我能理解是怎么发生的：只是因为他没把你说的话放在心上。然而，如果他对这场比赛非常感兴趣，他应该在周末前就及时告诉父母，免得父母有别的安排。

——塔莎，17岁

每天晚上都曾提醒我有婚礼要参加吗？可能，但你们肯定只提过一次。否则我不会没听到的。这都什么乱七八糟的！我宁愿窝在家里，也不会参加什么愚蠢的婚礼！除非我死了，你们抬着我的尸体去参加那个可恶的婚礼，否则我就要去看我喜欢的曲棍球赛！”

> 制订计划是一件大事。布拉德的父母应该在听到儿子大喊大叫后实行一项改善孩子情绪的计划。
>
> ——罗瑞，16 岁

布拉德怒气冲冲地回自己的房间了。

“只能这样了！你去看球赛。我和你爸去参加婚礼吧！”凯西对儿子喊着。

他们看到儿子停住了脚步，然后听到一声大吼，跟着是东西被打碎的声音。“要我按照你说的去做，晚了！”他对着父母大叫。

> 如果我是布拉德的父母，我会让他必须参加那个婚礼，因为他有义务这么做，而让他留在家里只会纵容他，让他更加为所欲为。
>
> ——本，17 岁

马克看着凯西说：“他才不会那样做。”

后来也确实如此。那个周末凯西和马克参加了亲戚的婚礼，儿子没有去。结果，他们一怒之下就打电话给杰西的父母，告诉他们布拉德不会前去观看曲棍球比赛了。他们拿走了布拉德的手机并告诉儿子他们会每隔一小时往家里打一次电话，如果他没有接听，他们就给警察打电话让他们去家里看看。

布拉德两周没有和父母说话，最后三个人只能坐下来，任何人都不带情绪，心平气和地聊了聊。他们每个人都承认，自己在那种情境下是带着情绪在处理问题。马克和凯西对布拉德说，都是他们过于情绪化了，没有顾及他的感受，深深地伤害了他。布拉德也说希望父母每次提到重要的事情时，不要随随便便地在谈话中提及，最好能给他留个纸条，方便他记住，

> 我认为对布拉德的妥协和让步是不正确的。这对父母应该讨论一下孩子的将来，因为整个方案中没有涉及惩罚的部分。
>
> ——塔莎，17 岁

在安排自己的计划时能想起来，避免和父母的计划“撞车”。于是，他们建立了一个家庭记录本，提前告诉他什么计划或活动需要全家人一起参加，以便于布拉德提前与朋友们约定好他们的安排。

问与答

我的女儿与此案例中的布拉德有着相似的情况。她似乎每天都莫名其妙地与我对着干。我们的关系曾经有过片刻的缓和，但总无法持续，迟早都会大发脾气。我们发现，我们总是如此周而复始地闹情绪。我们该怎么办呢？

以上这段话展现了亲子关系的一个小缩影。每天父母与孩子的冲突和意见不合，都是围绕着谁做最后决定所进行的抗争。孩子还小的时候，知道自己要听父母的话，也渐渐地接受了父母的主导角色，他甚至是从内在安全感方面意识到，父母做决定对他会更加有利，也更能满足他的兴趣。然而，正如我们不断提到的，随着孩子不断长大，父母的这种观念需要适时改变。父母与孩子之间的控制范围并不是清晰明了，一成不变的，它会随着孩子的年龄、成熟度和具体的情境不同而变化。随着这些令人紧张的事情不断出现，父母和孩子的情绪对抗会越来越明显。我们与孩子发生矛盾或意见不合往往不是由于眼前的事情，恰恰相反，是因为双方都想进一步控制冲突，占据上风。很不幸的是，父母和孩子往往有同一个目标但却因此而发生冲突：你们希望他能承担责任，并具有独立生活的能力。而父母和孩子之间经常不断地拆分这个目标，让亲子之间的冲突蒙蔽了目标。父母想让孩子避免做出错误的决定，而孩子认为父母正在限制自己能力的发展，甚至觉得父母在侮辱他的个人存在感。布拉德非常想去看曲棍球比赛，而他的父母认为参加婚礼和亲戚们团聚很重要。二者的意见无法达成一致的时候，双方就出现了辱骂的鲁莽行为。在这种情况下，双方的情绪都失控了，做出了失败的交流。这两项因素并非巧合。他们可能还会遇到其他类似事件。如果你和孩子都能控制住自己的情绪，就开启了一扇良好沟通的大门，你们都能朝着未来的那个目标前进。在以后的交流中，你们可能会轻松地缓解彼此的对抗情绪和敌对情绪，也能比较容易地放下戒备心理，不会让糟糕的情况出现。也就是说，你和孩子能掌控住情绪，就能掌控你们的亲子关系以及孩子的未来。

解决这个问题的最好办法就是认清自己的情绪。在与孩子交流的过程中掌控自己的情绪，把焦点集中问题上，在头脑中要有“一个情绪状态的气压计”。请记住我们在第一章中提到的，认知的“热处理”相对的是“冷处理”，对父母来说最重要的是要维护好自己的“冷处理”。特别是如果你的孩子缺乏情绪控制能力的话，这点就显得更为重要。如果开始交流的时候，你很茫然或有情绪出现，请问问自己这种情绪是否有正当理由，还是有其他不相干的因素促使了你与孩子吵架或辱骂他。如果你感觉事情正在朝着坏的方向发展，觉得自己快要控制不住自己的情绪了，请立刻停止这次谈话，让自己冷静 5 分钟或深呼吸 10 次。然后，再来和孩子谈。有时候最好的做法是对孩子说：“儿子 / 女儿，听着，我认为我们俩都处于气愤的情绪状态中，我们不要继续谈了，先让彼此冷静一会儿再谈好吗？”请注意，这种方法说明你也反对自己爆发坏的情绪，与孩子是同样的感受，让孩子认同你也有情绪问题。非常重要的一点是，你没有单独孤立孩子。（千万不要这样说：“我认为你火气太大了，我无法和你冷静地谈，我们应该过一会儿再谈。”）这种陈述是在暗示你是对的，孩子是错误的。前面一种陈述比较好，因为它陈述的是基本的事实，而非评判。无论你是否打算继续对孩子的反应进行讨论，你给他的建议都像巧妙而有用的“和平橄榄枝”，孩子会觉得你尊重他的能力，从而能很好地评估自己的情绪状态，做出最好的决定。

有没有办法让我们把问题控制在萌芽状态呢？

交流是这个方案中另外一个需要强调的问题。青少年和父母经常因为计划和安排不一致而发生冲突，这也取决于在完成计划之前你们是否进行了互相讨论。一个最好的办法是在家的显眼位置放一个家庭日历，训练你和孩子应用这个日历。这样方便任何一位家庭成员在制订计划之前先核实，从而避免发生一些时间安排上的冲突，避免像上面提到的布拉德和父母发生争执的事情。预防冲突是最好的办法，但是不可避免地会出现父母与孩子的意见不合的情况。把自己房间的门打烂也不能解决任何问题，能有什么其他的解决方法吗？这似乎很极端，但在以上的情境中，我们提供的解决方案是，让他为自己的行为负责，让他移走那道被打破的门，并告诉他必须为之付出代价，或者为购买的新门付款。父母和孩子往往会情绪失控，但身体的暴力永远都是不能容忍的。布拉德在父母面前和自己的房间里表现出了极其鲁莽无礼的行为。当他偿还了新门的钱，他的房门才能被装上，否则他的房间就一直没有门。如果财产受到了损失，他也应该为自己的行为负责。如果你家的孩子晚上超过了一定时间都没有上床睡觉，那么明天他就必须把拖延的时间补回来。并不是每件事都立即兑现，但是这样会让孩子加深对这个世界的了解，因为在残酷的社会中，你的孩子长大后会碰到比这种小惩罚更严厉的惩罚。父母要让孩子从经验教训中学习。

我家的孩子不会歇斯底里地宣泄情绪，但是当我们有问题或出现冲突的时候，她就变得闷闷不乐，自己生闷气。虽然似乎对我们并没多大影响，但这种无言的沉默和对抗也是很可怕的。我们该怎么做呢？

有些孩子天生就有自我控制能力，每次与父母或其他人发生冲突的时候都会保持沉默。面对这种少言寡语的孩子，你最好的方法就是给他们时间和空间。你可能会认为她这样忽视你是不尊重你，没有礼貌，但是真的没有别的办法能强迫她开口和你说话或向你道歉。如果没有其他事情，时间就能解决问题，让她自己好好想一想。过一两天，她就会心平气和地和你说话了。但要警惕的是，如果经过了很长时间，情况还没发生改变，孩子越是少言寡语或行动缓慢，越可能是一种抑郁情绪的征兆。所以，对父母来说，能识别这种信号非常重要，这也包括嗜睡、心绪低落或绝望、沮丧、疲惫、睡眠和饮食习惯发生改变、生气或易怒，父母要特别关注孩子是否出现了这些特征。即使没有出现以上的这些症状，孩子进入青春期后，行为也会发生极大的变化，包括不愿意与朋友交往，不愿意和家人说话或者出现物质依赖（酗酒，抽烟），或者出现抑郁症状。如果孩子的情绪和行为持续两周还没有好转，父母千万不要犹豫，要马上找心理医生帮忙，进行正确的评估，看看她是不是患上了抑郁症。“以防万一，总是好的”。

第12章 提高孩子的灵活性

灵活性是指随着条件或环境的变化能够适应或调整自己的行为——当遇到挫折或犯了错误的时候，换一种思路或想法是比较有利于问题解决的。人们往往认为灵活性等同于“随波逐流”、“逆来顺受”、“大事化小，小事化了”。人们并不是在计划的最后才会发生思想转变的。具有心理灵活性的人往往不会沮丧或愤怒，他们会想办法解决问题。青春期里的孩子还没有习得这种能力，因此不能顺利接受那些意外的改变。特别是比较小的孩子经常缺乏心理灵活性。如果你的孩子也缺乏心理灵活性，就可能会出现你意料之外的情绪变化或愤怒表情。

灵活应变能力的发展

当孩子还是个婴儿的时候，他饿了，就会用哭叫来让我们知道。我们会尽自己所能去满足孩子的需求。我们根据他们的吃奶时间和睡觉规律来判断他的需求。但是当婴儿渐渐长大，他们也在渐渐适应家人的需求和各种安排。我们也介绍给他们各种不同的新事物——带他们见不同的人，去不同的地方，参加很多的活动——也希望孩子们能灵活地接受这些。于是，让孩子适应变化成了对他的基本期望。你期待把孩子介绍给陌生人（保姆、老师们），带孩子到不同的地方（幼儿园、学前班和小学），安排孩子的不同作息时间（为某件事熬夜或在爷爷奶奶家过夜）的时候，他在这些变化中能够没有任何情绪，能适应这些环境，不要出现任何哭闹的行为。有些孩子比别的孩子更具备这样的心理灵活性。孩子们适应新环境可能需要很长时间，但最终都是能做到的。

如果你的孩子现在非常固执，你应该认识到孩子在青春期之前早就会出现某些行为特征。你的孩子可能会坚持一贯的方式或行为，对意外发生的改变大哭大闹，发脾气。他可能不适应新环境或者很少能认可陌生人。一旦你的孩子在头脑中建立了这样的思维定式，他就期待所有的事情都按照自己的计划进行。如果不能，他就会出现情绪失控或其他一些可怕的行为。

他可能会出现气愤、恼怒的情绪反应，或者用其他的方式表达自己的情绪。如果你没有按照孩子的要求回应，就会经常被孩子认为不公平。你给他安排的任务，如果他看不到什么结果，他就会说这件事很“愚蠢”，“浪费时间”。为了迎合自己的独立感，他们可能会拒绝改变，也不愿意接受你的建议。如果你们一直为某个问题争论不休，就会刺激孩子的“热处理”（这点我们在前面章节中曾谈到过），导致他们大发雷霆，大喊大叫或者“嘭”的一声把门关上。

为了更详细地观察孩子的心理灵活性，请完成如下的问卷。如果你认为这个问卷有用，可以与自己的朋友或者老师、其他父母们分享。

你家孩子做事的灵活性如何

下列图表中的每一项，你首先要明确“但是”左右两侧中的哪一侧的陈述更符合你的孩子。然后评估他的表现可归于哪种范围内。你的评级表明了技能构建的合理目标：当你在左侧陈述一栏里选择了“很多”或“非常多”时，证明孩子很善于在那个特定情境中利用该项技能。而对右侧陈述选择的是“很多”或“非常多”时，意味着孩子可能需要在那些方面付出更多努力。

略微	很多	非常多				略微	很多	非常多
			有些孩子喜欢挑战那些开放性的家庭作业，例如写作文和科学实验。	但是	有些孩子只愿意做有一个正确答案的家庭作业。			

（续表）

略微	很多	非常多				略微	很多	非常多
			有些孩子如果第一个计划无法实施，就会考虑尝试其他的计划。	但是	有的孩子只坚持一种方法，从不考虑用其他方法。			
			有些孩子“见机行事”，比较容易对计划的改变及时进行调整。	但是	发生出乎意料的事情时，有些孩子还是坚持固有的方法。			
			有些孩子能很自然地从“实际情况”出发，考虑问题。	但是	有些孩子需要提前做好准备。			
			有些孩子能够随机应变。	但是	有些孩子需要提前为计划做好准备，如果没有按照自己的要求进行，就非常生气或发脾气。			

让孩子灵活应对各种变化

对青春期的孩子来说，适应各种变化的情境，对提高他们的心理灵活性和适应环境的能力非常重要。父母们可以参考以下的方法：

● 只要可能，预先通知或者对即将发生的事情进行警告。特别是与青少年想的不一样的时候。

● 尽力按照计划或惯例进行。但是，当我们在试图帮孩子建立某些灵活性的时候，不用对孩子说这个活动（晚餐）会在晚上的 5 点钟举行，而应该告诉孩子会用多长时间。例如，这个活动从 4:45 开始，到 5:15 结束。例如赴约（去看医生等），你要让他提前知道即使时间正好够用，也应该比预定的时间早到 10 ～ 15 分钟。

● 对于孩子不熟悉的情况，可以与孩子提前用电话预演一次预约或者提问他几个面试或见面时会遇到的问题，这样能让他更轻松地解决事情。

● 一般来讲，只要有可能，就帮助你的孩子评估可能会出现的某种情境。提前让孩子掌握一些信息对他会有所帮助，也能让他在面对真实情境的时候更加游刃有余地应对。按照接下来我们所讲的方法，适当地进行环境调整，就能提高孩子的心理灵活性。

● 陪孩子一起面对容易引发焦虑的事情。对于那些心理灵活性比较差的青少年来说，提前知道即将发生的事情会减少他们的焦虑，同时会减少陷入困境的可能性。伴随着孩子对即将发生的事情的了解，他们会未雨绸缪，然后安然度过那些困境。如果你想让自己的方法对孩子有帮助，就需要确保它对事情的解决会产生积极效果。如果没有效果，就会让孩子对那件事情感到更加恐惧，反过来还会埋怨你对他们进行了错误的操控和指导。

● 重复某种情境或重复某种预期。例如禁止孩子在朋友家过夜或熬夜。如果你知道了孩子的一些安排，就需要提前和他确认那天会发生的具体细节，并且快到了那个日子的时候，提醒孩子某些方面应该注意的细节。正如我们记录的那样，在你告诉孩子这些事情的时候，一定要确保孩子听进去了（你可以让孩子重复一遍你的提醒是什么）。

● 在某些情境中，你的孩子想要从你那里得到帮助或资讯，请记得你说“或许”，在他听来，会变成“是的”。如果你的意思是“可能”，那么你需要明确，你也不确定。你要给他时间，让他找到确切的答案。

● 假设你的孩子有了疑问或者对某种活动有了想法，这意味着，他的头脑中已经有了坚定的想法，这是大多数青春期孩子的共性。这时候，你需要格外关注缺乏心理灵活性的孩子的一举一动，以免他贸然行动。

● 正如我们所说，请对孩子明智地说“不”。因为你要在特别重大、绝对不允许孩子做的事情上说出“不”。如果你说“不”的真实意思只是“不是现在”，那么在你给出反应之前，先停顿一下，而不只是说“不”。

或者在事情发生时给他时间，给出一个特别答案时给他一段时间思考。

- 假设你说出的“不”不会引发孩子的强烈情绪反应，请用第六章中提到的“关键点”的方法来减轻他的情绪反应强度，同时也减弱你自己的情绪反应。
- 帮助他形成几个掌控陌生情境的好方法，他在这些情境中可能往往因缺乏心理灵活性而出现问题。例如最简单的，让孩子离开那个情境，到外面走一走，冷静一下，然后再回来，或者找人帮忙解决。（例如，假设你的孩子总是与老师有矛盾，为了不让孩子重复地与老师发生冲突，可以找一位心理咨询师来充当一个好的调解者。）

案例故事

你说“可能”，他会误以为你是“同意了”

“这辆怎么样？”

“哪一辆？”

“这一辆是三年前的奥迪 A6，行驶里程是 11000 英里。真皮座椅。GPS 功能良好。爸爸，以前此车只有三个人拥有它。”

“三个人已经很多了。”

“哦！这些人可能都很好地保养了它。我的意思是，这可是一辆奥迪，不是吗？”

约翰放下了手中的报纸，看着女儿说：“宝贝，我不知道。有时候很多人拥有过同一辆车意味着这辆车可能存在什么问题。如果你看了新闻报道，可能就会发现，这辆车曾经发生过交通事故。”

“哦！我们能再看看吗？您说只要我攒够了 4000 美金，就能给我买辆车了。我有了 4000 美金，我们现在能开始看车了。您还记得这些话吗？您说过：‘梅，如果你能攒够 4000 美金，并且足够对自己负责的话，就能拥有一辆自己的车了。’您还记得吗？现在您看，我的支票——我有 4072 美金了！比预料的还多呢。老爸，所以我们现在就去买车吧！”

作为孩子，我可能会对父母提出要求，让他们记住自己所说过的话。父母可能说了什么事情，而孩子的理解可能存在差异，但是孩子会进一步和父母确认。我可能也会重点强调是自己没有听清楚父母的意思，并且让父母能重复一遍自己所说过的话，让他们记住。这样就不会发生孩子认为父母说话不算数的事情了。

——本，17 岁

“梅，梅，梅。请冷静。我知道自己曾说过。听着，你妈和我这周都很忙。她要在医院值班到周二。未来八天，我所在的餐厅要调整春季菜单，所以我这周都要与同事乔纳斯一起留在厨房中。除此之外，你让我看的那辆汽车时速是 50 英里，一定是存在问题的。你可以花费时间找找其他的车，可能质量和性能更合适你。然后，我们再去看车。怎么样？”

“爸爸，这个网站有很多汽车。这里有一辆三年前的本田，一辆两年前的本田，这款斯巴鲁‘翼豹’还带了运动包，前面和侧面都有保护罩，还带了个帘式安全气囊。这里还有一辆——”

“梅！够了！”约翰收起杂志，在手里扭拧着，“我知道你很兴奋，我也知道这对你来说很重要。但问题是，你不能自己决定这件事，我这周非常忙。‘可能’，我只是在周五的时候和你说了‘可能去买车’的话，但是并不是说我保证一定去。”

梅尖叫着拥抱了爸爸。她接着继续浏览网页，仔细地检查每款车的特点。

这周很快就过去了。梅去上学，做作业，每天都安排得井井有条。她从同学家里回来，一进家门，就对爸爸嚷嚷着：“又是周五了！瞧瞧，我已经打印了四辆我喜欢的车型。我还打印了说明书。每辆车的时速都与您要求的相差不到 5 英里，符合您要求的安全标准。”

约翰站起来，拿起夹克衫。

“梅，很抱歉，我遗漏了什么吗？我正准备回餐馆，我和乔纳森还要去准备晚餐食谱的品尝和鉴定。”

我也会做同样的事情。对我的小伙伴说“可能”，而他们则当成了“一定，一定，一定！！！”

——马修，18 岁

作为一名青少年，每一个“可能”都会认为“是的”。所以当自己按照错误的理解去行动的时候，结果可想而知。他会大发脾气，但也于事无补。

——特洛，15 岁

梅把手里的纸扔得到处都是，非常沮丧又满脸焦虑地看着爸爸。

“爸爸，你说过周五会去的。‘梅，周五’是你说的。”

“我只是说了可能，梅。可能会去。”

“你说的是星期五。我是按照你的安排去做的。我努力学习，我朝着目标努力。我节约每一分钱，制订计划。我询问你的意见，我和你一起制订去购车的计划。你现在太忙吗？拜托，老爸，这是一个约定。我们的约定。周五去买车。”

“梅，我已经和你说过了。每一次你需要我们给你买东西，你都敦促我们立刻去买。你的妈妈和我又不是正在忙着看自己喜欢的电视剧而不愿意陪你一起去买车，而是因为我们现在正忙着工作。我们也需要向领导请假，但是我们能理解别人回答我们说‘可能’，并不是真正地答应了我们‘是的’。即使是他们回答了‘是的’，也并不意味着他们一定能按照自己说的话执行。我不是说人们不必为自己说过的话负责任，而是说你不要因为计划有变而大发雷霆或沮丧。”

“我大发雷霆了吗？”梅现在几乎是尖叫着看着父亲，“我哪里敢大发雷霆呢？我只是希望我如何对待别人，别人就该如何对待我。我每天都忙碌着安排自己的生活，每天该做什么，或者明天该做什么，甚至规划了三个月内要完成的任务。我按照自己的计划去做了，但是当我要求某些人尊重我的要求的时候，我得到的只是不断的推脱。真是可笑！真是荒谬！爸爸，这是双重标准！我要求自己像个成人一样，而你和妈妈竟然拿我当个小孩！”

梅走进厨房，拿出一个玻璃杯，从冰箱里取出一瓶橙汁，倒入杯子中，咣的一声放在了桌子上，杯子里的橙汁四处飞溅。

“梅，请听我解释。我不是说你这是无理取闹，但你这样做根本无济于事。你需要意识到‘可能’并不是许诺。我曾告诉过你，我这周会很忙，而我说的话，你好像这只耳朵进，另外一只耳朵出了。不管怎样，

> 我的父母要是没有按他们说的做，我也会大发雷霆的。虽然梅的父亲没有许诺说“是的，这周五我们一定去。”但也没有明确指出这周五一定不去，而是让自己的女儿给他们提醒自己周末的安排。这位父亲应该意识到那个时刻对梅是多么的重要。他们应该开诚布公地好好谈谈，并制订一个更详细的执行计划。
>
> ——塔莎，17 岁

你已经做到了尽量用尊重我们的方式讲话，但是我认为你妈妈和我都比较重视现实，是不会忽悠你的。我们答应你会尽快找时间陪你去买车的，但是你也要尊重其他人的计划安排，并懂得灵活面对各种变化。因为我们是这个家庭的一分子，任何家庭都有自己的家规和安排。”

梅透过装满橙汁的杯子，望着窗外。然后，她回到了自己的房间。两小时后，她妈妈回到了家，看到了壁炉上沾满果汁的抹布。同时，看到了柜台上的一张纸条：“抱歉，我现在能更好地理解您了。我明天会与斯蒂芬一起吃午餐。周日会与同学去野餐，从 11 点到 4 点。其他时间都闲着。如果你们有时间，及时告诉我。梅。”

> 这个便条是两个小时以后写的，简直不可思议。写这个便条的时间最少是一天或两天后，发生了这种情况，一般两天后才能缓解。
>
> ——罗瑞，16 岁

几天以后，梅和她的父母坐在一起吃晚餐。他们开始决定一起制订一些规则，界定父母如何表述一些事情，以及孩子会怎样听进去一些事情。他们达成了一致的意见，如果可能，不要说“可能”，只是说“不”或者“是”。梅也答应了父母，她会给出肯定或否定的回答。当这份计划被执行的时候，他们都用肯定或否定来回答对方是否同意某个计划。梅也能很好地灵活掌握“是的”的含义，即使事情没有按照自己期待的方向发展，她也能灵活地应对了。

问与答

我已经和女儿交流了很多次了，我只是把这个当作是青春期孩子特有的特点。我如何界定孩子是因为缺乏心理灵活性，还是这本就是大多数青春期的孩子所特有的呢？

外行人似乎很难看出梅缺失什么重要的执行技能。可能只看到她有点儿忙碌和不知所措，但正如一般青少年们所关注的那样，他们表现出来的都是正常孩子想要得到属于自己的第一辆汽车时所特有的情绪变化。问题表现在后来的反应上，她赞同了父母并落实计划。梅严格要求自己。她对自己高度负责，严格管理自己，需要她完成的任务，她都及时完成。她的世界按照自己完美无缺的要求运行，如果事情或计划没有按照自己的预期发展，就会感到非常难过。她所表现出的行为灵活特征是基于一些条件的。从某种程度上来看，这是一件好事，会被认为这个孩子很有责任心或目标专一，但是当计划取决于父母的时候，麻烦就出现了。她误将父亲说的“可能”理解成了“是的”，因为这能让事情变得顺理成章，然后计划就能顺利实施。

这样一来，当事情没有按照他们预想的那样进行或者没有按照他们预想的那么快的速度进行的时候，他们往往没有更多的耐心。这些青少年之间的差别，由他们对事情变化时的心理灵活性以及接受程度来决定。一个存在心理灵活性问题的孩子往往不会灵活处理事情，不管她对这件事多么有兴趣。她可能会变得极其疯狂、情绪失控，就像多变的天气一样。虽然她可能是无理取闹，但是她最终的目的是希望每个人都按照她的想法去做。另外一个明显特征是计划出现变化的时候，缺乏灵活性的青少年会变得非常生气。甚至只是发生了微小的变化，也让他们无法接受。如果一位青少年的心理灵活性逐渐影响了亲子关系，父母就应该系统地对孩子的这种能力进行调整。

这个问题似乎非常简单：我告诉儿子“是的”、“不”或者“可能”。怎么能知道他没有分辨清楚呢？

孩子经常在大人的强制下才能做一些事情，即使做不做其实都是他的事，与大人没多大关系。但相反的是，孩子要求大人做的事却非常重要，因为他们根本做不来。他也依赖着你。例如，老师安排了家庭作业，鼓励孩子参加课后的学习小组。老师觉得自己有义务帮助学生，但孩子是否能真正执行这项家庭作业，对这项计划不会有什么影响。老师不会因为学生没有写完作业，就不能回家。但孩子就不一样了。梅要是没有父亲的指导，就不知道如何选定哪辆车是适合自己的。她的行为处于受支配中。所以，我们建议你要尽力去理解青少年的这些想法。

然后，你能界定一些非常具体的规则，来避免与孩子产生冲突。请找个时间与孩子谈一谈。尽可能地不发生如上故事中的“战争”，在整个会谈期间，请无论如何都应用最好且有效的方法。一个可能采取的方法就是“万事都说是”。就是无论谈到什么，都回答“是的，我会……”表明父母对这项计划的明确态度。你通过这种表达，告诉孩子，你并没有对他做出具体的承诺。孩子也会明白，当初你没有承诺什么，因此不会事后给你压力，说你言而无信。其实相比你的真正目标，怎么做反而不必太较真。无论你有怎样的决定，你需要坚信自己这么做的目的是让孩子灵活应对你的期望。这样做了以后，你的孩子应该能理解他的努力没有白费，而你的付出也不应被忽视。

一些父母由于个人性格、工作安排的不同，以及其他事务的缠绕，可能会临时安排每天的事务。你可能会猜想，如果一位灵活性很高的家长遇到了心理不灵活的孩子，一定会更加不知所措。例如，一位家长的孩子得到驾驶执照但没有车开，当父母不用车的时候只能借用父母的车。问题是这位青少年缺乏一定的心理灵活性，父母又经常变化，每次说好了让他开车，但父母经常临时有事情需要开车。有时候，父亲可能下班后直接开车去了健身房，或者他先回家了，但一会儿又出去了。每次孩子想开父母的车，总是落空，他就会勃然大怒。我们提出的解决办法是你需要向孩子投出一个“讲和的橄榄枝”，即使事情在你看来并不重要。如果你和你的孩子在开始约定好每周给他开两天的车，你就要按照你们的计划进行。这样，你不用牺牲全部的自主权，又能让儿子满意。除此之外，我们还要简单地强调以上所说的解决方式：灵活的父母和不灵活的孩子和平共处的最好方法是双方按照约定安排事情。但请记住：灵活的一方和不灵活的一方相处可能只会发生一些小摩擦，但如果是双方都不信守承诺，各自为政，后果可就不堪设想了。

第13章 提高持续注意能力，让孩子全神贯注地做事

全神贯注地做事的能力，我们称之为“持续注意能力”，是指尽管有干扰、疲劳和厌烦感，仍然能集中注意力在某件事情或任务上。对于青春期的孩子来说，持续性注意力能够让他在课堂上维持注意力，集中精力完成家庭作业以及其他活动。如果你家孩子的注意力不够集中，你会听到老师抱怨孩子无法完成功课，总需要老师提醒。在家里，你会看到他经常做事三分钟热度，一件事还没做完，就又去做另外的事情，每件事情都“样样通，样样松”，没有一件事情能完整地做完过。他每隔几分钟查看一下脸谱网，或者不断地发信息、回信息。他晃晃悠悠地开车，从来不注意保持车距。

持续注意能力的发展

持续注意能力是在一段时间内将注意力集中在一件事情上，这一点，我们能从婴儿身上观察到。当孩子对一个活动、一个目标或某件新奇的事物充满兴趣的时候，他从一开始就能持续地保持注意力。然而，作为一种执行技能，我们认为有能力持续集中注意力是指在某件并不新奇的事物或者不是我们感兴趣的事情上，或者有干扰、疲劳或厌烦的时候，仍然能集中注意力做这件事。直观地讲，我们知道这种能力需要用一段时间才能形成，所以我们往往让婴儿保持短时注意力在他们不感兴趣的事情上，也提供一些小奖励来吸引他们的注意力。当孩子上小学的时候，我们希望他能每晚保持 20 分钟的注意力在家庭作业上，能做完 15 分钟的家务活儿，能做到耐心地陪伴家人吃完饭。

如果你的孩子存在持续注意能力的问题，你可能会一直收到老师的反映，也会从老师那里得到他缺乏注意力的信息。例如，学校可能为了确保他上课不分神，让他坐在远离窗户的座位上。或者将他与爱在课堂上聊天的学生分开。老师也会告诉你孩子的一些近期表现，以及其他的各种情况。我们对青春期里的孩子的期待是，能用 60 ～ 90 分钟的时间做家庭作业，没有怨言地承担家务，能够断断续续地完成 1 ～ 2 小时的家务活儿。对于那些缺乏专注的孩子来说，能够对那些无所不在的手机干扰或网络诱惑熟视无睹，而把注意力集中在完成作业或其他任务上，确实证明，他在执行技能方面有了很大的进步。而现在，令很多美国家长头疼的是，孩子在开车的时候往往注意力不集中。所以，让孩子在开车的过程中保持注意力高度集中，显然至关重要。

下面，通过这份量表，你可以进一步地评估孩子的持续注意能力如何。请尽可能地复印这个量表，与更多家长们分享。

你家孩子能全神贯注地做一件事吗

下列图表中的每一项，你首先要明确“但是”左右两侧中的哪一侧的陈述更符合你的孩子。然后评估他的表现可归于哪种范围内。你的评级表明了技能构建的合理目标：当你在左侧陈述一栏里选择了“很多”或“非常多”时，证明孩子很善于在那个特定情境中利用该项技能。而对右侧陈述选择的是“很多”或“非常多”时，意味着孩子可能需要在那些方面付出更多努力。

略微	很多	非常多				略微	很多	非常多
			有些孩子上课的时候能注意力集中，即使老师讲的内容很枯燥，也能认真听讲。	但是	有些孩子上课时注意力不集中，总想着其他的事情。			

（续表）

略微	很多	非常多				略微	很多	非常多
			有些孩子能坚持完成作业。	但是	有些孩子断断续续地写作业，用很多时间才能完成。			
			有些孩子不用父母提醒就能完成一些家务活儿。	但是	有的孩不在父母的提醒下，就无法完成任务。			
			有些孩子能耐心地完成一些任务。	但是	有些孩子似乎永远无法完成任何任务。			
			有些孩子即使遇到难做的事情，也会坚持做下去。	但是	一些孩子如果没兴趣了，就不做了。			

让孩子集中精力做好一件事

正如我们谈论的其他技能一样，要想提高孩子的持续注意能力，协商解决是最好的方法。当青春期里的孩子认识到自己在某方面存在不足的时候，他们会愿意寻求你的帮助。如果他很难把注意力集中在一些特别的任务上（例如，做家务、家庭作业），你可以与孩子谈谈，看看如何做可以更好地改善孩子的表现（例如，可以把大任务分解为不同的小任务），以便孩子能集中注意力去完成任务。

● 提供必要的监督机制。如果青少年能够欣然接受这一点，你可以定期地检查，看看他们做得如何，防止溜号。（这是理查德说的）在上高中的时候，我儿子为了能考个好成绩，经常让我定期打电话提醒他，就像他的“固定闹钟”一样。

● 如果他愿意配合你，就问问他需要休息多长时间，才能接着去做那项任务。为了避免他拖延时间，你可以问问他是否需要为某项任务设定一个截止时间或设置闹铃提醒。

● 用一个自我监控器或者类似雷达监控的工具。这些设备能通过发出一些声音或者震动信号，提醒孩子。

● 安排他感兴趣的任务。正如第七章中提到的，让孩子做他感兴趣的事儿或者能让他保持注意力的事情。这样做的目标并不是清除所有的乏味任务，而是要让他在自己喜欢的和不喜欢的事情上都能维持注意力，而锻炼这种能力一般要先从孩子感兴趣的方面入手。

● 应用激励机制。有两种基本类型的激励机制。第一个就是“首先—然后”的规则，按照一定的先后次序出现的活动，他要先做不太喜欢的那件事情，然后就能去做他喜欢的了。如先做作业，然后再玩电脑；先打扫房间，然后再去开车。在孩子完成了一项任务或多项任务后，给予孩子一定的酬劳，一些有形的奖励（例如，金钱或衣服）。

● 当孩子正在做某件事的时候，要不断地鼓励他，称赞他。不要只在孩子溜号的时候唠唠叨叨或不断提醒，要把关注点放在孩子做某件事情或者不断地完成某项任务的过程上，及时地鼓励、表扬孩子的长处，或者表扬他完成了任务。

案例故事

一个马马虎虎的司机

快天黑了，开着车的布莱恩还在找车的侧视镜。他也不知道是什么东西把汽车的一个侧视镜碰掉了。大多数的灌木丛低矮又稀疏，几乎不可能碰掉侧视镜。道路的另外一侧有一些葡萄藤，互相环绕着，藤蔓又细又软，布莱恩在附近找到了被碰掉的侧视镜。还好，它没有被葡萄藤弄坏。布莱恩经常表现出自负的样子，甚至还经常嘲笑那些犯过类似愚蠢错误的同学们，而今天自己也犯了同样的错误，他很为难，不知该找个什么借口来解释这件事情。

“当心！你马上要撞到灌木丛了。”当他减速的时候，朋友对他喊着。他却没注意到侧视镜里的情况。一切都发生得太快了，他当时正在查看手机，扫了眼女朋友发来的信息，突然就听到了坐在旁边的同学大声地喊叫，这时候汽车已经有一半撞入灌木丛了。幸运的是他们面前没有其他的障碍物。他们费了很大的劲儿才把车开到一条路的小岔口处，把车停靠在一个护栏已经腐烂了的老桥上。桥下的河水又黑又脏，令人胆战心惊。他的朋友不知道，这种事情已经不是第一次发生了。汽车保险杠的左侧已经凹陷了。

布莱恩的父母问他是怎么回事的时候，他谎称是一位出了事故逃逸的人开车横冲直撞，而他正在看脸谱网的页面信息的时候，那人闯了过来。他把原因归咎到别人身上，而不是怪自己没专心开车。虽然其他人没有被吓得尖叫，但也快崩溃了。布莱恩很为自己的反应速度而自豪。他的机灵总能让他幸免于难。

当然，今晚发生的事情一定逃不过父母的法眼（父母装了监控）。因为摄像头完好无损，而车子却被撞坏了。他也不得不向父母坦白了。父母看了整个过程的录像后，对此非常吃惊，也非常愤怒。布莱恩的爸爸关上笔记本电脑，看着他说：“哦，你现在已经告诉我们是怎么回事了，我想你的妈妈有话要对你说。”

“哦，好的。妈妈，你怎么看呢？”

“布莱恩，你还记得两周前你说过的在超市停车场发生的肇事逃逸事故吗？”

“哦，真的不关我的事儿。我不知道是谁干的。”

“你说过都是别人的责任。”

“是的。”

“好吧！我去申请保险索赔，再申请汽车修理，但是他们今天打电话给我，说有人提供了从汽车里拍摄的录像，让我过去看看。我看了录像后，完全傻了，我好像是在对所有人撒谎一样。”

布莱恩的爸爸继续说：“我们从拍摄到的图像上看到的是，只有你我向父母承认错误时也觉得很难堪。如果自己的糟糕行为被录像了，就更可怕了。

——马修，18岁

的汽车在宽阔的停车场上撞到了别人的车，周围的灯光很亮，在正常人完全能看清楚的情况下，你却做出了这种事。不管是什么事情吸引了你，我们都认为当时你根本没专心开车，这是我们回来后得出的结论。你认为我们说得对吗？”

“哦！我没有在意这样的事已经发生两次了，我经常心不在焉的，你们也知道这点——”

“你能说得更准确些吗？”

布莱恩看着自己的手，然后举了起来。“是的，我猜是这样的。我经常这样，而且心不在焉。我出现了两次这样的事情都是因为不专心。”

我只是觉得自己像是在逍遥法外，雷达监控并不是我的真正威胁。我总觉得是我的糟糕“狗屎运”战胜了我的“幸运之神”。

——塔莎，17岁

父母无奈地摇了摇头，接着，妈妈说：“你认为自己总是不能集中注意力，而且容易冲动对吗？你总是心不在焉，粗心大意。你总是做事三分钟热情，经常从一件事情快速地跳跃到另外一件事情上，就像《小猫钓鱼》故事中的那只小猫一样。你认为自己能一心二用。于是，就出现了这种事故。那也是你两周前出现事故的原因。今天又发生了类似的事情，对吗？”

布莱恩赞同地点了点头。他的父亲身体向前倾了倾，说道：“布莱恩，你今天晚上很幸运。停车场那里乱糟糟的，但有惊无险，你躲过了一场事故。你知道吗？”

我认为布莱恩的父母应该对他态度更强硬些。如果不惩罚他，也要通过其他的教育方式让他能够明白这个道理。如果我的孩子出现了类似的错误，我会惩罚他到医院当志愿者或者到边远山区劳动一个月。有些受害人往往都是被那些开车注意力不够集中的司机撞死的。

——塔莎，17岁

“是的。”

“哦，我和你妈妈正在想办法让你能在开车的时候不发信息，或不被其他的事情干扰。你认为我们该怎么帮你呢？”

“我认为开车的时候应该关闭手机，对吗？”

“我们也是这样认为的，但老实说，我们也不确定你能说到做到。”

“开车的时候我把手机放在一边的支架上，这样如何？”

> 很多青春期里的孩子知道如何操作一些先进设备，但还是不断地重复犯同样的错误。我认为布莱恩的父母应该加大对他的惩罚力度，才能避免他再犯类似的错误。
>
> ——特洛，15 岁

“那样做比较好，但是你认为自己能做到吗？我们信任你，但是第一次的事故还没有让你吸取教训。那么，我们如何进一步监督你并避免类似事件发生呢？”

“我向你们保证，我会尽力注意力集中的！”

布莱恩的妈妈安慰道：“你看我们这样做如何？我和你爸爸买了一个软件，当你在开车的时候，你的手机无法接收手机信号，也无法打电话，更无法发送或接收信息。也就是说，只有你在停车的时候，才能接听电话或收发信息。这样就能避免你在开车的时候分心了。”

“我能接受这个提议。”

他的妈妈又补充道：“因为需要一些车险，我想要马上打电话给保险公司，解释一下到底发生了什么事情。你也要向他们解释，自己也要对那些人做出保证。我们也最好能达成协议，我和你爸爸每周都监督你的花销，直到修车的钱还清为止。”

布莱恩明白，这件事也会影响他购买滑雪板的计划，但是他也理解，已经浪费了很多钱了，这时候向父母提出来，会让事情变得更糟。

“我知道了。这样做很好。”

问与答

我们的女儿开车的时候，也看起来注意力不集中，但是到目前为止，她还没出现任何事故。那么，我们真的需要做些什么事情提醒她保持注意力集中吗？

开车的时候分心是青春期的孩子很容易出现的问题。一般来说，80% 的事故都是因为驾驶的过程中注意力不集中造成的，特别是青少年更易因此发生车祸。所以，一方面，如果你的女儿就是这种类型的孩子，她可能会因此面临一些危险，这需要引起你的重视。另一方面，如果你的女儿有注意力不集中的问题，你还要留意，看看她在做其他事情的时候，是否也存在同样的问题。

孩子如果在驾驶过程中注意力不能集中，我们该怎么做呢？

因为你不能总跟孩子在一起，所以对孩子进行教育，利用一些高科技产品监督他是最好的方法。正如布莱恩的案例中提到的，可以购买一个让孩子在开车的时候无法接听电话或接发信息的汽车装备，这是避免青少年在开车时注意力不集中的最好方法。相似的其他科技产品也能置入汽车当中，如果不是很昂贵，就可以给孩子买一个。汽车的监控系统可以帮助你检查孩子是否系了安全带，监控车速，是否有不安全的操作等。我们曾提到过一些驾驶培训的课程，还有一些网络课程都会帮助孩子提高专心驾驶的能力，这些都值得让孩子一试。

我们知道自己的孩子经常发生小意外，就像前面提到的布莱恩一样，她也是那样说的：当她正在四处看的时候，汽车就撞在了停车位的护栏上了。我们应该怎么做才能让孩子告诉我们真实发生的事情呢？我们不担心车坏了，但很担心孩子的安全。我们想帮助孩子成为一名好司机，但又不希望孩子对我们撒谎。你有什么好方法吗？

如果你没有收到来自交警、其他司机或监控录像的信息，或者其他有关孩子开车习惯的线索，你需要孩子告诉你一些真实发生的事情。我们在一开始提到，每年美国发生的交通事故中，青少年驾车出问题的占很大的比例。如果没有其他司机作证，孩子又不告诉你真实的原因，你只能接受一些罚单。如果孩子曾经出现过类似的事情，你能猜测到孩子可能又犯了类似的错误。你要对孩子说明，你有权知道事情的真相，好知道如何帮助她。如果孩子还是坚持自己的想法，请接纳那些话，然后继续找办法解决。

注意力集中对青少年的学习来说特别重要。虽然他有注意力不集中的问题，但是学校老师告诉我，问题还没严重到要运用“个别化教育方案”（IEP）为他治疗的程度。我们应该怎样让孩子的注意力集中呢？

回答这个问题之前我们需要澄清两个问题。第一个问题是：孩子存在的注意力不集中的问题，是经过专业诊断得出的结论吗？如果是被确诊了的问题，那么，你可能要对孩子进行治疗，包括学校的干预和药物治疗。如果你认为孩子需要在学校里进行系统化和持续的治疗，我们建议你让孩子参加 IEP 的学校特别课程。如果学校没有开设这门课程，你可以在美国通过 504 计划去申请。这样做，能让孩子的注意力问题得到改善。

孩子存在注意力问题，但学校认为并没有太大的负面影响的情况下，IEP 和 504 计划就不是首选，我们建议你与孩子的辅导员或咨询顾问聊聊，或者找老师谈一谈。因为这些人可能比较熟悉孩子的这些问题。他们每天与孩子打交道，非常熟悉一些老师的课堂要求，也容易与孩子交流。请记住：如果你的孩子喜欢某位老师或者喜欢上某门课程（或者两者都有），那是因为孩子感兴趣，所以借此能很好地改善他的注意力问题。如果你的孩子想要解决问题，就让他去问问辅导员或老师，可能这些人也能直接告诉孩子一些方法。负责任的老师很愿意帮助孩子们，让孩子亲自与老师谈一谈，老师能了解更多，警惕一些不好的苗头出现在孩子身上。也能通过一些简单的方法，来减少孩子出现注意力不集中的情况。例如，可以调换座位，应用监控手机，经常让老师定期地提问他，让孩子将注意力集中在课堂上。定期与老师、同学的父母们发电子邮件进行沟通，也是一种很好的方法。另外，与孩子建立一种奖励制度，也能帮助孩子。如果还是有问题，我们建议你让孩子参加学校的注意力教练培训课程（我们在第二十章会详细介绍“教练技术”）。

第14章

万事开头难——非常重要的任务启动能力

任务启动是不拖延地开始做一些任务或活动的能力，是一种能有效地或及时地处理问题的能力。在得到一项任务的时候能够快速地行动起来，并在计划的时间内完成任务。对此我们应该都有体会，对最不喜欢的事情，孩子往往拖延很长时间才去做。就像我们前文所说的，他们只会不断地选择那些自己喜欢的、能更快速地给自己带来满足感的活动，特别是那些和同伴们一起做的事情。（可以想象得到，你的孩子有时会周六一早就打电话给同学，去一起滑雪或逛街，根本就把写历史作业或清理车库的事给忘得一干二净了。）糟糕的是，青春期里的孩子往往过高地估计自己能完成任务的时间，或者，低估完成任务的实际时间。（他可能会突然非常坚定地认为，自己只在几小时内就能完成作业或清理完车库，滑雪或逛街后也会有“很多时间”可以使用。）任务启动能力比较弱的青少年有时候不仅仅是让自己获得满足，而是通常会选择自己感兴趣的事情或者有趣的活动获得即时满足。这样做，有时候也是为了逃避那些自己不喜欢做的事情。这样做的结果会怎样呢？就拿前面的例子来说，他可能只会马马虎虎地应付那项家庭作业或者胡乱清理一下车库，留下一片狼藉，然后丢下一句话：“我保证，下个周末一定会做好的。”

任务启动能力的发展

当孩子还很小的时候，比如正在上幼儿园，我们只是从相当简单的角度介绍什么是工作，什么是家务活儿。我们指导孩子清理自己的房间，把玩具放进玩具篮里，以此类推。我们曾说过“外婆法则”的概念，把事情按照喜欢的程度分为不同的等级（例如，在吃喜欢的冰激凌之前先吃些蔬菜）。在幼儿园的时候，校方也会通过一些大扫除等活动，着重培养孩子在这方面的能力。之后几年，我们开始规定孩子的起床时间和就寝时间，并让孩子整理自己的房间。给他们提出一些任务并要求他在特定的时间内完成。学校也给孩子提供一整天的重要学习任务，这些和我们给安排的一些家务活儿，都能继续巩固孩子的这种执行技能。

进入了青春期，孩子有了更多的兴趣——他们爱好各种社交媒介、电子游戏、电视节目、聚会、开车——而这些也让他们有了依赖行为。这些兴趣也增加了任务启动的难度。如果我们希望自己的孩子能成功完成学校的学习任务并实现长期目标，他们就必须忍住那些即时满足的快乐，去做那些自己不太喜欢做的事情，才能从根本上实现自己的长期目标。你可以从下面的问卷中发现孩子在任务启动方面的能力。请尽可能地复印这个问卷与其他青少年的家长分享。

你的孩子做事情总是拖延吗

下列图表中的每一项，你首先要明确“但是”左右两侧中的哪一侧的陈述更符合你的孩子。然后评估他的表现可归于哪种范围内。你的评级表明了技能构建的合理目标：当你在左侧陈述一栏里选择了“很多”或“非常多”时，证明孩子很善于在那个特定情境中利用该项技能。而对右侧陈述选择的是“很多”或“非常多”时，意味着孩子可能需要在那些方面付出更多努力。

略微	很多	非常多				略微	很多	非常多
			有些孩子能立刻开始做作业。	但是	有些孩子尽可能地拖延做作业。			

（续表）

略微	很多	非常多				略微	很多	非常多
			有些孩子可以把最感兴趣的事情放在一旁，先完成作业。	但是	有些孩子很难将注意力从电子游戏、社交网站上移开，去做该做的事。			
			有些孩子有“立即行动”的意识。	但是	有些孩子从来都是拖到最后一刻才行动。			
			有些孩子如果想获得某样东西，会马上制订计划朝着目标努力。	但是	有的孩子用了很多时间思考自己想要的东西，但从来不采取实际行动。			
			如果有人安排他们做某事，有些孩子会马上去做。	但是	有些孩子不喜欢别人安排自己做事，因为他们从来就不按照任何人的要求做事。			

马上行动，让孩子迅速进入状态

● 只要有可能，都让你的孩子设置一个目标，作为提高任务启动能力的方法。给孩子一定的诱惑或奖励，像给他开车的机会或赚钱的机会，会促使孩子更喜欢去做一件事情，因为他有了更大的动力。当然，这种方法针对的是任务启动能力差的孩子。如果目标遥不可及或者任务太多太繁杂，他就很难着手开始。有了内在动力后，他才更愿意配合你，朝着目标努力。

● 如果没有达到你希望的结果或者那个目标的吸引力不够，请考虑提供一个外部的奖励作为他行动的动力。当孩子达到了你要求的标准，就给他部分奖励。

● 如果你的孩子对一项任务丝毫没有兴趣，请与老师联手一起鼓励孩子，帮助孩子把一项任务分解为容易做到的小任务，然后限定每项任务完成的时间。当任务不需要付出大量的持续性的努力时，孩子一般比较容易开始做。如果他愿意听老师的话，请他与老师谈谈并让老师给他布置一项特别的计划。这样做也能提高孩子的自主权，由他自己来控制整个过程，孩子也不会出现过多的抱怨和不配合的情况，更不用你多次提醒。需要再次强调的是，要把这些任务分解成一个个的小步骤，便于孩子执行。

● 让孩子自己决定完成任务的时间，一项恰到好处的制度能很好地触发孩子的积极性，促使他开始执行任务。

案例故事

总也完不成的高中作文

三个月之前，老师安排拉奇莎完成 10 页的作文。对于一位高二的学生来说，这个任务算是比较难的。拉奇莎特别着急，因为以前她总是很难完成这种作业。虽然她并不愁写作，实际上她还有某种写作方面的才华，但是她还是无法完成这类的任务。她的问题是，似乎总是很难开始，也就是启动任务很困难。一个月前，当她开始坐在电脑前准备写文章的时候，她只是坐在椅子里，盯着电脑屏幕，满脑子都是如何才能搜寻到能写出 10 页内容的作文，一直在思考，就是没有动手写。很快，拉奇莎关掉 Word 文档，打算搜索好了资料再开始写。于是她开始上网找资料，又开始浏览网站。两小时后她关了电脑，才发现自己又浪费了两小时。

她就是这样茫茫然的，不知道该怎么解决问题。

最后只剩下三周就到了截止日期，拉奇莎仍没开始写。她正在考虑，老师会不会突然改变主意。她无法开始的理由是她对这个主题不感兴趣。但是拉奇莎还没确定要不要去见老师，因为如果她去找老师，就是承认自己还没开始写。她正在考虑是否让父母帮忙，但是她又觉得父母也爱莫能助。除此之外，她还想让父母看到自己长大了，这样一问父母的话，自己会很没面子。于是，拉奇莎在接下来的一周不停地思考着该怎么解决问题。

现在只剩下两周时间了，拉奇莎变得非常焦虑，开始怀疑自己能否在这两周内完成这个作业，但是与直面问题相反，她开始回避这个问题，希望能用其他的事情代替考虑这件事情。她要写的那张纸上还是一片空白，但是每当她一坐下来打算写的时候，她就很快表现得非常气馁，也没有耐心，无法集中注意力，最后只能放弃。

交作文日子的前两天，拉奇莎放学回到家，只能把这件事告诉了父母。她到现在都还没开始写，担心自己交不上了。她的父母在提出自己的想法之前，先表示出对女儿的理解并表示他们会尽自己所能来帮助她。父母的话促使拉奇莎关闭网络聊天，内心苦苦纠结了两小时后，开始着手写作文。她的父亲充当了一位指导者和编辑助理的角色，先辅助她完成了一个写作大纲，按照她的设想，那天晚上能完成 4 页的内容。第二天晚上，她继续努力写作，按照这样的进展速度能完成 8 页，她很满意自己用这种方法写出了作文。

当她一周后拿着一个 C^+ 的成绩回到了家，她非常生气，因为她觉得自己白白浪费了工夫。她说老师认为她的想法很有创新性，但是在语言组织和语法方面出现了太多的错误，所以没有得到一个好成绩。老师建议她再重新校对修改一下，一定会获得更好的成绩的。拉奇莎开始的时候拒绝了老师的提议，但是当老师和她面谈后，她又改变了主意。她决定重新校对，最后她的作文老师给了个 B^+。

拉奇莎和她的父母都对最后的结果很满意，但是她的父母更关心的是孩子长期存在的一个问题。

> 能够解决拖延的毛病确实令人欣慰。我希望自己能够制订一个计划，并希望所有的同学也能应用这种方法来解决拖延的毛病。
>
> ——罗瑞，16 岁

“拉奇莎，我和你妈妈都非常高兴看到你获得了不错的成绩，但是我们也很重视你出现的一个真正问题，并不是每位老师都能让你重新校对完善作文的。”

拉奇莎也认识到了父母关心的问题所在，但是她不知道如何改进，因为自己很迷茫，不知从何下手。减少干扰似乎也并不是一个有效的方法。

“我知道问题是什么。”拉奇莎说道，“不知道如何开始，起初我认为并不是什么问题，因为我总认为自己有很多的时间。但是随着时间越来越少，问题才显得越来越严重，让我更加不知所措。”

妈妈提议道：“当我在办公室中有一件重要的工作要做的时候，我们经常把这个任务分解为不同的小任务，并安排自己在规定的时间分别完成各个小任务。你的老师知道你有这样的问题，似乎也愿意帮助你。可能她在安排任务给你的时候，是希望你能把这个大任务分解为不同的小任务，并能在短时期内完成各个小任务，你以后可以按这个方法试试。”

拉奇莎很喜欢这个主意，她觉得这样能减轻自己的压力，并能得心应手地完成一些大任务。她与老师谈了谈，并规划了完成下一篇作文的时间。拉奇莎也发现，这样做的好处是能够在更短的时间内写出一个提纲，也让她为下一步的计划做好了准备，使自己更有信心去完成。

问与答

很多青春期里的孩子似乎都曾出现过类似的问题。她似乎不知道如何开始一项任务，特别是一个大任务，更是困难重重。我们怎么帮助她呢？如果出现这种情况，我们如何鼓励孩子在最后一刻求助我们呢？

缺乏执行技能的孩子无法集中注意力在大任务上。他们认为这是一项大任务，吓到了他们，于是就开始拖延。这也是为什么我们要把一项

> 拖延确实浪费时间，牵扯精力。可以说，在我的生活中，最关键的就是“马上去做”
>
> ——马修，18 岁

大任务分解为不同小任务的原因。起初，她认为整个任务简直无法完成，于是开始拖延。最后只剩下了两天的时间要去写 10 页的内容，确实令人不知所措。就是一周写一页，也得 10 周才能完成，如果你的孩子像拉奇莎那样，你确实需要调整对策，让孩子充满自信，这样才能解决问题。

如果你想让你的孩子在开始出现纠结情绪之初就告诉你，你可以让她独自完成一个大纲给你和老师看看。告诉她不要去考虑完成所有的章节，只集中精力写下自己头脑中的想法。总的来说，就是要先把自己的观点和陈述的要点明确下来。如果你能让孩子保证做到这一点，至少孩子会有一个大致的框架和思路去完成任务。

拉奇莎在写作的过程中并没有遇到什么困难，但你的孩子可能不一样。有些孩子不知道如何开始，可能是因为他觉得自己缺乏写作能力或者理解力。请不要忘记，你的孩子可能以前也出现过类似的拖延问题。当时这种情况也令孩子苦恼，当面临同样的情况时，他可能会出现反应迟钝的行为。他可能是在回忆之前的情景，并认为这项任务很难开始，他没有任何思路，也没有任何与此相关的天分。在这种情况下，你的孩子首先需要你和老师对他做出一再保证，孩子才能下定决心一试。第二件事是孩子需要找到明确的思路，或自己需要的写作材料。作为父母，你可能会从自己的角度出发，引发孩子对某一特殊主题的思考。然而，如果你没有任何思路，那么，鼓励你的孩子与老师谈谈是一个最好的方法。有些孩子对此很不安，认为自己不能解释或说清楚这些。你可以帮助孩子总结她要对老师说的话，可以拟定一个草稿，让孩子更容易地向老师表达自己的观点，特别是孩子根本还没做过这类事情的时候，你应该帮助孩子。害怕不会做或做不好的孩子应

> 我也曾认为，在重压下我能超常发挥。但实际上我做不到。拉奇莎的故事最后提到的，分解任务，各个击破的方式，能很好地释放压力，让我们出色地完成任务。
>
> ——特洛，15 岁

> 把大任务分解为小任务，各个击破，也是有难度的。就像写作文一样，需要很多要素的配合。
> ——塔莎，17 岁

该懂得，做总比不做强，因为这可能会促使任务圆满完成。如果人们想要事情尽善尽美，无所事事是毫无用处的。别让孩子的恐惧战胜了勇气。并不是她所做的每一件事情都需要完美，非常有价值。对于缺乏任务启动能力的孩子来说，即使他开始做事的行为差强人意，但能在空白纸上写上字，也是最重要的开始。

我们想让儿子开始寻找第一份工作。但是已经两个月了，我们每次谈到这个话题的时候，他都找借口说自己正在找。如果我们再催促，他可能会带回家一两份申请。我们的孩子不是懒惰，他渴望有份工作。我们只是看到他似乎无法跟上节奏，步入正轨。

这是一个典型的任务启动困难的案例。申请一份工作对我们来说似乎很容易，但是对青春期里的孩子来说，这会让他望而生畏，或者他觉得很麻烦：寻找一份可能的工作，考虑哪一份工作适合自己，填写申请表，递交简历，电话询问，安排面试，面试后继续跟踪等。即使他对自己的第一份工作并不感到紧张（大多数都会紧张的），以上所罗列的找工作的程序也会让他眼花缭乱，就更别说去试试了。他们只能尽力逃避。在这里，我们提供给你指导孩子们找工作的好主意和任务启动的方法。

● 任务已经启动，要让它继续下去。停止执行任务只能与本来的目标背道而驰。让你的孩子花费几小时去填写各种申请表，和孩子一起投递这些申请表。这些工作要尽快地执行，不让孩子有拖延的机会。这种方法看似简单，但往往是最佳的任务启动方法，让孩子跨过第一项障碍，只要孩子能继续，情况就能得到很好的改善。

● 缩小任务范围。建议你的孩子在开始一项任务之前，先缩小工作的预设范围。我们不希望孩子对任务吹毛求疵，挑三拣四的，但是缩小选择的范围能让孩子更轻松地面对整个任务。你可以让孩子先想出三种到四种应对的方法，然后考虑实施。目标明确，并且有了持续性，孩子更愿意立即开始做。就像找工作这件事，要告诉孩子，“首先你需要得到一份工作，然后再考虑干好它”。找到一份喜欢的工作，整件事就好办了。

● 保持积极的态度。仔细检查孩子的工作程序并让孩子保持一种积极的态度，这是非常重要的。我们不是说你要成为孩子的啦啦队成员，一直称赞他，我们的意图是避免否定孩子的行为，在不伤害孩子自尊心的情况下，称赞孩子的长处，让孩子乐意执行。请记住：永远鼓励孩子的优点。

第15章
做好规划，合理安排做事次序

做好规划并优化做事次序是设定目标、达成目标所必需的能力，同时，也是全神贯注地做最重要的事情的一种能力。无论是准备一顿晚餐，还是开始新任务或新工作，组建一个家庭，或者想换个工作，这种技能都是必备的。对于正处于青春期的孩子来说，做事有计划性、能有条不紊地按计划行事显得越来越重要。日常生活中，学习、社交、进行体育锻炼等，都需要有所安排才能顺利进行。例如，他有一项历史作业需要在两周内上交，另外还有一项在周末得用很长时间才能完成的英语作文。他还得利用周末赚钱买汽车，还得见见同学，还得保证自己的学习成绩不会下滑。他们似乎总有很多事情需要忙，很多青少年不知道自己是否能应付得了这么多的事情。如果他们有一个长期的事项安排计划书，就能安排好生活和日常活动，也才能让他们得心应手，充分利用好时间。有些青少年经常会说出自己的目标："我想要一辆车。我想要成为一名海洋生物学家。我想当个商人。我想上大学。我想要一套属于自己的公寓。"作为父母，你经常听到他们提起这些目标。你需要经常问一问孩子："需要怎么做才能实现你的目标呢？"

你能听到孩子的很多回答。在这些回答中，如果你没有听到他设置的计划或者按照一定的顺序充分安排自己的计划，或者没有听到孩子说先做什么、后做什么，那么你有必要让孩子制订一份详细的计划。实际上，孩子可能有计划或想法，但是过了很多天、几个星期或者几个月，仍然没有开始做的打算。如果出现这种情况，说明孩子的任务启动能力有问题。他也可能会马上行动，并在开始阶段表现得很积极，热情四射，但随后如果出现了其他好玩的事情，他的热情就会消退。正如前文所说，这可能是因为孩子的持续注意能力有问题，或者是因为这个目标已经失去了它的光芒，它在一开始对孩子来说就没什么吸引力。或者是，他需要在中途看到一些希望，让他知道，他在一点点地接近目标。有些孩子实施长期目标存在困难，如果你的孩子是这样的，他可能会设定一个短时间内就能实现的目标。这种情况下，你需要与孩子一起制订一个计划，然后按照优先次序实施。当然，这需要与孩子的短期目标而非你期望的长期目标结合起来。长期目标的规划问题，后面我们会提到。

制订计划和按照先后顺序做事，不仅是一项重要的能力，也是获得其他执行技能的重要途径。

计划性和优化做事次序能力的发展

当孩子还小的时候，怎么做计划、先做什么后做什么，往往都是父母给他们安排。家长（或者孩子的老师）决定孩子做事的先后顺序，让孩子知道哪些是小事，哪些是重要的事，然后再重点地帮孩子做计划，安排他怎么去做，最后实现目标。孩子小的时候，我们在家里经常告诉孩子做事情要有先后顺序。在学校的时候，孩子每天有课程表或活动安排，一般由老师做这些安排。随着孩子们渐渐长大，他们也越来越希望这些事由自己安排。在家里，之前的口头上的嘱咐渐渐被做清单或计划书所取代，以便帮助孩子主动安排和协调自己的时间。孩子在小学的时候，我们希望孩子和朋友做一些重要的事情时，能够提前制订妥善的计划，能为他想要买的东西而去赚钱或攒钱等。老师把一项大任务分解成小任务后，他们也能一步步完成。上了中学后，他们能为课外活动或暑期活动制订计划，能借助网络来完成他们的一些作业或者学习一些他们感兴趣的课程。上了高中，他们开始计划着找一份兼职工作，选择课程或提交大学申请，递交 SAT 申请和填报大学的志愿。

孩子到了青春期，在制订计划、优化做事次序的能力上有两方面的变化：首先，青春期孩子的一些大的目标（特别是找工作，职业规划，上大学，购买大件物品，如汽车）需要很长时间的努力才能实现。

这也意味着计划程序是比较复杂的，不是轻易能够实现的，需要长期努力才行。当你不赞同孩子确定的目标时，他实现目标的难度就会增大，完成的机会就很小。所以，孩子需要在你的帮助下才能有步骤地实现自己的目标。比如孩子上完高中后的计划，购买汽车的计划或者想做一些存在危险性的活动等。其次是关于做事次序的问题。一旦你纵容孩子养成了不按一定顺序做事的习惯，到了青春期这个阶段，就会对孩子的那些旧习惯感到头疼了。如果你总是为孩子做安排或支配孩子的决定，孩子有条理地做事情的能力往往会延迟。很多家长们发现，往往自己与孩子发生冲突，亲子关系被破坏，都是因为自己的想法和孩子的想法发生了冲突，或是你试图控制孩子的选择。你把自己的价值观凌驾于他的价值观之上，他往往会回避你的建议（注意安全，节约用钱等），他们只是将你的这些建议视为是你的计划，是你想要实现的目标，而不是他的目标。

所以，与孩子协商或根据孩子的目标进行计划安排是实现成功的关键。正如我们已经讨论过的，你的想法可能与孩子的想法迥异，孩子不认可你为他设定的某些计划安排。

请应用如下的问卷评估孩子的计划性和优化做事次序的能力。请随意地复印并与任何需要它的家长们分享。

你家孩子能有规划、有次序地做事情吗

下列图表中的每一项，你首先要明确“但是”左右两侧中的哪一侧的陈述更符合你的孩子。然后评估他的表现可归于哪种范围内。你的评级表明了技能构建的合理目标：当你在左侧陈述一栏里选择了“很多”或“非常多”时，证明孩子很善于在那个特定情境中利用该项技能。而对右侧陈述选择的是“很多”或“非常多”时，意味着孩子可能需要在那些方面付出更多努力。

略微	很多	非常多				略微	很多	非常多
			有些孩子能够想出做事情的步骤。	但是	有些孩子不知道从哪里下手，也不知道如何制订一项计划。			
			有些孩子知道什么重要，自己该做什么。	但是	有些孩子在做很多事情的时候，往往“胡子眉毛一把抓”，分不清主次。			
			有些孩子会为某事提前做出计划和安排，或者提前做出一个时间表。	但是	有些孩子整天都迷迷糊糊的，到了快睡觉时才发现很多事情都没做。			
			有些孩子把一项大任务分解为各种小任务，再规定自己在一段时间内完成各个小任务。	但是	有些孩子想实现某一个长期任务，但从来没给自己规定具体在多长时间内完成。			
			有些孩子能找到省钱的方法或者攒钱买自己想要的东西。	但是	有些孩子想要一些贵的东西，却不知道如何省钱。			

鼓励孩子有规划、有次序地做事

● 利用一些孩子想要的东西作为诱导，促使他开始实施计划。孩子的目标就像一张路线图，我们可以按图索骥，教给孩子制订计划的能力。

你要做的只是要先了解如何按照孩子的想法建立某种激励机制。按照奖励的等级分类，如果孩子获得了驾照但是没车开，你就可以告诉她，完成作业就可以开你的车。“简，你如果今晚写完五页的作文，你就能周末开我的车了。”虽然你不能保证她的任务计划进展顺利，但是你能增强孩子的积极性，让她更愿意去执行任务。

- 孩子制订了一个目标后，父母要事先提出自己的顾虑和限制，这对你有利，但对孩子来说更重要。例如，如果他想要买一辆汽车，而你有安全方面的顾虑，或者是手头紧，可能买不了，那么在开始计划之前，请与孩子们谈谈自己的看法和计划安排。同样，如果他想要进入一所重点大学，而你的钱又没有那么多，在计划开始制订之前就需要告知孩子这一点。
- 在制订计划的过程中，尽可能让孩子参与其中。如果你建立了想要实现某个目标的先后顺序或者设定了一定的要求，但孩子往往按照自己的意愿行动，你的安排几乎就会成为泡影。他们可能会与朋友商量对策，询问老师的意见，或者在网络上收集信息，然后和你讨论这些信息。如果你的孩子做不到这些，请你试着引导他问自己几个问题，而不是简单地告诉他该做什么。如果他自己没有什么好主意，就提出一些问题，给他一些选择，让他始终能保持积极应对问题的态度。
- 如果你的孩子理解一个任务的各个细小部分并能完成每一部分，但就是不知道如何开始做，请给孩子一些必备的指导并将这些任务进行排序，告诉他先做什么，接着做什么，然后监督整个实施过程。如果你的孩子不确定自己是否能按照计划一直做下去，你要再给他一些选择，并和他讨论一下他的选择可能带来的影响。

案例故事

做买车预算

“准备好了吗？”

“快了。”

“快点儿，你整个早上都在考虑那件事情。”萨曼莎抓着父亲的胳膊，想让父亲挪开膝盖上的笔记本。

“我知道了，萨曼莎。相信我，要是我没有想好，就不会坐在这里了。”

“那你还坐在这里干吗呢？”

“哦，马上十二月月底，这一年又结束了。我正在做我们家的预算。我们必须得考虑怎样节省开支，才能攒够你哥哥下学期上大学的费用或者至少能帮助他获得助学贷款。我们曾和阿希莉家说过，打算在寒假的时候一起去佛罗里达。你知道，整个行程不是免费的。我猜你也不愿意把很多钱都浪费在路上。我们也在考虑换一家银行对房子进行按揭贷款（在美国，利率降低时，屋主随时可以重新申请住房贷款，每月的月供自然也会有明显下降。——译者注）。想要这些事情进展顺利，确实需要制订一个完善的计划。”

如果父母能提供更多的帮助，我也很乐意接受一份购车清单。购车清单能帮助我们更好地朝着目标前进。萨曼莎能做出计划确实非常有帮助，也启发了我。

——罗瑞，16岁

“不要忘记圣诞节礼物和我一直渴望的一辆汽车。”

“你真是哪壶不开提哪壶。我真希望你现在能忘了这两样东西。”她的父亲低声地嘟囔了一句。

“那是我梦寐以求的礼物！我们现在就出发吧。我需要一个广告板，这份作业明天要交。”

他们离开了家，转过了几个街区，开车来到了主路上，那里有几家杂货店、汽车代理商还有几家连锁餐厅。

“你有没有想过，自己怎么做才能得到一辆车呢？”

萨曼莎有点儿不好意思地说：“我还不知道怎么做。我的意思是，有时候我一周工作15小时，到目前为止挣了5000美金。我已经竭尽全力了，但我没看到有那个价位的汽车。”

“嗯。你仍然保留着我们给你的那份清单吗？那上面写着你需要挣到多少钱和你想要的车，但是我和你妈妈担心你的安全问题，我们担心你拿不到车险。”

“是的，我也这么看，妈妈说你会帮助我解决保险的问题。”

“是的，但是你必须打电话给保险公司问问这些。你如果购买汽车，赔偿比率是多少。别忘了，那也是花销的一部分。”

“哦，我知道自己只有 5000 美金，需要继续努力工作。如果我继续工作，我还能攒够 5000 美金，然后再攒些交保险的费用。这些都会一一解决的，我保证。”

萨曼莎的爸爸只是点点头，继续开车。他们购买了广告板，然后调头开车回家。

两小时以后，萨曼莎的爸爸敲门进来。他来到她的桌子旁，看着她桌子上的那些拼贴画，各种图画还有各种电子设备。他拍了拍女儿的肩膀，女儿吓了一跳，拿掉耳机，看着父亲。

“爸爸，您有什么事？”

“我们能谈谈关于汽车的事情吗？”

“当然可以，爸爸。”

“哦，我们认为，你可能还没有想清楚你买车的计划或者保养一辆车应该做的事情。我们之前曾谈论过，似乎你并没有想清楚自己真正想要什么。我也不想说你实际需要一辆怎样的车，因为你还没有准备充分。”

“是的，我听你的。我猜自己也真的没有想过从哪里开始。看起来很简单，我只是在攒钱买车。”

“我知道可能看上去很简单，但是实际上需要考虑很多细节。我和你妈妈会帮助你明确一些细节问题。我们想要你理解这些，才能达到你想要的结果。”

“好的，那么你有什么建议呢？”

“你关注过什么类型的车？你对哪类车比较感兴趣？你知道哪种车有一定的保护措施？你可以列一个清单，我们就坐下来一起讨论需要购买的那辆车的各种功能。汽车需要保养，司机

> 我想，查查各种车型会很有意思。这种好方法会让孩子意识到无论要购买的东西多么贵重，最终都能实现。所以我认为这位父亲应该花更多的时间陪伴孩子一起查看各种车型。
>
> ——特洛，15 岁

> 我很高兴自己能做决定购买了我的第一辆车。萨曼莎的确很独立，但她也需要父亲的帮助。我认为有时候能有个人帮忙出谋划策确实不错，但我反对家人的过度参与，我一般都自己拿主意，他们的话仅供参考。
>
> ——塔莎，17 岁

需要保险。你说自己有了 5000 美金。首先，我建议你不要只把注意力放在这种价位的车上。你看看是否能找到更便宜的车，如果你喜欢的那辆车的价格高于 5000 美金，你就只能继续攒钱。”

“好的，爸爸。听起来还不错。你知道的，要是我买辆摩托车，一定能节省很多钱的。”

萨曼莎的爸爸微笑着摇了摇头，拍了拍她的肩膀说：“我们还是先考虑四轮的汽车，而不是两轮的摩托，好吗？”

问与答

虽然我们是多么的渴望孩子能自己攒钱买车，但实际上，还是我们自己出钱给他买第一辆车。有时候我们认为他的确不能理解牵涉其中的各项花销。有时候，我们只是觉得他只是试探我们能为他花多少钱。我们知道他并不会表示出任何的感激之情。要不要晚些时候，比如他能理解买车的真正意义或者理解了我们的付出后再给他买？

如果你的孩子还不知道汽车可能会涉及额外开销，也不明白购车的意义，延迟买车可能是一个好主意。因为没有那些知识，他可能也不会爱惜车，更无法理解你希望他做到的那些注意事项。然而，如果你延迟买车只是因为孩子没有表现出更多对你的感激之情的话，你需要仔细思考一下，你们是不是经常发生冲突呢？如果你认为自己的孩子并没有完全地理解你的意思，比如你说的买车的开销、额外开支等方面，那就应该多与孩子进行沟通，看他知道多少，哪些地方不清楚。有些青春期的孩子，就像萨曼莎一样，能够规划自己的目标，并积极实施，但是他们往往缺乏正确的方向，缺乏足够的信息，或找不到合适的策略。

我们在做那些自己从来没做过的事情之前，都需要别人的帮助。对于缺乏执行技能的青少年来说，他们与成年人的区别是他们不知道自己需要什么帮助，或者不知道该向谁寻求帮助。也可能，他们根本不知道自己缺乏某方面的知识。就像上面案例中的萨曼莎一样，她认为人们做出某些重大决定都是“心血来潮”（虽然有些人的确是这样）。萨曼莎不知道自己从何下手，她的父亲没有因为她的无知而责骂她，只是让孩子理解这件事情。他也并没有觉得孩子只是想引起他的重视。他只是利用这次机会了解孩子知道多少关于汽车的知识，然后再指导孩子。

萨曼莎也为买车攒了很多钱，所以她知道自己并不缺乏购买汽车的强烈欲望和努力工作的动力。当然，你也要允许孩子有满脑子自己的想法，歪曲的认知和体验，最后经过多次碰壁才能从中吸取教训。如果你的孩子没有攒钱的习惯，似乎对你的帮助也不放在心上，他可能存在一个目标导向的持久性方面的问题（请看第十八章）或者是缺乏动力的问题。这种情况也告诉我们，并不只有萨曼莎一个孩子存在这样的问题。最为严重的是，你可能会因为错贴标签而误解了孩子，认为他的计划不合理，甚至认为孩子懒惰，或者以偏概全，没有全面考虑问题等，你需要强化孩子全面考虑问题的能力以及逻辑思维能力，才能让孩子在今后的人生中获得成功。

很多父母想让孩子去做一些事情，比如买车或去考驾照。但是，如果一个孩子正在追求的目标并不是父母想要的呢？孩子可能正在攒钱，打算高中毕业后去工作和旅游，不打算上大学了。他渴望得到我们的批准和支持，甚至想要卖掉我们给他买的新车。我们最大的顾虑是，如果孩子这样不上学了，就很难再回到学校或上大学了。我们对女儿没有马上去上大学感到很担心，非常担心她可能就这样破罐子破摔了。从根本上说，我们担心的是，如果女儿自己出去赚钱，她可能会喜欢上这种生活，假期结束了也不愿回学校。如果她一时心血来潮，打算不拿学位了，我们担心她的这种天真想法会让她在接受教育和职业选择方面迷失自己，不上大学，就没好工作，更别说能适应当今竞争激烈的社会了。对于一个 18 岁的女孩来说，美好的人生才刚刚开始，可是她想花费三年去旅行，简直是阳关大道不走，专挑那种死胡同走。我该怎么办呢？

不论从哪个角度上来说，这都不是一种容易处理的情况。你的孩子依靠你的钱财支持，在你的指导和关爱中成长。但即使这样，她的成人历程还是充满挑战。这种问题的确有很多地方需要商榷。你的意见和孩子的计划是否背道而驰或有很大的偏差呢？

总的来说，你的孩子正在长大，最后的选择权在她的手里。这么说并不意味着你没有任何责任，而是说你需要尊重孩子的决定。

事实上，咄咄逼人地劝说并不是一个好主意。斥责和怒骂孩子并不能让孩子放弃自己的想法。往往争吵只能让彼此的关系疏远，问题得不到解决，却只能导致双方产生恶劣情绪，让孩子更想彰显自己的独立性。

我们建议你平心静气地和孩子好好谈一谈，耐心地列举出你反对她这样做的理由。让孩子知道你尊重她的独立性。让她知道这个决定最终可能会让她丧失的机会（无法上大学，没有奖学金，没有助学金，没有好的工作机会，也可能没有好房子住等）。最后，你可以选择告诉你的女儿，你希望她能继续上大学，并为她上大学提供资金支持，而不需要她自己挣钱付学费。你的建议没有任何恶意，你的语气听起来也没有显示出任何独断专行或武断，相反，你的语气温和，你的注意力只要放在希望孩子独立上，能更好地适应未来的社会生活上。请想一想你自己年轻时是否也和孩子一样呢？那时候你是多么希望有个人也如此关心你，帮助你啊！

第16章

增强孩子做事的条理性

条理性是一种创造并维持一套程序，以安排、跟进某些重要事情的能力。对于大多数人来说，具备此能力的好处是显而易见的，容易追踪某件事的进程，物品摆放井井有条，这样能有效增强工作效率，节省时间，为某个项目或工作腾出更多的时间，减轻你的一些压力。想一想你上次丢钥匙的情景，你就知道此项能力有多么重要了。当你焦急地搜寻钥匙的时候，你会烦躁不安，压力指数会从0级一下子飙升至60级。对于青春期的孩子来说，缺乏条理性同样会增加他们的压力，正如我们在第十四章提到过的，孩子们会过高评估自己，在规定的时间内往往无法完成任务。结果，他们往往火烧眉毛了才开始动手去做某件事，然后会发现很多东西都找不到（钥匙、书本和电话等），这会让他们更加着急上火，情绪失控。父母们经常会听到这样的话："你把我的书包放到哪里了？！"所以，对于你和孩子来说，学会某些秩序和规则是非常重要的。

条理性的发展

和其他的执行技能一样，起初，我们会提供给孩子们一些有关条理性方面的帮助：比如要求他们保持房间整洁，有条理地摆放物品和玩具，或者提供给孩子一些收纳箱，带盖子的篮子和书架。在学校，老师告诉他们应该坐在哪里，大衣挂在什么地方，笔记本应该放在什么地方等。这种要求很多都来自于家长的生活习惯，家长也希望孩子认识做事有条理性的重要性。因为在生活中，人们能及时找到自己的物品会为自己节省很多的时间。我们就从整理房间这件事开始讨论。当孩子还小的时候，我们往往这样来培养孩子的生活规矩和条理性："我们一起动手，把你的鞋子放进壁橱里。”“让我们再把你的卡车放进大箱子里。”我们也会尽力在孩子还小的时候就为他们订立一些规矩，也包括一些生活习惯的培养，如“不要在卧室里喝饮料”，“睡觉前，请把你的脏衣服放进洗衣机”。孩子到了上学的年龄，在上学、放学的时候，老师和父母都会时刻提醒，或者在放运动器材的地方贴上提醒的便签。到了 9 岁或 10 岁的时候，我们希望孩子能按时上交作业或记得带必备的学习物品。到了中学，我们希望孩子不要丢了运动器材、各种设备或者手机电脑等。

渐渐地，我们发现自己在减少那些按部就班的提醒和警告，只是偶尔地提醒一下孩子。到了初中后期或者高中初期，我们希望孩子能完全掌握自我管理的能力，当然，在有些时候，孩子自己要比其他人更在意这种能力。例如，如果一个孩子不想在体育比赛中被换下场，他会积极主动地去体育场练习，而不是想着去做作业。喜欢参加乐队演奏但不喜欢吹单簧管的孩子，总是会把单簧管“忘”在学校里，从不带回家。请用如下的评估量表来评估你家孩子的条理性。请你也将其复印给其他需要此量表的家长。

你的孩子做事有条理吗

下列图表中的每一项，你首先要明确“但是”左右两侧中的哪一侧的陈述更符合你的孩子。然后评估他的表现可归于哪种范围内。你的评级表明了技能构建的合理目标：当你在左侧陈述一栏里选择了“很多”或“非常多”时，证明孩子很善于在那个特定情境中利用该项技能。而对右侧陈述选择的是“很多”或“非常多”时，意味着孩子可能需要在那些方面付出更多努力。

略微	很多	非常多				略微	很多	非常多
			有些孩子能很容易地做到保持笔记本的整洁，书包里井然有序。	但是	有些孩子把东西弄得一团糟，笔记本里、书包里经常找不到自己的东西。			
			有些孩子总是能把自己的床铺整理得很整洁。	但是	有些孩子从来不整理自己的卧室，除非有人强迫他们整理。			
			有些孩子在开始做功课之前，先把书桌整理干净。	但是	有些孩子的书桌永远堆满了东西。			
			有些孩子能马上找到自己的重要物品（手机、钥匙等）。	但是	有些孩子总是会弄丢自己的一些重要物品。			
			有些孩子用完某件东西总是放回原处。	但是	有些孩子把自己的物品丢得到处都是（甚至忘在了别人家里）。			

让孩子做事更有条理的方法

和其他的执行技能不同，你的孩子可能更愿意改善他的条理性，因为这能帮助他很容易地找到自己所需要的东西。但前提是，你的建议不是没收他的私人物品，没有侵犯他的私人空间，他才更愿意接受你的建议和“改造”。也就是说，对于任何有关提升他的条理性的方法，他会比较积极地参与其中，但如果这会侵犯他的私人领地，那么只有经过他们的许可，你才能接近那些物品。

如果你做事很有条理性，那么，我们要给你一个非常重要的提醒：所有对于你来说易如反掌的事情，对孩子来说未必如此。做事毫无条理的孩子根本就无视周围乱糟糟的环境，所以对你来说，你需要调整你的期望值。

● 就像我们在这本书中提到的其他类型的执行技能一样，青春期是形成条理性的最佳时期，在此期间有很多活动可以培养孩子的条理性。比如体育运动、学校活动、一份工作，或者学校要求穿校服上学等要求。如果你的孩子没有形成这种技能，你也会感到抓狂。(如，妈妈，我找不到我的钥匙了。找不到家庭作业了。找不到我的运动鞋了。找不到我的裤子了。找不到我的护膝了，也找不到手机了等。)孩子经常因为这些事情向你求助。如果青少年不知道如何更好地应对这些事情，请给孩子两种选择，让他选择一种更能接受的培养条理性的方法。

● 在短期之内，即使孩子不配合，也请在恰当的时候提醒他，而且不要让他觉得很烦。每次孩子离开家之前，让孩子核对自己的备忘清单，或者把提醒条贴在醒目的位置。你也可以给孩子发信息，或者在孩子的手机上设置一份提醒闹铃。随着孩子渐渐长大，再渐渐减轻孩子对你的依赖，锻炼孩子的独立性。通过不断练习，才能让孩子习得这种能力。

● 让孩子整理自己的房间。只要他配合你的要求去执行，就能从不断实践中取得进步。

● 为孩子树立榜样。如果你也经常丢三落四，经常丢手机和钥匙，却又尽力劝说你的孩子不要丢三落四的，这样一般无法说服孩子。请一定要反省自己，也务必为孩子树立好榜样，尽力做到做事有条理，不要“光说不做”，而要身体力行。

案例故事

“妈妈！我找不到我的东西了！”

每条裤子都有 4 个口袋，一共是 7 条裤子，就有 28 个口袋，再加上一件夹克衫的两个口袋，一共就是 30 个口袋。可……

杰米一边朝自己的房间走，一边脱裤子，并拍打着裤子的口袋，然后把脱下来的裤子朝床上一扔，躺在床上开始午睡。睡醒后，他满房间寻找是否还有没穿过的裤子。他认为应该还有，于是就开始四处搜寻。他抓起棒球棒，扒拉着自己床底下的那堆东西。从里面找到了一个随身听、四个棒棒糖、一双运动鞋，还有三只臭气烘烘的袜子。很好，他抓起随身听和运动鞋。“我说怎么总也找不到它们呢。”他坐在那里发呆，心想：“等等，我现在是在找什么呢？嗯，我不是在找随身听，也不是在找运动鞋，也不是耳机。”他站起来来回地走动着，认真地思索着，“我也不是在找药，不是在找腰带，也不是在找太阳镜。对了！我是在找夹克衫和裤子！我在找今天要穿的衣服。”他翻看各个抽屉，最后看到夹克衫挂在椅子上。他从椅子上拽下夹克衫，穿上裤子朝楼下走。

他来到了门口，抓起书包，突然又停住了。心想：“你确信自己要穿这件夹克吗？”他把手伸入衣服口袋中，发现里面什么也没放。他上下翻找，还是没找到自己放入口袋中的东西。“见鬼，见鬼，真见鬼了！我把东西放到另外一件夹克衫的口袋中了吗？”于是，杰米又去壁橱里找其他的夹克衫。他在每件夹克衫的口袋中搜寻，甚至还找了父母的衣服。衣服里面什么也没有，因为他曾把那张预约医生的纸条放入了口袋中，上面还有医生的联系电话。“啧啧！到底跑到哪里去了呢？”他又跑到厨房的拐角处，那里放着一个储物罐。他把东西全都倒了出来，里面是一些纸条，旧的火柴盒，高尔夫球上的标签，各种索带，还有一些零钱。就是没有那张纸条。杰米到处搜寻，查看各个信封，除了有三张纸牌外，没看到任何纸条。这时，他看到钥匙正埋藏在各种信封中间，他抓起钥匙就出门了。

如果我是杰米，我希望父母能给我一些建议让我能把东西放好，但不要一次说太多。我更像个小孩子，而不是青少年。
——罗瑞，16岁

他到了学校的大门口，才想起来自己刚才把书包放在厨房的门口了。书包里面有很多那天需要交的作业，杰米已经有三门功课的作业没有交了。他每次都找借口搪塞过去。有些老师从他穿的衣服就能判断出来是他忘记带了，并要求他下次一定带来。晚上回家，父母也提醒他别再忘了。因为已经多次发生这种事情了，老师还特意发信息给他的父母，让他们提醒孩子别忘记带作业。

“杰米，我们知道你今天又迟到了，也没有带老师布置的作业，而且是三门功课的作业都没带。到底发生了什么？”

“哦，妈妈。我今天早上找不到钥匙了。我费了很大的力气才找到。于是，我头脑一热，就直接冲出了家门，忘记了带书包。我保证自己完成了家庭作业，只是忘记带了。”

“杰米，这真是太糟糕了。”他的父亲说，“我们知道你遇到了一点麻烦，但是别人看到的是你的确迟到了。这也确实是个问题。我和你妈妈不想看到你总是迷迷糊糊的或因为做事缺乏条理而被留级，也不想看到你因为总是丢三落四的导致各门功课不及格。你有很多次都是忘记带腰带或者浪费半小时找本应该放入口袋中的钥匙，以及忘记交作业。这只是因为你找不到它们吗？只有把所有的东西都塞入你的汽车里，你才能想起来吗？”

杰米咯咯地笑着，说：“是的，我知道自己有这个毛病。现在想一想确实很可笑的。但是，在那个时候，我非常着急，我头脑一热，就冲进房间去翻找，也不想一想自己放在哪里了，就习惯性地去做了。”

杰米的妈妈咳嗽了一声，清了清嗓子说道：“我们来帮你解决这个问题，如何？提醒你按时准备好要带的作业，提醒你把自己的东西放在合适的位置，怎么样？”

我也像杰米一样经常上学迟到。当时还很生气父母那么做呢。不过现在想想，现在我确实做事有条理多了，也很有效果。
——马修，18岁

“妈妈，我听你的，但我

> 如果我的父母每天还要检查我是否放好了作业和钥匙之类的小事，确实感觉很没面子的。我认为只要父母提供一些提示就足够了。
>
> ——特洛，15 岁

也不是 6 岁的孩子了。如果你们一直帮我做那些事情，我就没机会自己去做了。”

“杰米，我们能理解你的想法。”他的爸爸接着说，“我们觉得这项提醒工作需要维持到你毕业。我们希望你的老师能看到你的真实水平。”

“那么，我去上大学了，你们还能帮我吗？你们也不能提醒我背着书包去上学，也无法提醒我按时去参加各种学习活动。”

“你说的也很有道理，爸爸妈妈不可能跟着你一辈子，你要自己学会管理自己的生活。”他的妈妈说，“你看这样做如何？我们现在只提醒你一些最关键的事情。如果你有了进步，我们就不再提醒你了。如果没什么效果，我们还会提醒其他的事情，直到你完全地掌握了要领，你看怎样？我们的目标不是让彼此成为敌人，而是给你一些灵活应对的方式，让你成为有效率的人。我们只是不想看到你给自己挖一个个的坑，把自己给陷里面去了，也就是避免你现在养成的毛病耽误了你一辈子。杰米，你能懂妈妈的话吗？”

杰米点了点头。最后他们又谈了几次。于是每天临睡前，父母都提醒他把第二天应该带的东西准备好，钥匙挂在钥匙钩上。他们也给了儿子一些其他的提醒，比如整理自己的东西，把随身听等放在固定的位置，方便随时可以找到，节省寻找东西的时间。按照这种方式，如果他忘记带什么东西了，他能非常容易地到指定的地方去拿那件东西，比如放在电脑桌的固定位置了，厨房的储藏室或者汽车的驾驶座上。总之，他的重要物品都会放在固定的位置。

> 让杰米罗列一个提醒性的清单更是一个好主意。
>
> ——罗瑞，16 岁

问与答

我们的孩子不让我们提醒他。他不能理解，我们是在用这种方式促使他更加独立。

遇到这种情况需要你和孩子坐下来，面对面地进行交流。现在，你的孩子只是不能管理一些事情。他不希望你完全地控制他的生活，而你也无法每一次都能及时帮他解决问题。从上面的故事中可以看出来，解决这种问题的办法是，先与孩子协商，建立一个规则体系，然后慢慢训练他，直到他能完全独立。我们之前也曾提到过，所有事情在开始的时候都比较难。杰米经常出现的问题是忘记带车钥匙和书包。如果他在父母的帮助下解决了这两方面的问题，就能避免每次被老师批评的尴尬。

为孩子提供一些可视的线索（例如，列一张核对清单）比简单的口头提醒要有效。只要把那张清单放在孩子一眼就能看到的地方，就不用开口提醒孩子了。有些孩子即使知道自己需要父母的帮助，也非常讨厌父母每次都唠唠叨叨地提醒他把每件东西都摆放好。而且通过实验证明，一般视觉提醒比语言提醒能更有效地减少孩子遗忘的次数。如果这种方法没有发挥作用，他还是不断地重复出现遗忘某件东西的问题，可能这张清单的意义就不是很大了。此时你可以给孩子留出底线。在短期内，只需要他不断地自我反省和保持最基本的秩序，例如，每次放学后都要把钥匙放在一个固定的地方。

> 我也像那些缺乏条理性的同龄人一样，有时候也需要父母的帮助。然而，如果这种问题被过分地夸大了的话，我会非常生气，会认为父母干涉了我的独立。当我感到灰心丧气的时候，我希望父母能及时地退出。这种慢慢断奶的独立过程会让我们知道自己最想要的是什么。
>
> ——塔莎，17岁

我们一直在不断地提醒孩子携带上学必备的物品。然而，从长远来看我们知道她需要学会完全地独立。我们如何才能培养孩子的这种责任感呢？

很好，我们假定你已经成功地遏止了问题的发展，同时让孩子的生活变得更有规律了。那么，现在你应该考虑如何从主导者的位置退下来，转移到辅助者的位置。到了由孩子自己决定很多事情的时候了。首先，你要确保其他家人（例如你爱人）都不提供帮助的情况下，孩子就能明确自己的目标。你要看一看，如果没有你的督促，他能否自觉地关掉电视，能否自觉地不玩电脑，并整理好自己的物品。如果你已经成功地增强了他的条理性，那么和孩子谈谈，你退居幕后，让他自己来管理自己。也就是说，你要慢慢地减少对孩子的提醒。在孩子离开家去上学前，你不用再嘱咐孩子查看是否忘记带东西，也不用每天晚上都提醒孩子准备好第二天必须带的物品了。你也可以把之前的很多口头提醒转化为视觉提醒。例如，把备忘录贴在卫生间的镜子上。在当今的高科技时代，智能手机也可以设置备忘录，及时提醒孩子。如果有可能的话，可以在孩子的手机上设置自动提醒或者语音提醒。如果你和孩子商量好了要做的一些重要的事情，他需要在手机中提前设置好，这样他就不会忘记了。

和其他孩子不同，我们的孩子从来没有出现过忘记写作业之类的问题，但是他的房间太乱了。他自己能找到自己的所有东西，但是对我们这种爱干净的父母来说，还是实在看不下去。我们真的觉得他的这种邋遢的毛病会让他栽跟头，我们也偏执地想要纠正孩子的这种问题。我们该怎么办呢？

很抱歉，我们对这个问题的简短答复是：随他去吧。我们每次看到孩子把东西扔得到处都是就非常生气，或者，看到孩子在写字台上堆满了各种试卷就很不开心。如果孩子在家里的这些表现并没有影响他在外面的表现，真的没必要一定强迫孩子必须把房间整理好。或者只是出于“自己的喜好”才要求孩子

很多孩子都存在条理性方面的问题，每个人对此看法也不一致。我可能也不具备条理性，但我知道我的东西都放在了哪儿，也能轻松找到，我有我的秩序。

——本，17 岁

那么做。也就是说，孩子的房间不是一座你要攻克的堡垒，你不必过度控制。我们并不是说孩子在没有得到你的许可之前，就可以把自己的房间粉刷一遍。你要先清楚自己的教育重点是强化孩子的条理性，还是强调孩子的卫生问题。你要先明确自己进行干预的重点。随着孩子渐渐地长大，荣誉感和自尊心也在不断地增加。他需要有自己的独立空间，有他自己的私人空间。

还有一点建议是，孩子的房间不是总像你所描述的那样乱，他也不总是住在那个房间里。你需要保持一种尊重的心态，也要让你的孩子知道他的同学或其他人可能持有不同的看法，可能别人希望房间能够干净整洁。我们强调这一点，是在说明，不要过于强调你与孩子的不同。你要尊重孩子的私人空间，也要让孩子自己清楚自己的房间会邋遢到什么程度，最差不能超过什么程度等等。

第17章 提高孩子的时间管理能力

时间管理是一种准确评估自己做某事会花费多长时间的能力，如何管理时间，如何在有限的时间内完成一定的任务。这种能力包含着一种时间紧迫感——就是说，在一定的时间范围内，要完成一些特别的任务。如果你的孩子有这种优点，他就能够准确地评估自己完成某件事情会用多长时间，也能够按照时间的多少来控制任务的进展。青春期里的孩子通常无论遇到什么迫在眉睫的任务，都手忙脚乱的，例如安排自己的那些家庭作业。

无论怎样，你都要告诉孩子，时间管理能力是非常重要的。如今，对大多数人来说，时间管理变得越来越难，很多人因为需要完成大量的工作和学习任务，睡眠时间被不断剥夺。无处不在的现代生活方式也在影响着青春期的孩子。他需要很多时间来完成各科作业，但也不想错过一些娱乐活动或电子游戏。他们要参加体育活动，追求自己的爱好，填报志愿，还要为毕业后的安排制订计划等，所以他们经常感到时间不够用。即使是擅长时间管理的孩子，也会觉得每天只有 24 小时实在太少，自己每天有很多事情没做完。父母需要做的是分析孩子出现的状况是不可避免的，还是他缺乏时间管理能力造成的。青春期里的孩子往往错误判断了自己做某件事情所花费的时间，很难按照自己设定的时间去执行，习惯性地出现“拖延”现象。

时间管理能力的发展

孩子的时间管理习惯最初出现在童年早期，在父母的辅助下开始形成。我们让孩子按时上学，按时睡觉，也根据孩子完成事情的快慢和进展，不断调整计划和期望。刚上小学一年级的时候，孩子说自己的时间不是由钟表决定的，而是由事情的进展决定的，如果事情很快完成，他们就有充足的时间做其他的事情。二年级的时候，他们能看着时钟，去合理安排做事的时间了。到了青春期，孩子已经形成了最基本的时间管理方式（他们知道某件事情大概会用多长时间，如何在有限的时间内完成一些任务）。但是父母也不能疏忽大意，应该谨记上文中的提醒：现在的孩子需要做的事情太多了，社会给他的压力也很大。甚至你可能直到孩子出现问题，时间安排一团糟，不知道先做什么后做什么的时候，才发现孩子存在时间管理的问题。

对于青春期的孩子来说，时间管理能力包含两个要点：（1）对时间进行规划。（2）形成一种时间紧迫感，不要拖拖拉拉。孩子到了青春期，要能够找出哪些事情是需要优先完成的，哪些可以稍后完成，最后安排那些可做可不做的事情。青春期的孩子出现时间管理问题往往是因为他觉得那些无关紧要的事情做起来很容易，一会儿就能做完，但是等事情开始做了，又觉得做完这些事得费很长时间。这也涉及缺乏时间紧迫感的问题。请想一想那些与孩子密切相关的时间管理问题，然后填写如下的量表。请尽可能多地复印如下量表，分享给家里有此类问题的青少年的父母们。

你家孩子的时间管理能力如何

下列图表中的每一项，你首先要明确“但是”左右两侧中的哪一侧的陈述更符合你的孩子。然后评估他的表现可归于哪种范围内。你的评级表明了技能构建的合理目标：当你在左侧陈述一栏里选择了“很多”或“非常多”时，证明孩子很善于在那个特定情境中利用该项技能。而对右侧陈述选择的是“很多”或“非常多”时，意味着孩子可能需要在那些方面付出更多努力。

略微	很多	非常多				略微	很多	非常多
			有些孩子总是能按时上学，按时做某事或赴约，按时参加活动等。	但是	有些孩子经常习惯性地迟到。			
			有些孩子能很好地评估自己完成某事会用多长时间，抵达某个地方会用多长时间。	但是	有些孩子不知道完成某件任务会用多长时间，也不知道到某个地方会用多长时间。			
			有些孩子能按时完成自己的家庭作业和家务活儿。	但是	有些孩子似乎总是不能按时完成这些事情。			
			有些孩子能按照一定的条理完成每天的任务。	但是	有些孩子从来不按照自己制订的计划做事。			
			有些孩子能想办法加快速度完成某事，或者想办法加快抵达某地。	但是	有些孩子不管时间多么紧迫，也不加快速度完成任务。			

让孩子更有时间观念

● 和孩子一起做事时，要给孩子树立一个守时的榜样。如果你要开车带他去上学、参加应酬或者课外活动，要尽量准时。和孩子一起参加活动时，也请努力做到守时。如果你的孩子想和你谈谈心，而你现在抽不出时间来，要告诉孩子你大概多久之后会有时间。

● 和孩子一起做事情时（比如，要开车送孩子和他的朋友一程），不管你是每天都这样做，还是偶尔如此，你都要让孩子知道得花多长时间，为了确保按时到，你要什么时候出发。在家里，你可以让孩子在日历上标记好一些家庭活动的时间。日历、规划表、手机上的备忘录等，都可以充分利用。如今，智能手机都有语音留言功能，备忘、提醒功能也很完备并日益成熟，你都可以借助这些技术手段，来强化孩子的时间管理能力。

● 让孩子设置一个定时装置，比如床头放一个闹钟，在手机里设置闹钟等，每天早上提醒他起床，安排早上的活动等。

案例故事

厨房里的叫声——“提前与医生预约！”

“赶紧打电话预约拉索医生，电话号是555-302-1024，赶紧的！”玛西亚在厨房里，一边打电话，一边翻找着便签簿。

“罗比，你能打电话给医生吗？”

玛西亚不用猜就知道这个问题的答案。她把便签放到固定电话的键盘上，这样罗比就能记得给医生打电话了。听到儿子从楼上走下来的脚步声，她抬头看了看已经15岁的儿子，他正朝厨房走来。

“妈妈，你刚才说什么？”

她举起电话对儿子说：“罗比，今天我已经是第三次给你留便条，让你给医生打电话了。你只关心你的足球赛。你需要去检查身体，因为学校需要这项体检材料，如果你还想继续踢球的话，就必须要有这份体检材料。”

罗比扑哧一笑，“妈妈，你说的是足球选拔赛吗？现在是六月份，还有很长时间呀！”

玛西亚说：“罗比，现在是六月末了。足球选拔赛是在七月，训练是在八月末。所以，请认真对待好吗？”

“好的，我知道了。该死的电话。我马上打电话给医生。”

罗比这样说着，玛西亚又补充了一句："不，现在时间有些赶不上了。我们讨论过这件事。因为我给你留了言，每次我离开家之前或者到家后，医生还没上班。所以我无法为你预约。"

> 我还是个孩子的时候，经常拖延某些事情，直到最后一分钟才做。
>
> ——马修，18 岁

"好的，妈妈。明天我不会忘记了；我答应您，一定会打电话的。"

"很好。儿子，你现在想吃什么？"

第二天早上去上班之前，玛西亚为了确保罗比不错过和医生预约，又在电话的键盘上放了便笺，在角落的显眼处放了一张提醒便笺，电冰箱的牛奶瓶上贴了一张，咖啡机上也贴了一张。最后，她静悄悄地走进儿子的房间，在儿子心爱的足球上也贴了一张，还在闹铃上贴了一张。她弯下腰，亲吻了儿子后，离开了家。一切都看似不错，近乎完美无缺。她以为儿子今天一定能预约医生的。

> 和罗比一样，我也觉得妈妈的帮助对我来说很重要。父母对孩子的全部付出都是合情合理的，但是我更欣赏让孩子自己做的父母。
>
> ——罗瑞，16 岁

当她晚上下班后，罗比抱怨道："你没必要那么做的，我已经记住了。你留了那么多的便签，简直把我当成白痴一样。你像是我的大脑一般，总是不停地提醒我。你告诉了我一遍，我一定会记得的。我早上一起来，你把便笺贴得到处都是，似乎在告诉我，我的记性很差。"

玛西亚听了儿子的话，觉得很委屈。她的本意并非如此，难道不是吗？于是，她开口说："很抱歉儿子。我的本意并非如此。我本来是闹着玩的，和你开个玩笑而已。"

"哦。"他的表情立刻明朗起来，"哦，我已经和医生约好了，7 月 20 日的下午 3 点去体检。"

"罗比，那天是选拔赛。"

> 在管理时间方面，我会为某件事留出充裕的时间，这样就会避免时间不够用的情况发生。做事的条理性与时间管理是息息相关的，因为做事有条理，井然有序，能节省我们解决问题的时间。
>
> ——塔莎，17 岁

> 我会感激父母的帮助，但是起初的时候会有些小情绪。
> ——塔莎，17岁

“我知道，没关系的。我去参加选拔赛的前一小时可以开车去医生那里。”

“罗比，你是说在选拔赛前的一小时吗？”

“有什么不妥吗？”

“那个时候医生只剩半小时就下班了。”

“那又怎样呢？身体检查大概需要多长时间？”

“罗比，问题是，我不知道你检查身体大概用多长时间。”

“我的意思是说，你如此安排存在不妥当的地方。你会耽误了选拔赛的。”

“这是你的首选吗？你为什么这么安排？日历就在冰箱的右侧。你打电话的时候可以看到的。”

“你并没告诉我选拔赛的具体日期。你只是让我打电话和医生预约体检的事情。你给我写了无数的便利贴，我就按照你的吩咐做了。医生告诉了我一个适合的时间，我就同意了。”

“罗比，但是这个时间可能太仓促了。你总会做出这样的事情来，总是不能合理地安排自己的时间。我们还得去参加选拔赛的，万一路上塞车，万一医生的检查速度慢了些，万一又有其他的状况发生，我们去参加选拔赛就会迟到的，不是吗？”

> 预留出“缓冲时间”，避免时间不够用的情况发生，的确很重要。
> ——本，17岁

“妈妈，万一那天流星撞上了地球，该怎么办？”

“够了！找个地方凉快去吧！我亲自来安排。”

“随你的便。”

第二天，玛西亚给医生打了电话，想预约其他更适合的时间。但是，医生的其他时间都已经满了。无奈，他们只能那个时间去了。

7月20日那天，玛西亚下午2：30赶到了家里，发现罗比仍然披着湿毛巾，四处翻找着比赛穿的衣服，家里一片狼藉。

“抱歉！抱歉！抱歉！我以为自己有足够多的时间，于是就洗了澡，然后找那些我需要带的东西。妈妈，你看到我踢球穿的钉子鞋了吗？”

“钉子鞋？”

“我只看见了这一只，那一只去哪儿了？”

“罗比，我真不知道该怎么说你——”玛西亚恨得牙根痒痒。她顾不上争吵，在房间中四处寻找，最后在车库里找到了另外一只运动鞋。她带着罗比，开车赶往医生的办公室。最后，罗比晚了15分钟才到选拔赛，被教练批评了。那天晚上，玛西亚去接儿子，她说道：“罗比，我们俩今天都很累，都很恼怒，你的教练也不高兴。你认为我们是否能采取什么方法来改善这种情况呢？”

星期六的下午，玛西亚和罗比认真地谈了一次，并说了一些解决的方法。罗比认为，虽然自己没有安排好一些事情，但会从此吸取教训。他从这次的经验教训中知道了预约中需要注意的问题。反过来，他的妈妈也意识到，儿子那是第一次预约医生，还有很多细节没有考虑，才出现了意料之外的拖延。

她和罗比仔细地讨论，最后达成了一致。他们会列一个清单，写上所有事情的详细安排。她和罗比每人各持一份。在要做某件事情的时候，都预留出足够长的时间。他们也达成了一致，每天都商量一下各自的安排。如果妈妈有空，就发信息提醒儿子，与医生预约什么时间做体检。如果妈妈没有发给他信息，他就会发条信息问问妈妈，得到妈妈的答复后，他再与医生预约具体的时间。

在接下来的两个月内，罗比做到了与牙医提前预约，并按照约定的时间去。

10 月末，玛西亚下午 5:30 去学校接罗比。当时罗比正坐在看台上，护膝和护腕等装备散落在脚边。当他看到妈妈过来，赶紧把这些东西装进了一个口袋中，从口袋中取出一双拖鞋。

“儿子，你今天表现很好，东西

> 我认为这位妈妈应该对儿子多些信任和理解，也应该对孩子有更多的耐心。他们选择周六时好好谈谈，而不是事发当天去谈，这个我认为比较好。因为那时候他们情绪冲动，谈话可能不会有效果。所以我认为谈话的时间也很重要。
>
> ——特洛，15 岁

都带齐了。”

“而且我也很准时哦！”

“罗比，我只想说，你做得太棒了。你自己与牙医预约了充分的时间，踢球也没迟到，也改变了把东西乱扔的毛病。”

“教练教给了我一项任务，让我在脸谱网上建一个群。他也发给我了一张行程安排表，所以我们能及时沟通接下来有什么事情要做。”

问与答

我儿子也像罗比一样，有很多的体育项目和朋友聚会之类的事情。我也用这种方法让儿子学会提前预约，并设置了提醒，但他还是经常迟到。我该怎么做呢？

青春期的孩子出现时间管理的问题多半是由于过高估计了做某件事的时间。你可能会认为孩子毛毛糙糙，做事拖延，这也是能理解的。对于你的孩子来说，他们往往把一些事情想得过于简单了。孩子只有知道了医生给患者看病或检查身体最少要用半小时的时间，去医生的办公室还得 15 分钟，才能为自己的计划设定一个合理的行程。所以有时候，他总是在离家的前两分钟，才发现车钥匙找不到了。他在预估时间的时候，往往没有预料到会出现意料之外的事情，所以当计划出岔子时，往往手忙脚乱的。我们也发现，很多青春期的孩子甚至不会考虑在市里开车会遇到堵车的情况，如果是在乡下开车，也不会把天气情况（如下雨或下雪）等因素考虑进去。虽然他们知道自己的车遇到特殊的天气会熄火，需要重新启动，但往往又把这些因素置之脑后。

那么，你该怎么办呢？我们建议那些像罗比一样的青少年能为自己设置一个闹钟，在出发前半小时响起。我们也能理解你的孩子可能会觉得这很可笑，“很明显，我知道那不是准确的时间。”你要对孩子解释，这个提醒并不是愚弄他，而是让他知道要准备出门了。如果孩子这样做了，他就会比预想的早到，或准时抵达，而不会出现迟到的情况。这样做的目的是提醒孩子，对那些重大的事情，要预留出一些处理意外情况的时间。

我的女儿总说我，能用 5 个字说清楚的事情，一定得说到 50 个词以上。于是，我不得不用简短的句子提醒她做什么事情。但是，现在她只是按照我重点强调的部分去做某事，而毫不顾忌其他我没有提及的细节。有一次，我给她留了张便条：去遛狗。因为那天我和她爸爸要去开会，要很晚才回来。当我们回到家的时候，发现她一直在忙着自己的事情，根本没想到遛狗的事。我们发现家里一片狼藉。我本以为这种简短的提醒能让她知道，她早上应该做的第一件事情就是去遛狗，而女儿只记得我说过去遛狗，没有记得具体什么时间去。——“我总得有时间才能去遛狗呀！”女儿这样搪塞。我该怎么办呢？

你的女儿正处于青春期，就像罗比一样，做事情没有明确的目标指引，所以也就得过且过，迷迷糊糊。很显然，你如果出门不是很早，那么遛狗应该是你出门前就需要做的事情。你可以模仿玛西亚与罗比的做法，列一张计划表，什么时间做什么，这样孩子才能有方向感，知道哪个时间该做什么。你的做法有些像玛西亚之前给罗比贴了很多便利贴提醒一样。有时间管理问题的孩子往往只将注意力集中在那些特别的任务上，如果他们能提前制作一个计划表，就会不受其他事情的干扰，而能认真完成计划好的事情。

就像案例中的罗比，他往往无法统筹所有的时间，不知道从家到医院用多长时间，医生可能会有自己的安排，体检会用多长时间等，也不知道这些时间与自己参加选拔赛的时间会不会发生冲突，以至耽搁了选拔赛。需要再次强调的是，有时候，青春期的孩子出现时间管理问题，也与考虑不周有关。

对于罗比来说，从 6 月暑假开始，一直拖延到快开学了，才去检查身体。在他的头脑中，学校开学是 9 月 1 日。所以，他认为还有很多时间去做学校安排的事情。更何况，对青春期的孩子来说，这些事情都是次要的，他根本不放在心上。而事实上，这些事情早晚都要去做。你的女儿可能从来没有想过你的爱犬已经被困在家里一整天了，因为你也没有说在你出门之前，一定让她去遛狗。你不要对孩子说：“别忘记出去遛狗。”而是要非常具体地告诉她：“请在今天 4 点到 5 点钟的时候，出去遛遛狗。”

当安排的事情可能会很复杂时，比如罗比与医生预约体检，要给他写下电话号码，或者发信息给他。或者孩子有设置手机备忘录的习惯，你可以让孩子用手机记录下来计划要做的事情，或者利用手机闹铃的功能，在 4:15 的时候，你发一条信息给孩子，告诉她：“该出去遛狗了！”

第 18 章
锲而不舍——增强目标导向的持久性

目标导向的持久性是指一个人树立目标后，能朝着目标不断前进，不因其他的事情而分心，不拖拉，努力朝着目标奋斗。一对夫妻想要攒钱买房子，所以需要朝着攒够预付款这一目标而努力。11 岁的孩子每周用几小时练习控球，想在比赛中射中球门。16 岁的孩子为了买车，选择在课余时间打工赚钱。这些都体现了目标导向的持久性，为了实现某一目标，你一定要日复一日地朝着目标努力，才能最终实现目标。

目标导向的持久性的发展

锲而不舍地朝着目标前进，这是孩子走向成熟的一项重要执行技能，对于大多数的青少年来说，从出生一直到二十多岁，他们都在不断地完善这项技能。在漫长的成长过程中，从儿童期一直到青春期，我们都不断地鼓励孩子，做事情要有毅力。用这样的教导去鼓励孩子完成拼图，鼓励 5 岁的孩子学会骑小自行车。从孩子很小的时候开始，我们就在不断地鼓励他去学习某项本领，不断地练习，不断地重复，多付出一些时间和精力。在某些方面，孩子也表现得很坚韧，很有毅力。例如，坚持某项体育运动项目，坚持阅读，攻克数学难题，始终如一地练习某种乐器，坚持做家务活儿等。孩子小的时候，我们鼓励他朝着自己的目标努力。随着孩子一天天地长大，他们的某种能力也会渐渐地形成。孩子想得到渴望的东西时，我们也会帮他制订一个攒钱计划，让孩子通过坚持不懈的努力，逐渐实现目标。

大多数的孩子进入高中后，会为了某个目标而努力学习，为了某个目标去攒钱，或者为了某个目标而参与某项活动。但是，他们中有多少最后坚持下来了呢？青春期的孩子比年幼时拥有了更多选择的空间，所以他们总会被周围的新奇事物分散注意力，导致目标导向不能持续。到了这个年纪，他们宁愿与同学出去聚会也不愿意研究报考哪所大学。他可能与同学们花钱买比萨，看电影，却把自己攒钱买山地自行车的计划抛之脑后。现在他们可能正在做与自己的目标相冲突的事情，并且还要为自己争取权利，先做什么后做什么，都要自己决定。

如果你的孩子存在无法坚持朝目标而努力的问题，还总是依赖别人（第一章到第五章中提到的那样），他可能更无法按照自己的目标做事了。正如美国著名的儿童行为研究专家拉塞尔·巴克利指出的那样，很多青春期的孩子做一些事情的时候，如果总是拖拖拉拉，这也做不到，那也做不到，原因往往是，他们把注意力放在了更吸引他们的事情上了，而没有考虑这么做对实现目标有何影响。当你的孩子对你说他要上大学的时候，他就应该争取每学期的考试成绩都很优异，按时完成各种作业和测试卷。但是，很多青春期的孩子往往口头上说自己周日要好好复习功课，准备周一的考试，但却一直在浏览网页或登录脸谱社交网站，去见朋友们，看自己喜欢的电视节目。如果他不把注意力从与自己的目标无关的事情转移到自己的目标活动上，就会出现考试不及格，考不上大学的后果。这也与孩子的目标越来越远。

请仔细观察一下你的孩子是如何坚持完成目标的，再完成如下的问卷。请随意地复印这个问卷，与那些孩子有同样问题的家长们共同分享。

你家孩子能锲而不舍地朝着目标努力吗

下列图表中的每一项，你首先要明确“但是”左右两侧中的哪一侧的陈述更符合你的孩子。然后评估他的表现可归于哪种范围内。你的评级表明了技能构建的合理目标：当你在左侧陈述一栏里选择了“很多”或“非常多”时，证明孩子很善于在那个特定情境中利用该项技能。而对右侧陈述选择的是“很多”或“非常多”时，意味着孩子可能需要在那些方面付出更多努力。

略微	很多	非常多				略微	很多	非常多
			展望未来，有些孩子会寻找如何能实现目标的方法，然后努力去做。	但是	有些孩子认为目标总有一天会实现，但从来不努力。			
			有些孩子愿意放下手头的有趣事情而去做那些有助于实现长期目标的事情。	但是	有些孩子的座右铭是：我只年轻一次，要享受当下。			
			有些孩子知道自己长大以后做什么，并努力朝那个方向努力。	但是	有些孩子每天都迷茫，不知道该做什么，从不考虑毕业后该怎么办。他们只相信：船到桥头自然直。到时候再说吧。			
			有些孩子设置了目标，并朝着目标不断地努力。	但是	有些孩子认为当下的玩乐比长远的目标更重要。			
			有些孩子不受眼前的障碍影响，一心朝着目标前进。	但是	有些孩子如果遇到了困难，就放弃。			

培养孩子不达目的不罢休的精神

● 只要有可能，就让你的孩子朝着自己设定的目标而努力，坚持做那些能实现目标的事情。在鼓励孩子坚持下去的过程中要尊重孩子渴望独立的意愿，让他自己做决定，让他告诉你，他的动力是什么。

● 有时候，孩子的目标和你为他选择的目标是一致的，你们之间就不会发生冲突。如果你只赞同孩子设定目标中的一项（例如，买一辆车），那么请与孩子认真地谈一谈，但是对安全之类的问题一定要坚持你的看法，坚持自己的原则。

● 如果你赞同他设立的目标，但对此你有一些其他的想法或期待，就一定要让孩子提前知道。例如，如果他对某一所大学特别感兴趣，你要让他知道你的看法，比如学费很贵，离家很远，或者有气候方面的顾虑等。对于买车这件事，你也需要让孩子知道有哪些额外的花销，还有汽车的安全问题、修理费用等。提前给孩子一些限制，让他能把这些因素考虑进去，你才能帮助孩子改进做法，实现目标。

● 如果他有了一个目标，你可以在中间给他设置多个路标，让他有一种不断进步、不断接近目标的感觉。例如，孩子正在攒钱，你可以给他的存折上先存一些钱，然后定期查看他的账户金额，让他知道攒的钱越来越多了。为了能考上理想中的大学，让他不断地提高学习成绩，对比这些大学的要求，让他知道自己的哪些方面还欠缺，需继续提高，这也能产生类似的效果。

● 通过做一些与目标有关的具体的、看得见的事情，让孩子保持对长期目标的兴趣。比如，查询孩子想考的那所大学的情况，给大学打电话，参观大学，与大学的招生人员见面，搜集关于那所大学的更多资料和信息。针对那些他想要购买的物品（汽车、手机等），要定期地搜寻相关的信息，看看是否有更新等。在第七章，我们列出了很多实现目标的步骤。

● 对于那些你重视但你的孩子并不重视的目标，要用一些激励措施，让孩子坚持下去。你可以参照第五章中提到的更详细的激励方法去做。

基本上，不管是哪种情况，你都要考虑目标是短期的还是长期的。如果是长期的目标，请先设定出等级（这个等级要根据孩子能达到的程度而设定），孩子每次达到了要求，就给予一定的奖励，让孩子集中精力去实现那些目标。如果是短期的任务，例如学习某门课程或完成某项家务，请应用“首先—然后”的程序，对孩子最大化地激励。也就是，我们前文中曾提到的，让孩子必须首先完成重要的事情（家庭作业），才能去做其他次要的事情（出去和朋友们玩或者打电子游戏）。当他能更灵活地应对不同的情境，而不是只盯着目标，你就会赢得他的注意力，并激励他尽快行动——也就是说，通过提供给孩子他们最想要的东西或满足他们的某种期待，就能让事情发生逆转。首先，你要肯定孩子积极的一面。这种好态度能提高孩子成功的几率，也为孩子独立打下了坚实的基础。

案例故事

天上不会掉馅饼：帮孩子实现目标

“你觉得很难拿到入场券吗？我姐姐玛雅说的确很难买到票，但我觉得这只是她不想去看球赛的借口。她认为足球很无聊。”

“我也这么认为。”但丁的妈妈一边走进来一边说。但丁和他的父亲正在看足球比赛。姐姐玛雅就读的学校就是参赛的一方，但丁希望自己以后也能进入那所学校。

“我认为她没有那么多时间。”但丁的爸爸说，“据我所知，她每天都埋在书堆中。你只要想想她学习的专业就能猜得出来，她的学习任务有多重。”

“一提到读书，”但丁的母亲说，“你就和儿子打开了话匣子，是不是？你已经说了几遍了，还是不断地重复同类的话题。”但丁看到姐姐的录取通知书的那刻起，就已经下定决心也要考入姐姐的那所大学。他的姐姐头脑聪明，整个高中都非常顺利，可是但丁却让父母操碎了心。因为他总是三分钟热血，无法为一个目标不断地努力，经常做事没毅力，随波逐流。他经常受别人的唆使和影响，缺乏持续地追踪目标的韧劲。有时候，他也确定了某个目标，但从来没有考虑过如何去实现。去年，他想学钢琴。他的父母就高兴地帮他找了一位钢琴教师，但是因为不认真练习，他从来没弹奏出一首完整的曲子。但丁很聪明，也想做成一件事，但是经常因为没有毅力，很多事情都半途而废了。这种坏习惯现在看起来还没什么，可但丁的父母明白，如果但丁做事还是三分钟热度，却又固执地想考到姐姐的那所学校，一旦他失败了，结果将会不堪设想。

“我会认真读书的，真的。”起初，他也这样做了，但是他的学习热情很不稳定。他的父母只能再次提醒他要集中精力实现自己的目标。几天来，他做出了很多努力，搜集了很多学习资料，也从图书馆借来了很多书。但这样坚持了一周，他就不打算继续了。父母会再提醒他坚持下去，但他们还是担心：（1）他们能帮儿子度过这个阶段，但等他到了学校，就爱莫能助了。（2）他们以前也这样做，但在他缺乏责任心和独立性这个问题上，他们总是频频发生争吵。

几个月以后，但丁收到了考试成绩单。他发现自己的成绩完全达不到姐姐的那所学校的录取分数线。但丁感到非常沮丧。他想起自己的那些苦战的日子就很伤心。为什么就考砸了呢？

那天晚上，但丁和他的父母坐下来，认真地谈了一次。他的母亲说：“但丁，我们知道你多么渴望能考进姐姐玛雅的那所学校。我们也希望你能考上。但是，你要知道，你没有像玛雅那样坚持自己的目标。你姐姐为了考上那所大学，制订了周密的学习计划。她定期地认真进行各学科的考试。你可以打电话给姐姐，与她谈谈这方面的经验。如果你愿意的话，我们可以帮你建立一个计划书。但是，但丁，决定权只在你自己手里。自己不努力，别人也无能为力。”

但丁点了点头，他们开始思索着制订一个计划。他打电话给姐姐，姐姐给了他一份复习大纲，帮助他更有目的地复习。但丁开始认真复习，准备参加下一次的模拟考试，而且每个周末都会提前认真复习。

> 有了目标才能激发动力，采取积极的行动去实现目标。
>
> ——塔莎，17 岁

虽然父母会提醒他，但他也为自己的手机设置了闹铃功能，每天提醒自己该学习了或者周末玩的时候提醒自己应该做更有意义的事情了。经过了这样不断地努力，他的成绩大幅度地提高了。对于但丁来说，这不仅仅是执行一项任务，也是在培养自己的目标执行能力。随着一天天地不断努力，他也渐渐地知道了自己该做什么事情，不该做什么事情。如同刷牙这件小事一样，他的生活变得有规律，为明确的目标而努力着。最后，他终于考上了姐姐的那所学校。

问与答

我们已经想尽办法告诉孩子，如果不朝着目标努力就不能成功。但丁的故事中，有什么不同的处理方式值得借鉴吗？

行动的背后有动机和计划两大要素。闹钟和手机是比较好的提醒装置，设置提醒也很好用，但是这些日常提醒背后若没有最终目标的支撑，就会令孩子感到讨厌，也无法达到驱动激励的目的。无论孩子喜欢还是不喜欢，我们作为父母经常犯的毛病就是，不断地对孩子强调坚持目标的重要性。

对青春期的孩子来说，他们要形成一种独立的意识，要学会驱动自己，而你和孩子都需要树立这样的观念。我们可以设想但丁的父母如果没有这样做，将会发生什么呢？他可能无法进入一直渴望的那所大学。处于青春期的孩子在这个特殊时期有自己的想法，他们有了自己的志向。一方面，孩子希望有成人感，能够脱离父母的束缚，按照自己的意愿执行。

另一方面，孩子也担心自己的执行技能不足，担心自己不如其他同学那么优秀，因为别人似乎都能轻松解决问题，没有任何压力。你要让孩子明白的是，自我提醒不仅适用于意志力比较弱的孩子，也可以用在时间管理能力和目标导向性都很好的孩子身上，使其有效地保持时间管理与日常安排协调一致，实现长期目标。我们也希望父母先反省自己，自己的经验和固有思想是不是左右了孩子的思想。通过但丁的故事我们可以知道，探寻更多的教育方法的时候，只要按照自己的日常惯例进行，就容易被孩子采纳，并能让孩子有所改善，达到令人满意的结果。在但丁的故事中，他的父母想让姐姐帮助弟弟，告诉他实现目标并没任何捷径可言，只有不断地朝着目标努力才能实现。同时，还给他提供了一些方法。如果你注意到，孩子的同龄朋友特别擅长一些方法，请鼓励你的孩子去询问他们，即使只是随便问问，也会对孩子有所启发。像但丁这样的孩子，其实有向同龄人征求意见的自我意识。即使是观察或随便与同龄人聊一聊，也能很好地调动孩子的积极性，也不会公开暴露他的问题，让他感到难堪。另外一种方法是，可以将其与孩子喜欢的东西联系起来，启发他坚持下去，比如体育运动。好的运动员也会告诉他，天赋不是成功的决定性因素，只有坚持训练，才会熟能生巧，取得佳绩。同理，如果你的孩子天生就不具备好的自我管理能力，那也没关系，天赋不是孩子能否形成良好习惯的决定性因素。

我家孩子就很难按照日常惯例做事。她承认自己有要实现的目标，但是几天后或者几周后就无法按照计划执行了。我每次都要甜言蜜语地让孩子做这些任务，而且每次我们的关系都被弄得非常紧张。

我们能提供的最重要的一项建议就是：教给孩子按照日常计划做事情的能力。恒心和毅力是实现目标的重要因素，你要让孩子每天都坚持按照日常程序进行。例如，每天或每周都坚持努力学习，去努力应对考试，坚持不懈，朝着目标而努力。如果无法坚持，那么请考虑让孩子自己制订某种提醒设置，督促她学习或参加某种活动。家人在一起吃晚餐的时候，在饭前或饭后的闲暇时间聊一聊，就可以提醒孩子该做什么事情了。如果孩子特别爱看电视或你允许她在规定时间内看电视，请让她在看电视前要先把功课做完。

还可以引导孩子，在每天的生活安排中，给自己留出具体的学习时间和空间。在做感兴趣的活动之前进行一段时间的学习，能够减轻那种沉闷感。

另外一个小窍门是：对孩子好的、积极的方面加以鼓励！孩子自己主动想着做某件事，这也是很重要的进步。你老是唠叨孩子的坏毛病，也无法阻止他。所以，请你把目光聚焦在孩子的那些好的、积极的方面，加以鼓励和表扬。这样做更能激发孩子的斗志。如果她犹豫不决或者无法坚持，请尽可能地让孩子的情绪平静下来，并继续保持乐观积极的态度。鼓励孩子，给孩子发一些信息，为她设置一个手机提醒，让她继续朝着目标前进。如果孩子努力学习了，请建议她把计划书放在最明显的地方，方便及时查看。这与在准备考试的时候为桌子上的学习资料分门别类一样简单。最后，针对 SAT 或 ACT（学业素质与能力评价考试系统——译者注），孩子需要做很多试卷！熟悉掌握考试内容对应考大有裨益，只有这样才能有效地帮孩子提高学习成绩。

第19章

元认知

元认知是指退后一步，从外部观察你自己，观察你在某一环境中是怎么解决问题的。当你具备了这种技能的时候，你就能在开始行动之前，按照自己的理解方式，先把多种信息资源进行分解。这样你在做某件事的时候，才能监控和评估自己的行为，反问自己："我正在做什么呢？"将来在不同的环境中，你也能通过评估先做什么，后做什么，依据具体情况来调整自己的行为。也就是说，元认知是依据以往的经验对当下将要采取的行为做出恰当的判断。缺乏这种能力的人往往很难通过观察自己和别人的行为，吸取经验，为将来做出正确的行为选择。例如，一个青春期的孩子曾因为表现不积极主动，丢掉了一份兼职工作，然后又找了份兼职工作，但当经理让他整理货架时，他却发信息和朋友们聊天，并没有好好整理货架。一个女孩与她最好的朋友大吵了一架，那天晚上她就在脸谱网上大肆宣扬好朋友的缺点，而以往她也是这样终止了与其他好朋友的关系。这样的孩子，都是没有从自己以往的行为中吸取经验教训。

元认知的发展

我们从小孩解决问题时的表现中，就能看到元认知的影子。例如，一个小孩拼接拼图的时候，或者教另外一个孩子如何解决难题的时候。七八岁的儿童能够按照老师或父母的指示来调整自己的行为，看到别人是怎么做之后，也能适当地调整自己的行为。儿童应用元认知的方法并不适用于青春期里的孩子或成年人，因为儿童不会从所处的情境外审视自己的行为，也不会深思熟虑，运筹帷幄。当孩子到了大约 11 岁的时候，他们开始形成预估某种行为后果的能力，并能调整自己的行为，针对一个问题想出多种解决方法，也能判断出哪一个方法最好。到了初中三年级和高一的时候，他们能评判自己在某门课程或某项体育活动上的表现，也会根据朋友们的意见对自己的行为做出相应的调整。因此，如果青春期的孩子具备了元认知能力，那么当他们听到别人提出意见时，就能够审视自己的问题并及时调整自己的行为。而缺乏元认知能力的青少年往往不会总结经验教训，也不会从错误中学习。家长们总会这样对缺乏元认知能力的孩子说：“如果你一直这样做下去，迟早有一天你会后悔的。你将会失去驾照，失去朋友，还会被解雇。”我们给你提供一个比较好的方法：应用如下的问卷先评估孩子的元认知能力。如果你想多次应用该问卷，就请多复印几张，或者分享给其他父母。

你家孩子的元认知能力如何

下列图表中的每一项，你首先要明确“但是”左右两侧中的哪一侧的陈述更符合你的孩子。然后评估他的表现可归于哪种范围内。你的评级表明了技能构建的合理目标：当你在左侧陈述一栏里选择了“很多”或“非常多”时，证明孩子很善于在那个特定情境中利用该项技能。而对右侧陈述选择的是“很多”或“非常多”时，意味着孩子可能需要在那些方面付出更多努力。

略微	很多	非常多				略微	很多	非常多
			有些孩子很擅长退一步审视整个事情的经过。	但是	有些孩子可能不在意一些细节，不会从全局看问题，往往以偏概全。			

（续表）

略微	很多	非常多				略微	很多	非常多
			有些孩子很擅长捕捉别人的感受，并重新调整自己的行为和思想。	但是	有些孩子只关注自己的想法，从来不听取别人的意见和看法。			
			有些孩子试图找出来自己到底错在了什么地方，避免下次犯类似的错误。	但是	有些孩子把错误抛到脑后，希望永远也别再碰到类似的问题。			
			有些孩子能用不同的方法学习。	但是	有些孩子只按照一种方法学习，而那种方法往往一点都不高效。			
			有些孩子询问老师的反馈意见或者询问教练的意见，进而改变自己的行为。	但是	有些孩子从来不想着去问问老师或别人的意见，只是固执己见，按自己的套路做事。			

提高孩子的元认知能力

● 重点表扬孩子在某项事情上所应用的关键的认知方法。例如，对你的孩子这样说：“你能很敏锐地觉察到你朋友的感受。”或者“你能按照教练的要求改进自己的行为，我真为你感到骄傲。”在这样对孩子说之前，你要先找到一些具体的实例：比如在做家务、完成家庭作业方面以及与朋友们的交往过程中，孩子应用的一些好方法或者能够接受别人的建议而改变了自己的行为等方面，这些好行为都值得你重点表扬。

● 鼓励孩子对在某项任务或情境中的表现做出自我评价。因为这是一种微妙的激励方法，能让孩子更好地权衡问题，而不只是陈述事实。例如，如果孩子告诉你有位朋友伤害了她，也就是正在暗示她可能也做了某些对不起对方的事情。你需要问问她，她们之间出问题，是不是与两个人都有关，她有没有觉察到有什么欠妥的地方，最后伤害了两人的感情。

另外一种方法是，从孩子身上的优点入手。例如，你可以这样对孩子说："你是个很自信的孩子。我怀疑，你朋友之所以出现那样的反应，是因为他当时有顾虑，觉得很不安。"这样的提问不一定会让孩子看到自身的问题，但给了孩子愿意与你讨论新话题的可能性，而不会引发他的逆反情绪，抵触你。

● 鼓励孩子应用"绩效评估"的方法去改善行为表现。例如，你建议孩子用这样的句式与老师或教练沟通："我喜欢在 ×× 方面做得更好。我该做些什么，才能改进呢？"这是一种拉近与老师或其他监管者的距离、获得他们的好感的有效方法，因为如果这些权威的教育者对孩子感到灰心丧气，他可能就不会给出建设性的意见。反之，则会给出明确的建议。

● 通过你自己的行为，间接地告诉孩子，人们会对她的行为做出何种反应。例如，通过声音或身体语言告诉她别人是如何解读她的话的。或考，你也可以亲自做示范，让她更好地认识自己的行为，但要切记，别让她觉得你是在演戏，或者是故意找茬为难她。

● 有些情况下，你与孩子的冲突都是有一个冲突源头的。你感觉他正在做出愤怒的回应，同时你也存在情绪问题，才让双方出现了激烈的冲突（例如，带着情绪大喊大叫），那么解决的方法就是等到孩子心平气和的时候，和他谈谈他的行为和你的反应。例如，"德芙琳，那天我们讨论事情的时候，我正在气头上，并抬高了说话的声音。我将来再碰到类似的事情，会尽力让自己心情平静，和声细语和你讲话的。”这个时候，你就给孩子树立了一个榜样，孩子才能调整自己的行为。你用平静的语气对孩子讲话，孩子的情绪才能平静下来（请记住“暴躁的热处理”与“冷静的冷处理”是对立的）。如果你观察到孩子也正在努力让自己冷静下来，你要马上说：“感谢你这样帮助我。我真的感激我们能在平静的气氛中交流。”

案例故事 1

学会倾听孩子

周二，安娜放学回到家，把书包放在了门口。她感到又气又累。她打开书包的拉链，从里面取出一个活页夹，这个活页夹里面放着一些重要的东西。她从里面取出最近的考试试卷，那是一份五页《简·爱》一书的读后感。在成绩单的左上方，老师给了她一个 C，有拇指一般大小，特别醒目。她的确没怎么花时间写这篇读后感，但也不至于得个 C 吧？她翻到最后一页，上面写着老师的评语。在一些重要的事情上，安娜是很少认真阅读老师的评语的。她只是看到老师在试卷上写着“还不错，继续努力”，但出乎意料的是，她还是得了个 C。她看着老师的评语：“论点充分，但是段落松散，语法问题很多。”后面的评语她根本就读不下去了。

“段落松散吗？那又有什么关系，而且我的语法也没什么问题呀！”她心想。写作文的时候，她曾认真考虑过句子语法，但没有修改校正的习惯。她认为写了就写了，不会有什么问题。渐渐地，语法就成了一个不是问题的问题，被她忽视了。而这次的作业是安娜拖延到了最后才上交的，所以语法问题更是漏洞百出。

安娜朝着冰箱走了过去，从里面取了一瓶苏打水。她关冰箱的时候，想起了自己一年前曾写过的一篇历史论文。自从写过那篇论文后，她已经很久没写论文了，安娜真的不知道为什么会这样。她觉得她用了同样的写作方法。她研究了一下自己的写作方式以及要表达的思想，但左看右看都觉得比较顺眼。

晚上，她把英文作文拿给妈妈，让妈妈帮忙看看。妈妈帮助她校正了里面的很多处错误。

“我真的没有看出任何错误来。我觉得，这篇作文与我获得的那些B成绩的作文几乎一样。”

“哦，在某些情况下‘几乎像’与‘完全像’是有区别的。就像C成绩和B成绩也是有区别的。安娜，你能再看看那些改动的地方和老师的评语吗？”

“我只是有点儿不知如何下手罢了，老师只说了存在一些语法和段落的问题。但我没看出来。”

“哦，语法问题相当明显。这些部分我都用红笔给标出来了。看看这里的句子：True Creativeisoriginal。你看到了吗，安娜？我的意思是你需要用Creative的名词形式Creativity，对不对？读起来才更像汽车广告用语那样精彩。你的逻辑性很强，但就是有很多的语法问题。”妈妈看着安娜写出的那些有创意的句子，简直乐翻了，倒向沙发的另外一侧。安娜则非常生气。

“是的，是的，好吧！我知道了。我记住了，凭我的能力，我能得到一个A，只是出现了些小问题而已，我会改好的！”

“哦！那么你坐下来，仔细想想一些很重要的问题吧！想一想你需要在哪些方面改进呢？你现在进入了新一年级，要上不同的新课程。你有没有想过这些都对你提出了挑战？随着你慢慢长大，你也需要不断提高自己。相同的事情发生一次就够了，不要重蹈覆辙。你必须考虑如何才能解决问题。你的强项和弱点是什么，怎么才能扬长避短。”

“是的，我明白自己该做什么了。”

> 我就像故事中的安娜一样，看到自己出错的时候很痛苦。只是她很幸运，父母能帮助她指出错误。但妈妈只是解决了安娜试卷上的问题，并没有认识到她在元认知方面的不足。只有从根本上解决问题，才能提高她的学习成绩。
>
> ——塔莎，17岁

“举个例子说吧，你现在已经是个初中生了。老师们不能再像以前那样容忍你的语法错误了。你去年还没意识到这点，因为去年老师还能容忍学生出现语法错误，但是，现在你已经升入了新一学年，必须要注意这些问题。你能认真地考虑这个问题吗？”

“我从来就没考虑过。虽然我也觉得这是应该思考的问题。”

“哦，可能我们明天应该坐下来开始想一些办法，看看怎么能帮助你改进。你觉得呢？”

“我猜，你的意思是，让我学习一下语法。名词、动词、主语、宾语，等等。”

“哈哈哈！是的。”安娜最后笑着说。

问与答

这个小故事对理解元认知能力很有帮助，但是我们还得解决当下的问题：我们如何向孩子解释元认知能力并着手培养他的这种能力呢？

对青春期的孩子来说，帮助他们理解元认知的方法可以用一句话来概括：“从‘第三只眼睛’或‘第三方角度’看自己。”当然，“第三方角度”是一个专业术语，有点深奥。大多数孩子都喜欢电子游戏。你可以用游戏中的“第三方”来比喻。三方游戏是指，玩游戏的人在游戏中能看到自己正在扮演的人物，正在左右自己与周围环境的关系。与此类似，元认知就是“用第三只眼睛”来观看自己的所有反应过程——思考，再思考，全方位地打量自己头脑中的各种想法。

回到前面的叙述和写作文这个问题上，我们常习惯用一个比喻来帮助青春期的孩子理解元认知。把我们头脑中出现的念头想象成一张长长的纸，你的大脑正在向那张纸上打字。我们不需要重复地校正，只是负责书写（或者负责思考）那些自己非常熟悉的想法。开车的时候、刷牙的时候、做饭的时候（很多人都会这样），以及其他的日常活动中我们并没认真思考自己在做什么。如果我们正在工作或忙着写一篇论文，我们只是例行公事地重复阅读或编辑自己所写的内容（或者自己的想法）。与此同时，当我们在头脑中计划一些重要的事情或准备执行一项复杂任务的时候，我们通常会用到元认知，回到自己的头脑中对一些信息进行筛选提炼，从相似的情境中获得启发，指导下一步的行动。

现在，当我们在写一份非正式的邮件，在脸谱网上发布一些消息的时候，往往不讲究语法，也不认真地检查语法，结果造成了语法滥用的现象。但是很明显，这些做法和思维习惯都是错误的，如果我们写一份重要论文，像写非正式邮件那样随意，不去仔细构思，就很难得到一个好的分数，不是吗？

孩子如果有元认知方面的障碍，生活中大大小小的事情都会受到影响。这会造成孩子的整体能力的降低，无法应用元认知全面地思考事情。培养孩子的元认知技能，就是让他养成三思而后行的行为习惯，去应对生活中的各种事情，正确看待别人的看法。可能你的孩子进入青春期之后，也像安娜一样，并没有全面地考虑问题，认知很片面。元认知是一种比较难的技能，因为需要灵活性。元认知能力的形成，始于一种认识：游戏以及游戏的规则是会变的。如果你玩游戏玩得很好，当规则改变了的时候，你还是能妥善应对。

在本书中，元认知和反应抑制，我们是分开讨论的，但它们经常被认为是同一个问题。这两项技能之间有何不同？父母们怎样才能区分这两者之间的关系？如果我们的孩子在这两方面都存在问题，我们如何才能区分出来，哪件事是元认知问题？哪件事属于反应抑制问题呢？

我们完全同意你的观点，冲动的抑制问题与元认知问题是有区别的。从行为表现上来看，两者存在很大的相似性，特别是两种问题同时出现的时候，家长更是很难分辨出来。这两种问题都是与神经相关的问题。反应抑制能延迟两者立即做出行为反应。时间延迟反应是关键。在很多情境中，你的孩子必须在元认知中应用反应抑制能力。但是，简单的延迟反应并不意味着你的孩子具备了良好的元认知能力。元认知能力需要你能在特定的情境中"打量着"你自己的反应，基于过去的经验和知识，仔细地分析自己的行为和思想，并应用这些知识去决定应该做什么，或不应该做什么。在本章的前面我提到过两位青少年，一位是在杂货店打零工的男孩，另外一位因为和闺蜜生气而把闺蜜的秘密在网上大肆宣扬。这两位青少年出现的行为并不是冲动问题，而是因为缺乏元认知能力。他们都没有从过去的经验中总结经验教训，而让问题不断地重复。元认知能力使一个人在看待一个问题的时候能够说清楚几种解决方案，并能识别出哪种方法最好，以及为什么是最好的。总结自我反应中的规律和自我分析也是元认知的一部分。这种能力让一个人能够通过总结过去的经验和教训，更好地应对未来，避免发生类似的错误。

案例故事 2

吃比萨引发的故事

每个周二的晚上，都是一群伙伴们到吉吉之家比萨店吃比萨的大好日子。对于马特和他的小伙伴们来说，这就像个节日一样热闹而隆重。约翰是第一个拿到驾照的人。十二月的每个周二他都会到社区中心的篮球场接上其他几位同学，然后一起去吃比萨。所有的男孩都爱极了这样喧哗热闹的日子，而且是没有大人陪同的情况下外出。

所有人中，马特是最能挑战极限的人。来到这家比萨店后，他一般先是吃点东西，或者玩一些小游戏。马特经常发现，自己比其他小伙伴更能疯。他偷吃别人的比萨，把别人桌子上的调料瓶拧开，当有人往比萨上撒盐的时候，他就故意碰那个人，让所有的盐都撒在比萨上，或者趁着某个人去洗手间的时候，用刀叉把别人的奶酪剥开，倒上辣椒油，混上各种调味汁，再拌上比萨酱。起初，这样的恶作剧只会引来大家的阵阵哄笑声，但他总是这样做，大家就习以为常了，觉得没什么新鲜感。大多数人只是简单地躲开。马特经常以为是自己让气氛变得不和谐了。事实上，如果他觉得自己没有找到乐子，会更加不甘心，会做出更加过分的事情，直到引起大家阵阵的爆笑声，他才肯罢休。

三月的第二个星期二，马特去邀请蒂姆和斯蒂芬一起打排球，“嗨！伊文在哪里？”马特问。

“我不知道。”斯蒂芬说，“他发信息给蒂姆，说不来了，他有事。可能他不想再碰到像上周那样被你脱裤子的事情吧！”

“哦，其实不管怎样，我都不是真的要去脱他的裤子，我也不可能把他的裤子脱下来的，只是他踩到了鞋带，把自己给绊倒了。后来，他不断地用雪球打我。我们已经扯平了。”

“但愿如此。”蒂姆撇了撇嘴，笑了笑。

那天晚上他们又去了吉吉之家比萨店，虽然马特极尽搞笑之能事，整个晚上气氛还是很沉闷。即使是开玩笑，大家也只是微微一笑，觉得其实也不怎么有趣。盐瓶的闹剧只是让蒂姆轻声地叹了口气，他站起来，把自己正要吃的那一块比萨扔进了垃圾桶，重新要了一块比萨，这次他坐到了离马特比较远的位置。通常他们都会爆发出一阵笑声，但是今天晚上很是意外，没有人发出笑声。马特已经使出了浑身解数，希望能让朋友们开心一笑，但是他的朋友们都笑不出来，回家的路上大家也都没说话。

又一周过去了，当马特出现在篮球场的时候，没有一个人在那里等他。他等了 5 分钟，又等了 10 分钟，又等了 15 分钟，没有看到一个人，于是掉头回家了。第二天，他在学校看到了蒂姆，在走廊那里抓住了他。

“嗨！哥们。”

“哦，你好！马特，有什么事吗？”

马特看着他说：“昨天晚上你怎么没来？我在篮球场那里等了你们很久。”

蒂姆笑了笑说：“哦！抱歉。我也不知道怎么了。约翰说他会来学校接我们，因为他和斯蒂芬要在学校多留一会儿。应该会有人给你发信息的。你去问问他们。可能他们忙忘了，没有告诉你。”

马特找到了约翰、伊文和斯蒂芬，问他们发生了什么事情。每个人都给了他同样的答案，都说以为他们中的一个人会告诉他的，会告诉他需要做的事情。马特觉得很没意思，苦笑了笑，回家了。

那天晚上，当他坐下来吃晚餐的时候，父母问他发生了什么事情，让他闷闷不乐的。

“是的，每个人都很难沟通。每个人都以为别人会告诉我要晚一点儿去篮球场，而他们都以为我很忙，没有打扰我。”

马特的父亲放下了刀叉对他说：“马特，这事儿你是怎么看的？”

“我认为是真的。为什么会这样呢？”

他的妈妈说：“你和朋友们每周二都一起去吃比萨，这也是四个月来你们一直都在做的事情。而现在，他们突然都没有和你打招呼，就把你撂在了一边，对吗？”

马特一脸困惑的表情。他的爸爸说：“你妈妈的意思是说……你的朋友可能在孤立你。发生了什么？他们不会毫无理由就中断了和你的友谊的。也可能，他们真的忘记了通知你。但是，即使是微不足道的变化，也是有一定的原因的。你可能冒犯了他们。他们不敢与你直接对抗，只能通过这种方法孤立你。你仔细想想你到底做了什么事情，让他们不高兴了？”

马特想了一会儿，然后告诉父母，吃比萨的时候，自己做了很多恶作剧。他提到了伊文已经两周没有和他们一起去吃比萨了，并且只是随便说了个借口，搪塞过去。听了这些，他的父母点了点头。

“那么，马特，他们是不是觉得你做的这些事情太过火了呢？他们是不是很烦你那么做？”马特的爸爸问，“你的本意不是欺负他们，也没有恶意，你只是没有理解别人的感受，或者说缺乏眼力见儿，你觉得呢？这可能需要一段时间才能学会的，你所有的朋友都在忍受你的那些恶作剧，因为他们喜欢你，所以一忍再忍，最后实在无法忍受了，就不愿意和你一起去吃比萨

> 自我反思最容易受别人的影响，这是很常见的。青春期的孩子都渴望被别人接纳，但只要能被同龄人接受，他们就会忽视对自身行为的反思。他人的言行引导人们进行自省，进而调整自己的行为方式。
>
> ——本，17 岁

了。有一天，伊文第一个退出，也成了其他人离开的导火索，其他人也悄悄地离开了，没有人直率地告诉你真正的原因。”

“那么，现在该怎么办呢？”马特问，“您认为我应该怎么做？”

“哦，现在看来，似乎是你做得太过分了。当你一遍又一遍地讲述同样的笑话的时候，可以想象，别人就不认为那是幽默了。所以，我认为你现在最应该做的事情就是向你的朋友们道歉，获得他们的原谅，冰释前嫌。然后你再看看下周他们是否会邀请你。如果没其他意外情况出现，我和你妈妈会开车送你到那里。你到了那里，别再像以前那样捉弄朋友们了。幽默确实很好，但是在一些最亲密的朋友中，不仅仅只有幽默会让人们互相吸引，有时候，让大家都感到快乐的友谊和情感沟通要比让朋友受到侮辱而引发的大笑还要重要。你之前做的几件事情，脱掉朋友的裤子，毁了朋友的食物，都不是令人高兴的行为。请记住，你的朋友反感你之前的那些行为。如果你还是会做出类似的事情，那你只能失去这些朋友了。请你在做这些事情之前，先仔细考虑考虑，好吗？”

“简而言之，”他的妈妈补充说道，“如果你再做出鲁莽的行为，你就会成为令人厌烦的人。朋友们都会不理你了，就没有朋友愿意和你一起玩了。”

“妈妈！”马特摆出一副很恼怒的样子，“好的，我承认，我到现在才明白自己该怎么做了。感谢你们出的好点子。”

第20章 给孩子找一个教练

在整本书中，我们提及的孩子在学校里出现的各种问题，都是受到弱项执行技能和应用执行技能水平的影响。正如你所了解的，如果孩子各项执行技能的发展滞后，就会影响他们的学习效率和生活质量，你最为重视的孩子的学习成绩当然也会受到影响。我们能理解你期待孩子在学校里能够表现优异的心情，因为父母都认为，一个人在学校的表现能为他将来走向社会打下基础，孩子学习成绩优异，将来才能有份好工作，才能过上更美好的生活。而恰恰在这个问题上，父母和孩子的意见经常发生冲突。你可能从孩子上小学或上初中开始就一直不停地监督着他们在学校的表现，就像是在养育一个婴儿一般，无微不至。多年来，为了不让孩子掉队，你不厌其烦地与孩子的老师联系，竭力纠正孩子的一些不良习惯。你可能会觉得，如果自己一天不盯着孩子，孩子就会出岔子。你的这些做法也可能是正确的，孩子的确需要某些帮助，但只是凭借你自己的力量去帮助孩子，还远远不够。

不管怎样，如果孩子的各门功课都不及格，所有的理想都会成为泡影。那么，如何才能有更好的收获呢？不仅仅是老师负责任就够了，很多老师也认为该到了让孩子为自己的行为负责的时候了，他们应该做到自觉按时完成作业，自觉地投入到各项学习活动中。如果孩子做不到，就让他体验失败带来的痛苦滋味。很遗憾的是，那些缺乏执行技能的孩子在学校表现一直很差，他们一直体验着各种失败带来的痛苦，而几乎没有一门课程专门告诉他们如何获得成功。通过阅读本书的前部分内容，现在你应该已经懂得了这个道理：（1）孩子缺乏某些执行技能就会不知所措，茫然无助，才会导致各种失败，而惨痛的失败就会让孩子失去动力。（2）孩子缺乏执行技能也无法让他认识到，自己当前的行为会对长期目标产生的影响（例如，忙着网上聊天而不准备明天的生物学考试，最后只会导致考试成绩不及格），或者导致更严重的后果（每科成绩都不及格，无法被大学录取）。于是，当你的孩子进退两难的时候，他就只能选择后退了。

为了避免这种风险，可能你会强迫自己继续充当孩子的额叶。但是，如果你的孩子认为你这是在干涉他，并辩解说老师让他自主学习并为自己负责任，孩子就会不愿意让你过度地督促和保护他，只是希望你能在恰当的时间，恰当地给他提个醒而已。请看下面，孩子在学校出现问题的时候，我们是不是经常会出现这些对话呢？

父母：我看到你们老师布置了一项生物作业。你完成得怎样了？
孩子：老师让我们在课堂上完成。
或者：
这个学期结束后我才能完成。
或者：
我们今天还没上这门课，所以等上了这堂课之后我才能做。
或者：
我会去同学家跟同学一起完成这项作业。

毫无疑问，你从自己的经验中懂得所有的这些回答都不是很准确，你不得不决定再采取其他方式打探孩子完成作业的情况。如果你这样做了，孩子会认为你不信任他。即使他做了功课，如果你一直按照自己的想法去评估他的做法，你们之间能不发生冲突吗？

问题就在这里：如果你不愿意总是监控孩子的各种表现，你就会纵容他，还可能要忍受来自孩子们的反击。对很多家长，特别是那些长期监控孩子的父母们来说，这是非常棘手的问题。

幸运的是，还有一种有效的方法能够帮助你。它就是，以“教练技术”去解决孩子的执行技能问题。那么什么是教练呢？从传统意义上讲，教练就是教给运动员一些基本技能的老师，给运动员提供一些运动技能和方法，让运动员更好地发挥潜能。我们这里所说的应用教练培养运动员获得理想成绩的方法，指的就是在孩子需要你的时候，给他提供正确的反馈，并给予恰当的鼓励。在我们最近写的一本叫作《像教练一样训练孩子的执行技能》的书中，我们提供了一个操作模型，供你在培养孩子的执行技能的时候使用。这种方法能从根本上来帮助孩子获得执行技能，实现长期目标。孩子只需以长期目标为出发点，做好每个细节即可。

自从我们初次形成这种教练模型至今，我们已经将这种方法应用到了很多青少年的身上，并能让孩子在短期内体会到这个模型的作用，效果可谓立竿见影。例如，此方法能改善孩子的数学作业完成情况，能让孩子在本学期获得优异的考试成绩。甚至很多使用了我们这个教练模型的学生，在学习和各种体育运动中都获得了优异的好成绩。

早期，我们在新罕布什尔的一所高中进行了实验。有五位学生从这项研究中获益，显著地提高了自己的学习成绩。他们在没有参加此次实验前，60% 的课程都是 C 的成绩，而参加了我们的实验后，这些课程都获得了 B 的成绩，有的甚至得了 A。

我们把这种教练模型视为能帮助孩子形成执行技能的桥梁，在孩子度过艰难的青春期的过程中，迷茫无助的时候，能够应用这个模型来提升自己的执行技能。如果你的孩子进入青春期之后，在学校的表现一直不好，就会慢慢变得缺乏自信心。他可能正内心渴望获得好成绩，但又不知如何去做。同时，有时出于强烈的自尊心，他也可能会拒绝来自父母的帮助。在这些因素的共同作用下，孩子的学习成绩会变得越来越差。

一位好的教练能把注意力放在提高青少年的各种技能和自信心培养上，在很大程度上，他能从长远角度来观察孩子的潜能并避免危及孩子的自尊心，也避免孩子误以为父母还把他当成小婴儿而挫伤他的自尊心。教练模式是对差等学生进行干预的理想方式，因为他们往往缺乏执行技能，但又没有任何智力障碍，所以一位教练能够针对孩子缺乏的典型执行技能给予指导，让孩子的学习成绩得到提高。教练也能帮助青少年找到方法去提高某些能力，用孩子的优点去弥补孩子的不足之处。所以，我们可以得出结论：教练能做出更多符合孩子能力的高质量的工作。这样做的好处是：重建孩子的自信心，并让孩子愿意为提高学习成绩而努力，有更大的动力去做事。

在此书的前面部分中，我们曾提到过孩子出现弱项执行技能的特征。教练能通过协调环境，扮演孩子的老师的角色。在这些角色中，教练发挥着三个主要的功能：

1. 直接找准学生、父母和老师最关注的学习问题。

2. 在父母和孩子出现重大冲突的时候进行调节。

3. 扮演代理额叶的功能。发掘孩子内在的某些优势潜能，渐渐地让孩子更加熟练地应用高效的执行技能，减少弱项的执行技能。

教练的这些主要功能听起来的确不错。那么，你怎么才能知道教练的方式对你的孩子有没有用呢？在此章中的其他部分，我们会回答如下的这些问题：

- 进行培训的目标是什么？
- 什么样的孩子需要一位教练，而什么样的孩子不需要教练？
- 你如何向孩子“推销”这种教练方法，并让孩子乐于接受？
- 你怎样才能让教练教授的内容与学校接轨？
- 谁发起这个程序？
- 你在训练过程中在寻找什么特质？如何培养孩子的那种特质？
- 如何更精确地进行训练？

培训的目标

培训有三个主要的目标。第一个目标是教练和学生一起建立起一个长期的学习目标。第一步就是转移孩子的注意力，从即刻满足的日常活动，转移到对将来有帮助的目标活动上。第二个目标就是帮助孩子不断地懂得自己日常做的每一项活动，甚至是每小时做的活动都是在为实现长远的目标而努力。当孩子建立了长期目标的时候，让孩子学会欣赏自己的这些日常行为和表现，并让孩子放弃那些与长远目标无关的活动。

第三个目标是通过每天的不断练习，使孩子形成必备的执行技能。让孩子从短期的任务入手，“不积跬步，无以至千里”，只有每天努力一点点，才能最终实现长远的目标。通过教练每天都记录孩子的表现，孩子才能渐渐认识到自己有什么样的优势能力，哪些方面存在不足，有目的地针对那些不足的技能方面进行改进。

你的孩子适合这项训练吗？

那些经过了系统培训的孩子在学校的表现明显强于没进行培训的孩子们，很多执行技能不足的方面也得到了提高。有的孩子也吸引来了很多周围和他有类似问题的孩子一起加入培训。这样会带来意想不到的好处：让孩子们的行动目标更加一致，即使这个目标只是让学习报告提高一两个等级，一起完成家庭作业等小事。我们有一些高中学生发现了这种培训过程的吸引力，因为往往他们经过了培训后，让父母都大吃一惊，其他想实现目标的孩子也想通过这类培训让自己梦想成真。

训练过程也是一个密切配合的过程。教练不是命令孩子遵守纪律。学生们要与教练分享自己的目标是什么，并去寻找能实现的方法。因为动机非常重要，会让孩子的注意力集中，所以也不需要教练每隔几分钟就强调要集中注意力。

根据我们多年的经验，应用这个训练程序最有效的是那些学习能力中等的孩子，也不排除那些有残疾的孩子，只要孩子不是特别的低智商就能用这个程序得到改善。例如，多动症和注意力不集中的孩子往往从此程序中收效甚微。那些存在严重纪律问题的孩子不适合此训练程序。那些孩子必须先解决纪律问题后，才能加入这个程序的学习，因为他们很难跟得上教练的程序安排。另外，通过这个训练程序，患自闭症的孩子能在一定程度上改善做事方式。他们能很好地一步一步地按照教练的要求去做，也能明确自己的目标和方向，当头脑中形成了一定的目标后，能够朝着目标而不断地努力。最后，只要这个过程不被视为学习能力缺乏的培训，有学习障碍倾向的学生也能很好地去配合并有所改善。

如何让孩子积极配合你

简单地说，强制不是最好的方法。如果学生知道自己在某方面能力不足，就会自愿地加入这个程序中，就像运动员一样，只有真的喜欢这项运动，教练才能给予其指导。赶鸭子上架似的强迫孩子参与，只能适得其反，让孩子产生逆反心理。如果想要整个过程顺利进行，学生和教练必须密切配合。如果孩子的成绩很差又没有下定决心一定要改善的话，或者孩子坚持认为自己能够解决这个问题，逼迫孩子进行教练式的培训也可能会毫无效果。

无论怎样，这并不意味着你不应该帮助孩子提高学习成绩。我们也总是鼓励老师和父母能够尽力地近距离接触那些不情愿加入的学生们，告诉他们这个程序是什么样的，他们就会选择加入，并会取得很大的进步。在本章的最后，你能看到一些发送给孩子的资料信息。这份资料会简单地向孩子介绍教练培训是个什么样的过程。我们也见过很多一开始不愿意加入的学生经过培训后，非常喜欢并愿意朝着自己的长期目标而努力，因为这个过程与简单地与成人交流自己想要做什么有很大的不同，而且还能得到教练的指导。当学生们参加这样的培训后，能更好地朝着自己的目标而努力。否则，你和孩子都会因为他的某科成绩不及格而卷入一场重大的冲突中。你可能会对孩子大发雷霆，甚至会打孩子。这时候，可能学校的老师或辅导员会提供给你参加这个培训过程的建议。

虽然你尽力了，但是你的孩子还是不愿意加入，请最好不要强迫孩子。你和辅导员只是告诉孩子，培训的大门永远朝他开放着，如果他有一天改变了主意，请及时告诉你们。此章结尾的其他观点也比较适合你。

如何与学校接轨

当今，学校的咨询师和心理学家比过去更重视强调孩子在学校里各种执行技能的表现。他们需要熟悉教练的概念。有一些高中和大学已经设置了这个培训。即使你的孩子所在的学校没有设置这个程序，一旦学校的心理咨询师和心理专家了解了这个体系，也会很快着手帮助那些学生。

我们也建议你问问学校的教导处是否给孩子提供这项培训服务。如果没有，你可以带头倡导学校提供这项服务，如果贵校的心理咨询师不熟悉这个程序，你可以通过本书告诉他们。

以我们的经验，当学生和父母设置了这个程序的时候，学生是愿意参与的，学校也会尽力满足学生们的需求。事实上，我们也看到过那些了解这个程序的学生去找学校的领导谈，描述这个程序，然后让学校开展这项活动，很多参与的学生都有了进步。当然，这也是需要学生对这方面充满热情才能做出的行动，或者孩子的父母主动与学校的咨询人员详细谈一谈，都对孩子的成长有帮助。

选择一位合适的教练

学生在学校的表现出了问题，究其原因是因为缺乏某项执行技能，你很希望这种培训能改善孩子的学习成绩，很重要的一点是找到一名让孩子尊敬和信任的教练。这个培训过程需要你的孩子认真完成一项任务，并设置一定的时间表，定期地监控自己的行为。因为孩子经常考试不及格，孩子的教练就需要是一位充满耐心并能忍受孩子的不足的人。只有这样，你的孩子才能积极地选择这个程序，并能肯定自己能从这名教练那里获得帮助。在提高学习成绩方面，我们已经建立一项正式的教练程序，部分的程序需要视具体情况而灵活安排，以便让教练和孩子都能适应。在这样的非正式程序中，我们发现，学生自己能找到一位自己喜欢和信任的老师，并一起完成任务。

在初中或高中阶段，下面的一些人都可以充当孩子的教练：

- 孩子喜欢的老师
- 助教老师
- 经过培训的志愿者

- 实习老师
- 学校的心理咨询师
- 接受过特殊教育的老师
- 学校的心理专家
- 其他与孩子有联系的学校职员（如学校的秘书，校长助理，护士等）。

甚至，这个教练也可以是另外一名学生，只要他能像成人教练一样参与到教练程序中来就可以。每个孩子都希望能有一位拥有如下人格魅力的教练：

- 他们很擅长倾听，富有同情心。
- 他们是值得信赖的人，能相当好地提供一些计划。
- 他们喜欢学生们，也愿意为学生服务。
- 他们引发孩子进行思考，而不只是站在讲台上滔滔不绝地说教。
- 他们接受过一些教练培训。

依据最后一点，我们的经验是一些高中学校的职员可以通过阅读后面提到的培训过程来学习整个操作方法。如果有可能，培训开始前，向一名熟悉此培训方法的人学习，也是一种好方法。

如何应用教练程序

教练技术有两个主要的程序。第一步，教练根据学生的实际情况，为学生设置一个目标。第二步，教练对学生进行不间断的辅导。

第一步：目标设定

包括三个方面：

1. 教练和学生设置一个目标。根据孩子的现状，与孩子共同设置一个长期目标。

2. 学生在教练的帮助下，认清实现某一目标的潜在障碍是什么，同时做出计划，如何去克服这些障碍。

3. 教练根据学生提供的信息，写一个实现目标的步骤。

第二步：每天的训练程序

这一步是指为每天的计划设定程序。教练程序的目标是帮助学生理解每天该做什么，这样做才会对长期目标产生影响。每天的训练程序涉及如下的问题：

1. 学生完成了昨天教练要求完成的那些内容了吗？
2. 自己付出的努力以及得到的结果，学生是否满意？
3. 为了完成明天的任务，我今天就应做些什么？
4. 今天的任务什么时候完成，需要多长时间才能完成？
5. 是否有其他可能会影响到任务完成的活动？
6. 有没有长远目标或长期任务，需要及时规划？
7. 每天努力的目标，与长远目标是否契合？

当一个学生决定参加一个教练程序，父母也参与到这个过程中，这个过程就会涉及教练和父母。这时候，请注意一点就是，教练过程要排除父母每天唠唠叨叨的说教，转为父母要尊重孩子的愿望。与此同时，父母也不能对孩子在学校的表现不管不问，仍然需要关注孩子的表现。因此，我们鼓励父母能在一开始的时候去见见教练，了解进展的细节，询问都制订了什么计划，制订了哪些规则。父母也希望能持续地得到更详细的信息。如果孩子出现了不配合整个程序的情况，我们也建议教练可以直接联系孩子的父母。

孩子就是不配合，该怎么办？

虽然你已经尽力了，但你的孩子还是不喜欢参加这个程序，怎么办？出现了这种情况的时候，你需要扮演一个更加积极的角色。参加还是不参加，让他自己决定。长期的学业问题是需要毅力才能解决的，还有一些不尽如人意的表现让他觉得很受打击，不知道如何解决问题。为了避免这些事情的发生，我们推荐你采取如下的步骤：

● 如果他说自己会解决问题，那么请提出一些短期的能被解决的问题（特别是短期内的一些重点问题）作为孩子需要完成的目标问题。例如，上课是不是迟到了，或者忘记带作业了，然后建议孩子每周或每隔一周给你反馈。如果孩子在这些方面都没有问题，只是成绩不理想，那么就主要监控孩子的学习测验和复习情况。

● 建立一个能独立验证的体系。一般而言，它的实施频率应该比报告卡或进程跟踪表更高一些。当孩子出现回避的时候，只听孩子说“事情正在解决”，而不听听老师的反馈，是非常危险的。如果是孩子第一次在学校里出现了问题，你也想给孩子一些好的建议，和孩子商量接下来到底该怎么办，和听孩子的一面之词相比，这样会让你获得更全面的信息。在这个过程中，就可以使用记录卡。我们也建议你和孩子在需要提高多大幅度这个问题上达成意见的统一。例如，从最近的一次考试不及格到下次的考试及格就是一次重大的提高。其他你没考虑到的方面他也进步了，这也是一次重大的提高。

● 如果孩子还是不配合，下一步，你就要让老师给你反馈，告诉你孩子最近的表现怎么样。很多学校已经通过网络建立了家长的圈子，他们能从班级家长群里知道孩子在学校的具体表现。如果孩子的学校没有，我们建议你每周至少发一封电子邮件向老师询问孩子在学校的表现情况。

● 如果孩子有努力学习的想法，同时能从老师那里得到一些意见和建议，就没有解决不了的学习问题，你也需要扮演一个更积极主动的角色。你和你的孩子要定期与老师见面，听一听老师对那些问题的反馈，老师会提供一些问题解决的方法，孩子也会对此做出回应。这种会面的好处是，我们能根据老师的反馈尽快地制订有效的计划。从你的角度来看，这个计划很合理，但是孩子反对的话，那么你就该考虑采取第五章所提到的激励机制了。

● 在执行这套程序的过程中，你和孩子之间是会出现冲突的，但是一想到如果孩子表现不佳或者没有毕业就辍学了等一系列不良后果，你就会更加坚定信心支持孩子，并努力去解决孩子的问题。

下面是关于这个程序的简单介绍，你可以复印给那些需要这项教练程序的青少年的父母，或者告诉那些还不熟悉这个程序的学校老师或职员。

教练程序概述

这个教练模型是为帮助青少年获得成功或实现他们的目标而设计的。模型有两个阶段：第一个阶段，教练帮助孩子形成一个具体的可以实现的长期目标计划。第二阶段，教练和学生一起根据制订的计划安排时间，分配作业，把大任务分解为小任务，形成高效率的学习技能。总之，是去扮演支持者和提倡者的角色。这个程序可以简单地描述如下：

第一阶段：设置一个长远目标

设置的长远目标包括孩子高中阶段和高中毕业后的发展方向，比如考上理想的大学等。这些计划包括上大学，并确定孩子想要上哪类大学（两年制的，四年制的，还是一般的艺术专科学校）。如果学生想要进入一所特殊的大学，也是目标的一部分。第一阶段的操作步骤如下：

步骤一：问一问学生的长期目标是什么。如果学生需要，可以帮助学生确认这样的问题：你打算从高中毕业吗？你正打算考入大学吗？好的大学还是一般的大学呢？你高中毕业后打算做什么？继续上大学还是找一份工作？你希望做哪类的工作？

步骤二：一次只瞄准一个目标，教练和学生决定为了实现目标需要做出什么样的努力。这可能只是让自己的功课及格，也可能是其他更高的要求。如果他正在努力考入一所理想的大学，制订的这个目标可能包括学习成绩要优异，每科的成绩达到一个比较好的水平，积极参加一些活动。教练也需要与孩子讨论需要特别参加哪种课程的专业培训，为孩子升入大学做好准备。

步骤三：教练和孩子需要一起讨论在实现目标的过程中要克服哪些障碍。这些障碍包括他可能要放弃哪些比较喜欢的娱乐活动。

步骤四：教练和学生一起讨论如何能克服那些障碍。例如，直到最后一分钟才去做要完成的作业就属于一种障碍。让学生制订一个长期的计划能很好地帮助他。因为忘记而没有完成家庭作业是另外一回事，如果是这种情况，就需要帮助孩子设置一套备忘的程序，提醒他记得完成作业，才能很好地解决这种障碍。教练和学生可以一起想出一两项能解决问题的方法。

步骤五：这一步要做的是，教练和学生一起确定应该改善哪些环境或者哪些方面需要改进，才能实现目标。这包括调整学习环境，例如延长学习的时间，换一个安静的房间学习，对个别弱项的科目进行辅导，每天或每周对学生完成家庭作业的情况进行监督并帮助学生按时完成作业，时间管理，协调做事的条理性，或者按照家庭作业完成情况适当奖励的方法。

步骤六：在这个程序的最后一步中，一学期结束后，教练需要核实计划完成的情况如何，总结学生都取得了哪些进步。如果有必要，需要重新修订某些计划，每一项计划都应该根据学生的实际能力来制订，才能获得成功。

第二阶段：日常的教练程序

日常的教练过程主要是让教练帮助学生形成一个计划，必须在下一个步骤之前完成哪些任务，必须在什么时间之前完成。每一个程序按照“复评预制”（复习，评估进展，预习，制订计划）的模式进行。回顾自己所设置的长期目标的情况时，教练可能会问这样的问题：“在我们这样做以前，情况是怎样的呢？”或者“你是否还记得我们上次见面的时候设定的目标是什么？”提出这些问题，可以引发学生们的积极思考。

这一阶段才会推进，并继续下一个任务，也能知道学生的下一个长期障碍是什么，包括课外活动中的问题（例如，体育活动、工作和参加俱乐部等）。教练会根据学生的希望制订出下一个阶段的任务。下一个阶段的任务包括学习任务、家庭作业以及要着手进行的学习任务和活动，还有需要准备的考试复习等。

教练和学生可以一起来开发利用时间，制订切实可行的学习计划。学生可能也想实现某些目标（例如在历史课上主动举手回答问题，或者放学后去参加一些生物学实验），一旦学生确定了某项特殊的任务，教练就要努力监督其完成。（例如，每天上两小时的晚自习。）双方协商一个能实现某一目标的方式。教练和学生都要写下自己在某一阶段需要做到的事情。

其他的附属任务要不要做，由之前的任务是否已经完成来决定。教练可以依据之前任务的完成情况，给学生读一读当时约定的一些事项，并验证是否每项计划都得到了很好的实现。然后问一问学生是怎么评估这些任务的，可以粗略地说，也可以根据自己的目标设定和自己的表现来评估。

接下来的任务是让学生预估自己接下来该怎么办。于是，就会有新的计划出炉。这可能意味着要暂停当前的相关计划，适当加入一些新的任务分配，测验，对前一阶段的任务进行补充完善。最后一步和第一步一样，也是教练和学生一起制订任务目标。然后再循环操作一次。

在教练程序的早期，比较强调教练的支持作用。如果一位教练看到学生经常没有实现计划，他们要一起来讨论问题到底是出在了什么地方，这位教练可能会帮助学生修正计划和长期目标，让孩子更易实现这个目标，也更能被孩子接受。慢慢地，孩子和教练都会更加适应这个程序。教练也能更加得心应手地安排学生的日常任务。

第21章 孩子的巨大变化

如果你回过头来再看看孩子的小学和初中时光，你会发现孩子已经发生了多么大的变化。现在，青春期阶段的孩子都有了自己的死党，认识很多老师，有机会赚零花钱，还会开车。他们每天都有很多可供选择的课外活动，也有机会到处走一走，探索这个世界。他们也能理解自己要在父母的视线之内做出自己的决定，每一种文化都鼓励他们追求自我。在形成自我人格的过程中，青春期阶段正是他们开始由父母支持或限制他们的各种行为，转变为独立生活（上大学或工作）的关键期。

作为父母，你能通过观察这个时期孩子的一些行为来预估他的未来，也能意识到孩子会遇到的挫折，从而利用这个关键期去帮助孩子改变。通过本书，我们已经告诉你如何识别孩子的执行技能的强项或弱项，如何改进孩子的执行技能不足，但孩子实现了这种转化并不意味着父母养育工作的结束。事实上，虽然某些方面父母的职能渐渐变弱了（不仅仅是因为父母对孩子的亲近行为渐渐少了），而其他方面的父母职能依然还在继续。教育方面的支持也同样如此。支持型的父母还会对自己缺乏执行技能的孩子进行口头提醒，这样一天一天地，不断地减少对孩子的支持，孩子也愿意接受这些。

为了能更具体地谈论这点，我们建议当孩子上了大学或高中毕业工作后，父母和孩子双方都要有一个实质性的转变。我们在这里集中谈论的是缺乏执行技能的青少年在未来的生活中会出现的问题。我们在本书的前面也提到了“依赖关系”或“情境依赖”式的青少年，父母们会看到孩子们的如下表现：

- 与工作相比，他们更喜欢上网聊天或浏览网站。

● 他们非常容易受到同龄人的影响，进而陷入麻烦之中。

● 你不愿意让他们在没人监管的情况下独自在家过周末。

● 他们总是认为学校的作业是小菜一碟,能够在很短的时间内完成，有时候也这样低估一些家务，结果他们经常为此拖延交作业，拖延完成家务。

● 他们知道自己的工作或大学的申请截止日期快要到了，但是仍然需要在你的唠叨中才能记得去做。

从一位评估者的角度来看，青少年出现的情境依赖行为或执行技能不足都表现在如下这几个方面：时间管理、任务启动、持续注意能力和目标导向的持久性。当孩子们还在上高中的时候，如果执行技能不足，只有在父母和老师的共同监督之下，他才能很好地改进，实现目标。如果这些孩子能更加努力或更加注意力集中，父母和老师认为他们就会在某些方面表现优异（可能获得大学奖学金，能够被名牌大学录取，得到好工作）。

离开家去上大学

我们开始谈到了孩子毕业后去上大学。那些存在某些执行技能不足的孩子能进入大学，这简直是莫大的成就。但是，到了这个时候才会显示出一些问题来，而不是问题的终结。因为这些孩子从一个每天都能获得父母支持的环境跳到了没有父母支持的新环境中，在心理上还需要很长时间的适应过程。可能每天在家你知道提醒孩子不能熬夜上网，而到了大学，孩子不可能得到每时每刻的监督。没有人提醒孩子该上床睡觉了，该起床了等生活细节。如果你的孩子没有去上课，也没有人会去提醒他，更没人提醒他要完成某项任务。虽然大学都有自己的规章制度，但是大多数都需要学生的自律和自觉，以及自我管理能力。

这种情况下，他就像一个走进了糖果店的小孩。当外在束缚都不存在了，就是一个可以即时满足的好时机，想吃多少就吃多少，想做什么就做什么。于是，出现了很多不堪设想的行为。很多刚迈入大学的学生会出现很多类似的问题（打架，酗酒，不当的异性交往等），甚至会因此影响了学业。然而，如果你在之前帮助孩子确立了人生的长期目标，大多数的孩子此阶段的过渡都能比较成功，基于他们一直以来树立的长期目标，他们能按时上课，完成学习任务，实现一个长期的人生目标。父母让孩子学会了这些技能，就能从遥远的地方监控孩子，因为孩子已经形成了自己的生活方式，可以更游刃有余地完成大学学业。

你的孩子在过渡到大学的时候存不存在这样的问题？我们提出了一系列的问题，每学期结束后，你都要问问自己：

1. 至少 90% 的情况下，你的孩子能不用别人叫醒就起床上课去吗？

2. 他不需要很多监督就能完成家庭作业吗？

3. 他的某些弱项执行技能是否影响了他在校的表现呢？他有没有设置任何提醒或闹铃呢？例如，提醒某个任务的截止日期，请同学帮忙提醒，或者像他的哥们那样，已经学会了自己独立安排？

4. 你的孩子能完全不分心或不被障碍物干扰吗？换句话说，他能不能先完成自己不喜欢又必须完成的事情或活动，再去做其他的事情？这也不是说孩子必须门门功课都得 A，而是说，他要知道，要付出多大努力，才能取得一个令自己和父母都满意的分数。

5. 如果你对他一点都不满意，他是否还有其他方面的优点？例如能严格遵守某项体育运动的时间，很有责任心地做好某项工作，发明创造，培养一个好习惯或兴趣爱好，并因此获得了一些物质上的收益。

6. 你的孩子能明确地辨别出现在他面前的某种诱惑吗？他能告诉同伴某件事是有危险的或违法的吗？

7. 他真的想去考大学，还是只是为了讨好你而走过场呢？

基于你对孩子在高中学习情况的了解，你有理由关心孩子进入新环境后的自我调节能力和持续朝目标努力的能力。你有很多种方法去追踪孩子在大学里的表现。

这些方法包括：

- 监控课程情况，大学的任职情况，以及学习成绩。很多大学教授也设置一些课程表，交作业的日期，每半年的学习成绩，你可以与孩子协商你有权登录班级网站。为了避免孩子提前退学，你需要关注孩子在大学里的表现或一些学科成绩，这些有效的交流能保证孩子顺利读完大学。如果你也使用和高中时类似的追踪系统会让你和孩子双方都受益的。这些系统需要你做一些工作，对他的一些行为表示理解，并适当放宽限制。

- 设置一些期望值，因为你付孩子的学费，所以要让孩子达到一个你所期待的水平。为了确保这点，只有他达到了一定的成绩，才会获得学习经费，才能适应新环境，及时调整自己的行为。这些可能也需要根据不同学期的具体情况适时进行调整，从而使孩子更能应付各种难题。另外一方面，你可能已经充分地了解了孩子的能力水平，并根据孩子的能力形成了相应的期望。你可以根据学校的相关学习项目，要求孩子达到一定的水平。

- 如果他以前需要不断地督促，请考虑在学校找一个教练。我们在第二十章已经提到过教练的功能，所以在大学也可以帮孩子找一个教练。大多数的大学都会提供部分的学生服务项目，也增加了若干的教练培训。通过定期的检查督促，他们可以帮助孩子改善做事的条理性，时间管理能力和任务启动能力。

- 从学生中招募一些教练助手也很有帮助。也是最能吸引他的方式，事实上这些学生也能从这种活动中受益。同时学校也能提高自己的毕业率并能吸引一些好的生源。在某些时候，也能让一些刚刚步入大学的新生更好地适应大学生活。理查德就曾经这样说：我的女儿还在上学的时候，学校为新生开设了一门《大学 101》的课程，这门课程教给学生们一些学习、时间管理、学术支持以及如何应付大学生活的各项干扰等方面的支持和辅导。

- 如果你关心你的孩子进入大学后的各项表现，也要适当让他自己赚学费。因为大多数的青少年进入大学后，可能都会申请助学贷款，你让孩子偿还部分的助学贷款也能增强孩子的学习动机和获得好成绩的动机。简单地说就是，“风险共担”也能提高孩子的表现。

- 如果你正在担心他应对大学生活的各种能力，就请让他在暑假期间先提前去体验大学的生活。很多大学现在已经为高中生提供了体验的机会，这也是一种有效且实用的方法。

● 减轻学业负担。大多数的大学实行的是全日制的学习，并且要修满12学分。本来用4年完成的，可以让孩子用5年，虽然会增加学费支出，但能让孩子更从容地面对大学生活。

● 让孩子住在家里。我们曾成功地为很多父母介绍了一些类似的走读学校。即使是研究生院，支持走读的学校仍备受欢迎。特别是在经济萧条、家庭收入减少的时期，这种学校更受欢迎。

● 让孩子延迟一年毕业。前面提到的额叶成熟生理机制表明，执行技能是需要一定时间才能形成的。当孩子刚刚入学登记的时候，给孩子支配自己时间的机会，让孩子一边打零工，一边学习，也能改变他们对学校的看法，孩子也会获得良好的工作经验和职业行为规范。

● 请记住大学并不是唯一的选择。进入大学是在社会上获得成功的最低标准。事实上，公司和企业比较喜欢那些有一技之长的员工。大学并不是唯一能学会某种一技之长的地方，有些时候，来自一些职业技术学校的学生更吃香。

当孩子长大成人，从大学毕业，走上了工作岗位，也并不意味着你就不用管他了。尽管如此，你掌握了一些有效的方法，就会对孩子存在的执行技能强项和弱项有一个清楚的认识，才能成功地驾驭孩子的青春期风暴。这些体验也会让你的孩子在进入成人期后受益良多。渐渐地，你的孩子学会了独立，出现问题的方面越来越少，你渐渐会跟随着孩子的需求而适当配合，而不是你来主导了。这并不意味着你的教育任务大功告成，而是说你的孩子已经习得了这些好方法，形成了自己解决问题的独立人格特征。最为重要的是，你也成了一名非常成功的父母。